貧者因書而富
富者因書而貴

貧者因書而富
富者因書而貴

日本人憑什麼

- 日本人憑什麼以一個蕞爾島國敢向中國乃至世界宣戰。
- 二次世界大戰結束幾乎被化為灰燼的日本，憑什麼在三、四十年的時間以經濟重登世界舞台。
- 日本人憑什麼敢爭「釣魚台」是他們的？
- 一把破銅爛鐵的「武士刀」真有如此的威力嗎？

為什麼把日本人當假想敵？

日本人對中國人的興趣已經持續了有四百年之久，今天的熱度仍然不減。作為中國人，我們就不應該想一想、自己的態度嗎，難道非要等到堅船利砲上門、兵臨城下，那個時候後果會怎樣，再來確立「真想敵」。日本人是可怕的敵手，誰輕視或漠視他的存在，都將付出血的代價。一部中國近代史，大半部分就是中國人與這個島國種族的生死糾纏。

周興旺◎著

日本人 憑什麼

序

為什麼要把日本人作為假想敵研究？

日本人的發展正在偏離和平發展的道路，日本人的反華情緒和謀華意識正在高漲。

2005年10月17日，日本首相小泉純一郎不顧中國人民的一致反對，居然在中國的「神舟六號」太空船返回的同一天，第五次參拜靖國神社。

2005年11月22日，日本最大的執政黨自民黨在東京舉行的建黨50周年紀念大會上，正式公佈了《憲法修改草案》，準備大幅修改和平憲法，將日本自衛隊升格為自衛軍。這意味著日本在二次世界大戰結束60年後準備再次正式「建軍」。

先前，日本已經制定了《周邊事態法》，將中國的領土和領海納入日本的防禦範圍，日本政要也公開宣稱：「日美同盟的防禦範圍當然包括台灣地區在內。」與此同時，日本國內已經把軍隊對抗的重點轉向中國。

2005年9月26日，日本防衛廳的機密文件《防衛警備計畫》被日本報紙《朝日新聞》曝光。這項計畫跟過去最大的不同就是：日本的防衛重點已經從來自北方俄羅斯的威脅，轉變成為「重視西南」也就是來自中國的威脅。中國正式成為僅次於韓國的日本第二號假想敵。

日本人把中國人作為最主要的假想敵，在日本已經是人盡皆知的事實。其實，400年來，日本人一直把矛頭對準了中國人，將中國人作為假想敵反覆研究、琢磨，而中國人對此至今缺乏清醒的認知，處於一個麻痹鬆懈的狀態。

早在1928年，戴季陶先生就在《日本論》一書中大聲疾呼，號召中國人加強對日本人的對策研究：「中國」這個題目，日本不曉得放在解剖台上解剖了幾千百次，裝在試驗管裡實驗了幾千百次。我們中國人卻只是一味地排斥反對，不肯做研究工夫，幾乎連日本字都不願意看，日本話都不願意聽，日本人都不願意見，這真叫做「思想上閉關自守」、「智（知）識上的義和團」了。（《日本論》，戴季陶著，海南出版社1994年9月第一版）

時至今日，中國人對日本人的對策性研究，是否真正改變了「思想上的閉關自守」？是否還是「知識上的義和團」呢？

與日本人對中國人的對抗性研究相比，中國人的應對性研究可以說仍然處於空白狀態。

日本人將中國人作為假想敵的研究可謂源遠流長：

早在400多年前，日本幕府大將軍豐臣秀吉就曾經提出了明確、系統的進攻中國的方案。1577年10月，當時還只是普通武士的豐臣秀吉就對大將軍織田信長提出：「君欲賞臣功，願以朝鮮為請。臣乃用朝鮮之兵，以入於明，庶幾依君靈威，席捲明國，合三國為一，是臣之宿志也。」在豐臣秀吉的寢宮裡，就擺放著一幅中國地圖，以供其時刻謀華研究之用。在掌握了日本政權之後，豐臣秀吉加緊了謀華的部署。1578年，他對耶穌會傳教士柯艾留說：「如今已統一全日本，地位晉升，領國在握，財富充裕，已無他求。唯望自己之名聲與權勢留播後世。待日本諸事穩定後，將讓日本於兄弟，自己為征服朝鮮與中華，決議渡海。」1590年，豐臣秀吉在京都接見朝鮮使節時，公開了自己的侵華計畫：「長驅直入大明國，易吾朝之風俗於四百餘州，施帝都政化於億萬斯年。」

豐臣秀吉的謀華設想是「定都北京」、「終老杭州」。1592年，豐臣秀吉悍然侵入朝鮮，妄圖「直搗大明國」。豐臣秀吉的侵略計畫雖然破滅了，但對明朝也造成了巨大損失。在七年多的援朝戰爭中，明朝「喪師數十萬，糜餉數百萬」，使明朝的國庫和軍隊精銳幾乎消耗殆盡，加速了

—序—

明朝的覆滅。

　　豐臣秀吉的可恥失敗，並不意味著日本人放棄了謀華的野心。恰恰相反，此後的300多年間，日本朝野對於日本侵華的必要性、可能性、可行性的研究反而加強了。據中國學者王向遠教授的考證，日本人此後不僅將中國人作為假想敵加以推敲，而且研究的人員不斷擴大，層次不斷提高，「日本對華侵略的思想、方案的設計者，基本上都不是在朝的政府官員，而是在野的民間學者、文化人。」（《日本對

中國的文化侵略》，王向遠著，昆侖出版社2005年第一版）由此可見，對華的對抗性研究，在日本人中，不僅成為一種風潮，而且是朝野共通的一種自覺行為。

　　日本人將中國人作為假想敵加以研究分析，400年來連綿不絕，大致可分為三個階段：

　　第一階段，就是對用武力侵略中國的可能性、必要性進行學術意味的設想和論證，為侵華提供思想輿論準備。

　　豐臣秀吉侵華失敗後，日本不少民間人士開始自發地透過各種方式，對侵華計畫進行了各種設想和論證。17世紀中後期，日本著名戲劇家近松門左衛門創作了大型歷史劇《國姓爺合戰》，劇中設想讓日本武士開進南京，在中國人的土地上建立日本人的王國。這曲戲曾經連續三年在日本上演，觀者如潮。《國姓爺合戰》在日本人中如此受追捧，說明此時的日本人，雖然默認了豐臣秀吉的慘敗，但謀華的動機卻更加灼熱了。

　　到了19世紀初年，日本民間的學者開始以學術著作的形式，系統地

勾畫對華戰爭方案。其中最著名的就是佐藤信淵的《宇內混同秘策》。該書設計出了一個周密的入侵和占領中國的計畫草案，並論述了如何攻取中國的具體方法和步驟，甚至連日本各省區在進攻中國時的出兵順序和作戰分工，也替後人做了細密的安排。佐藤信淵的《宇內混同秘策》在19世紀初即提出了征服中國的詳細計畫，其用心之深，計畫之密，今天的人讀起來都觸目驚心。

不久以後，《宇內混同秘策》被日本幕府末年維新志士吉田松蔭進一步細化了。吉田松蔭在明治維新前夕提出了「墾蝦夷，收琉球，取朝鮮，拉滿洲，壓支那，臨印度」的征服亞洲計畫。吉田松蔭提出的欲征服亞洲，必先「割取朝鮮、滿洲與支那」的計畫，成為後來日本軍國主義侵略亞洲的指南針。

第二階段，對武力攻取中國的具體部署進行論證和細化，為配合日本政府長期霸占中國進行規劃和獻計。

日本明治維新後，日本人的謀華計畫進入了實際操作階段。維新時期的「志士豪傑」，諸如西鄉隆盛、木戶孝允、板垣退助，再次提出了「征韓論」，他們堅持認為「朝鮮北連滿洲，西接中國，使之屈服，實為當前保全皇國之基礎，將來經略各國之根本。」而一待謀定朝鮮，日本對於中國的侵略步驟則正式展開，在日本參謀本部擬定的《征討清國策》中，北京和長江中下游的戰略要地被列為「占領區」，而從遼東半島到台

灣的沿海地區和島嶼以及長江下游兩岸地帶，則為「吞併區」，其餘中國國土「宜被肢解」，使之成為日本的屬國，或者直接在「中國大陸建立一大日本」。而最為露骨的則是《田中奏摺》，田中義一無疑是在這一脈相承中「再接再厲」，而有「第一期征服台灣，第二期征

服朝鮮，皆已實現。唯第三期征服滿蒙以征服中國全土……則尚未完成」的總結，更是對日本侵略盤算的準確交代。

此時謀華的日本人物，不再是單純的民間人士，而主要是手持國家重器的日本執政者。根據日本人的謀華計畫，透過甲午海戰、割占台灣、謀求遼東半島、炮製「滿洲國」，步步為營，頻頻得手，繼而再謀華北、華東、華南，扶植「汪偽」，無一不是在上述或侵占、或肢解的預案下行事。甲午海戰之前，日本外相陸奧宗光密令日方駐朝大使：「促成中日衝突，實為當前之急務，為實行此事，可採取任何手段。」此招得手，便可知「九・一八」事變、「一・二八」事變與「七・七」事變是不可避免的。

第三階段，將中國視為競爭對手和「敵人」，渲染中國威脅論，為遏制中國的和平發展、復活日本的霸權主義進行輿論鼓譟和思想動員。

1945 年 8 月，日本宣佈兵敗投降，日本軍國主義的戰車暫時煞車，日本被美國人占領。由美國主導的日本戰後的和平改造是不徹底的，不久後，為了把日本打造成東亞遏制共產主義的防波堤，美國政府積極支持日本重新武裝，發動第二次世界大戰的罪魁禍首日本天皇被保留，戰前的日本舊官僚重新執政。日美合流後，敵視社會主義中國便成為兩者的共同目標。

冷戰結束後，日本的經濟實力坐大，軍事實力躍居世界前列，奉行改革開放路線的中國成為日本在亞洲最主要的「競爭對手」。日本人長期雄踞亞洲首席地位，對於潛在的亞洲新勢力極為敵視。「中國威脅論」的始作俑者便是日本人。中國人從來沒有威脅過日本，即使將來崛起了，也不會威脅任何其他國家。但日本學者處心積慮炮製「中國威脅論」，其真實的目的就是要轉移世界人民的視線，為自己的「擴軍備戰」提供掩護。

日本民間的學者與文人，再次充當了謀華的急先鋒角色。以日本作家小林善紀為例，小林原先不過是一位知名度不高的日本右翼作家，但自從發表了漫畫集《台灣論》之後，居然聲名鵲起，不僅在日本國內廣受「好評」，而且還得到李登輝、陳水扁等人接見與善待。《台灣論》肯定

了日本當年對台的殖民作為，認為老一代的親日台灣政治人物和企業家反而最能代表當年的日本精神，值得日本人深思和效法。小林還狂言，他對日本向美國投降沒怨言，只是向中國投降心有不服。小林認為中國成了聯合國常任理事國是不公平的，日本應當比中國更有資格成為常任理事國之一，至少也應當變成第六個常任理事國。

小林主張日本應成立國防省、建立國防軍，有權力獨立自主地不受舊金山和約規範發展自己的武裝力量，變「本土防務為全球防務」、「日美安保條約應涵蓋朝鮮半島和台灣」，他甚至主張擁有核子武器。他認為日本的經濟科技實力製造核子武器比製造小汽車容易。

與日本政府高官不斷地鼓吹修憲、重新武裝、發展核武器、為軍國主義份子翻案形成一唱一和的是，日本民間的謀華呼聲也日益高漲。以日本民間學者和財團結盟組建的日本「新歷史教科書編撰會」，其出版的錯誤的歷史教科書居然被日本文部省認可。

錯誤的歷史觀推動著日本向敵視中國的錯誤方向發展。從 2001 年起，日本開始大幅度修改「防衛計畫大綱」，明確將中國作為「防衛對象」，這就是日本將中國作為「假想敵」的明確信號。在否認侵略戰爭歷史之風更盛的背景下，日本又有了新的舉動：一是加緊為行使集團自衛權做準備，力圖使自衛隊能有更多的機會跨出國門，以軍事手段干預國際事務，而修改參與聯合國維和行動的有關規定、修改防衛計畫大綱以及「周邊事態」的計畫，就是為行使集團自衛權打造基礎；二是加緊推進憲法的修改，以徹底消除日本軍事發展的障礙。更為引人注目的是，美國正在調整全球戰略，並試圖將全球戰略的重點由歐洲轉向亞洲，為此將進一步加強與日本的軍事合作，這無疑將為日本實現軍事上的進一步跨越、並為日本修憲提供新的「機遇」。在美國推動之外因和日本努力之內因的互動下，日本對華的軍事發展的步伐會邁得更大。這不能不引起中國人的警惕。

據世界各大媒體綜合報導，日本政府正在開始著手對規定日美兩國

安保合作應有狀態的《日美防衛合作新指針》進行修改。希望根據恐怖主
義和大規模殺傷性武器等新威脅以及亞太地區安保環境變化，進一步明確
日美各自負擔的責任，以期加強兩國間的合作。日美新防衛合作指標以
「台海衝突」為著眼點並把中國作為「假想敵」的動向須密切予以關注。
（據中國新聞網2005年2月1日報導）

　　與日本人周密而持久的反華研究相比，中國人自己的應對性研究可
謂乏善可陳。

　　1931年「九‧一八」事變爆發後，日軍迅速進占了瀋陽。當時的《大
公報》總編輯張季鸞深感國家危在旦夕，遂決定由著名記者范長江主筆，
撰寫「六十年來的中國與日本」專欄，這是中國人首次將日本人作為真正
的敵手加以研究而開設的專欄。張季鸞先生在開欄的序言中第一次談到了
將日本人列為「假想敵」加以研究的必要性：

　　國家之可危可恥，百年以來，未有如今日之甚者也。因念中國本斷
無亡國之理，然目前則竟有可亡之勢……而日本有武力，中國盡災民，誠
所謂圖窮匕見，更無躲閃偷安之餘地。自
今奮發，猶可為也。倘復泄泄遝遝，聽其
自然，則幾番推演之後，真將喪失獨立，
化為亡國之民矣。吾輩廁身報界，激刺尤
重，瞻念前途，焦憂如焚。以為救國之
道，必須國民全體先真恥真奮，是則歷史
之回顧，當較任何教訓為深切……事急
矣！願立於興亡歧路之國民深念之也。
（《六十年來中國與日本》，王芸生編著，
三聯書店2005年北京7月第一版）

　　在張季鸞先生的鼎力推動下，王芸生
堅持撰寫了三年，後因為戰亂加劇，被迫
輟筆，《六十年來中國與日本》成為殘著，

沒有完成中日關係60年的總結，這部研究名著因此留下了歷史性的遺憾。

從那以後，中國人再也沒有張季鸞先生與王芸生先生這樣的激情和衝動，這方面的研究也就付之闕如。

王向遠教授指出：在日本近代史上，「侵華」問題之所以成為日本人長盛不衰的「思想文化課題」，與日本的文人學者在這個問題上的反覆「研究」有著極為密切的關係。

日本學者將中國人作為假想敵研究，其突破點就是研究中國人的國民性。「他們醜化中國人，認為中國人保守、頑固、愚昧、野蠻、骯髒、貪婪、好色、奢侈、懶惰、自大、虛偽、排外、殘忍、變態、不團結、無國家觀念等等，斷言支那國民性已經徹底墮落，成了一個老廢的民族，並進而運用這些結論來為中國侵華辯護，胡說中國人民的抗日行為都是受惡劣的國民性所驅動，聲稱日本侵華是用日本人優秀的國民性來改造支那人惡劣的國民性。在此情況下，日本的支那國民性研究實際上也已經成為對華文化侵略的重要一環。」（引自王向遠著：《日本對中國的文化侵略》，第15頁）

尤其值得注意的是，日本人對中國人國民性的研究非常善於找角度，那就是尋找中國人的致命弱點。他們透過對中國人的細密考察，發現了中國人的命門——內耗。內耗造成內亂，內亂則為外來民族提供了可乘之機。

日本人能有這樣的發現不可謂不陰毒，也不可謂不精明。而歷年以來，中國人對日本人國民性的研究，或是語焉不詳，或是假借外國人的著作，對於日本人國民性的對策性研究，則可以說仍處於空白狀態。

日本人的毛病在哪？他們的長短優劣如何？與日本人對陣的訣竅何在？中國人尚處於茫然的狀態。對自己的敵手幾乎一無所知，這不能不說是中國人的一大缺憾。

本書有意於彌補這一缺憾，卻無意於挑起中日關係的爭端，更無意

於效仿日本人在看待外國人時慣用的「傲慢態度」，筆者希望用平和的態度，客觀地觀察日本人，並得出理性的結論。

知己知彼，百戰不殆。即使是為和平和合作的目的，將其他民族作為假想敵加以研究，也不會惡化兩國人民之間的關係。

既然對手執意要將我們作為假想敵對待，我們有什麼理由再徬徨退縮呢？

在這裡，我們不妨重溫一下魯迅先生的意見。

魯迅先生是很重視研究日本人的，在「九‧一八」事變發生之時，國難當頭，全國一片喊打聲的浪潮中，他理智地告誡青年要及時研究日本，他講道：「在這排日聲中，我敢堅決的向中國的青年進一個忠告，就是：日本人是很有值得我們效法之處的。譬如關於它的本國和東三省，他們平時就有很多的書……」他還講道：「我們當然要研究日本，但也要研究別國，免得西藏失掉了再來研究英吉利，雲南危急了再來研究法蘭西……」（引自魯迅《「日本研究」之外》，1931年11月30日發表於《文藝新聞》第38號）

日本人確如魯迅先生所言，它很注意研究中國人的，中國人的過去、現在、將來，它都非常注意研究。這一點我們只要看一看當年侵略東三省的歷史就可以很清楚地明白這一點。現在，日本為了更確實地研究中國，外務省更是「要組織高級官員定期開會，由首相主持，制訂全方位的

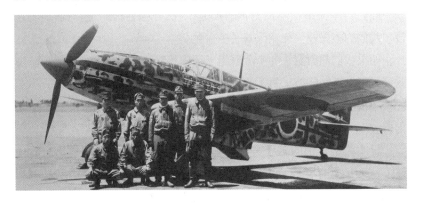

對華政策，高調處理『中國問題』」（《聯合早報》2005 年 10 月 10 日）。

日本人對中國人的興趣已經持續了有 400 年之久，今天的熱度仍然不減，而且這個興趣還會一直持續下去的。

作為中國人，我們難道不應該想一想我們的研究態度嗎？如果非要等到砲艦上門、兵臨城下，再來確立「真想敵」，到那個時候後果會怎樣，不是很容易想像嗎？

1913 年，日本民間學者酒卷貞一郎發表了一本長達 600 多頁的《支那分割論》（東京，啟成社出版）。該書指責日本當時的當權者忙於「朋黨相傾軋」和「相互的論難攻擊」，而對鄰邦的中國人正在分裂和被分割的事實重視不足，認為這樣下去，屆時分不到中國果實的日本人定會「惘然追悔舊夢」，後悔不及。他聲稱自己寫這本書絕非偶然為之，而是為了「醒國人之睡夢」。

《支那分割論》認為中國人的國民性決定其必然亡國、必然被列強分割的命運：（支那人）是沒有活力的腐朽的人民。他們只知道有家，不知有國。甚至只知有我，不知有家，更甚至於只知有私欲，不知有自我。他們有身口，但沒有意志；他們有情，但沒有智慧……此等沒有活力之人民，無仁、無義、無禮、無智、無孝、無悌、無忠、無信。如此人民的國家，綱紀不整，政治不治，連自我存在都不能，或分裂，或瓦解。更何況被強鄰所窺！其被吞併、被分割之命運，理固當然，勢不可免。

面對日本人這樣陰損刻毒的描述，我們反躬自省，在一個世紀之後，我們的國民性又究竟改善了多少呢？

如果我們面對對手的步步緊逼，卻依然無動於衷，或繼續採取鴕鳥政策，不是正好印證了對手的恐怖預言嗎？

本書不可能對日本民族的各個方面都進行考察，而是擇其要點加以剖析。

日本人是可怕的敵手，誰輕視或漠視它的存在，都將付出血的代價。一部中國近代史，大半部分就是中國人與這個島國種族的生死糾纏。

　　筆者對日本人的競爭力或許有過高估計之嫌，但這樣做至少比低估對手要安全一些，並希望藉此刺激國人之神經。如果本書能夠促使讀者諸君幡然奮起、綽屬奮發，則我民族之未來必將趨於光明。而著作者兀兀窮年，筆耕於書齋，其拋灑之心血、揮灑之熱淚，庶幾不會枉費。

　　是為序

周興旺

於京師佝僂躬耕齋

目　錄

日本民族自明治維新之後形成的強大的民族凝聚力震驚了整個世界，這種以天皇、神道教和國家主義三位一體形成的國家機器，使大和民族具備了整齊劃一的民族結構，形成了「人人為日本而生，人人為日本而死」的日本民族精神。日本民族「一億玉碎」的強悍性格既使得日本人迅速實現了民族崛起，也迅速墮入了軍國主義的魔障。這種無與倫比的民族力量摧毀了國民的個性，卻能成就一個鐵血帝國的霸業。日本的舉國體制的成功，是時代的造就，卻不是民族的幸事。畢竟一個以政教合一的國家機器奴化人民、壓抑個性的民族，是經不起歷史的考量的。

眾所周知，日本人在世界範圍內的崛起，是最近一百多年來的事情。為什麼在明治維新後的 30 年間，能一舉擊潰清朝北洋水師，然後在不到 50 年間，就發動了 14 次戰爭，打美國、打英國、打中國、打朝鮮、打菲律賓、打印度等。一個不到 38 萬平方公里的小國，憑什麼這樣蠻橫霸道。第二次世界大戰日本戰敗投降後，卻在不到 50 年的時間裡一躍成為世界經濟強國，日本人究竟憑什麼？他們民族發展的核心武器究竟是什麼？這些確實值得我們每個中國人好好琢磨。

在塞班島戰役中，日軍被美軍打到只剩下幾千人，而後這幾千人卻向美軍發起了衝鋒。在他們衝鋒的同時，塞班島的日本百姓也開始了大規模地自殺，他們或從崖上跳下，或父母抱著孩子，一家一家走向海裡……「整個海面漂滿了日本人的屍體。」美軍將坦克車改裝成宣傳車，到處呼叫：「我們不會傷害你們的！」然而這些呼叫卻毫無效果。

愚忠與服從

日本人的服從意識在全世界都是最突出的。中國人一向被認為是一個保守的順從的民族，但中國改朝換代是很正常的事情，即使用「三綱五常」學說使用一切辦法鼓吹「君為臣綱」和「愚忠」思想，也無濟於事。而日本人就不同，自從大和朝廷建立後，日本從來沒有鬧過改朝換代的事情，天皇家族一直坐莊，他人無法染指。

悲劇情結與幻滅意識

「花是櫻花，人是武士！」櫻花是日本的國花，是舊日本國徽上採用的圖案，也是日本文化的圖騰。將武士比作櫻花，無非是寓意人生的悲觀與無常。因為櫻花在最美的時候，就是它立刻就要凋謝的時候。好像武士最光彩的時候，也就是他效命疆場拋灑熱血的時候。或許，正是因為這樣，他們的悲觀意識也就更加濃郁。

大和之魂與日本精神

和魂，即大和魂，是日本民族性的核心和主體，是日本人的身分標記，也是每個日本人最基本的共同點。正是所謂的大和魂，把日本人緊緊地拴在一起。天皇是大和民族的象徵，也是日本一千多年來不遺餘力神化的對象。因為只有神化了天皇家族，大和民族才能被神化，而大和民族被神化了，日本人的優越感才能升值。而正是這種民族優越感才是日本人凝聚力的真正所在。

大和民族如何凝聚

日本靠掠奪中國人實現了第一次發家致富，那麼要滿足日本人的第二次掠奪夢，中國仍然是不二的選擇。日本人要實現自己的國民動員目標，再次實現民族的「凝聚」，無論是經濟手段還是軍事手段，中國人都是其最大的假想敵，是矛頭指向的必然選擇。

第二章 武士之道——
日本的民族性格分析

有人說，剝開俄羅斯人的皮膚，裡面就是韃靼人，剝開英吉利人的皮膚，裡面就是海盜。那麼，剝開日本人的皮膚，裡邊就是武士。神道教構成了日本人的靈魂，武士道則構成了日本人的性格。歷史悠久的日本武士道，既為日本民族帶來了卓越的創造力，也賦予了日本民族嗜血好戰的本性。周作人指出：武士的行為，無論在小說與戲劇裡如何壯烈，如何華麗，總掩蓋不住一個事實，武士是賣命的奴隸。所以，對日本人來說，成功是因為武士道，失敗也是因為武士道。日本人離不開武士道，但必須指出，武士道並非人間正道。

日本人就是武士道 　　　　　　　　　　　81

1937年，在日本本州北部山區的一所學校裡，一個小學生在被命令解剖青蛙時哭了起來，老師就在他的頭上狠狠地打了一棍，並教訓道：「你為什麼會為了一隻小小的青蛙而哭呢？等你長大後，你將要去殺死100個或200個中國人。」這就是日本人的武士道教育中的一個片段。今天的日本，每當遇到「困難」和「挫折」時，總有人站出來為武士道招魂。要瞭解日本人昨天的「瘋狂」，就必須從解剖武士道開始。要洞察日本人未來的動向，也必須從分析他們的武士道入手。

武士道與殺戮之道 　　　　　　　　　　91

尚武精神曾經在世界上很多民族都存在過，草原民族的磅礴武力曾經橫掃歐亞大陸，而羅馬帝國和中國秦漢帝國的鐵血精神也曾經震撼世界。但尚武之風最盛和殺戮之心最為殘酷的恐怕還是海島民族。武士道一旦成為國家的政策，就是軍國主義，這種武士道軍國主義的目的就是——自己沒有的，就用武力去奪取。

武士道和軍國主義合流 　　　　　　　　98

武士道以「殺人之道」、「戰爭之道」、「殘暴之道」而成性。據《葉隱聞書》中的記載，依父親的指示，山本吉左衛門為養成殺人不在乎的品性，5歲時就得斬殺狗，15歲時斬殺死刑犯。一位年輕的家庭主婦，一點也沒有因為盟軍的大轟炸和極度飢餓而沮喪，她堅定地說：「我從來都沒有想到退縮。我可以犧牲我的孩子，一直戰鬥到死。」這就是武士道軍國主義培養出來的國民的活的靈魂。

武士道成為軍國之道 　　　　　　　　　103

武士道是裝飾著櫻花的刀，如果只看到其刀鞘上美麗的櫻花圖案，而忘卻了裡邊寒氣逼人的刀鋒，就很容易被武士道的絢麗外表所迷惑。根據幕府的《帶刀令》，只有武士有佩刀的特權（一般百姓不許帶刀），可以就地殺死對其有無禮行為或對其上司不表敬意的庶民。可想而知，對自己的同胞都是這樣，就更不要說對其他民族了，武士道養成的霸道，自然也就變成了軍國之道。而對第二次世界大戰時期那些即將做鬼的年輕人最有吸引力的是死後靈魂成為靖國神社的神靈，受到世人的敬拜。

日本人離不開武士道 　　　　　　　　　115

1970年文學家三島由紀夫為復辟天皇制煽動自衛隊政變失敗而切腹自殺。當時，三島由紀夫切腹的時候，日本輿論視為笑談。近年來，三島由紀夫忽然重新成為日本人的偶像，他的切腹故事成為街頭巷尾長盛不衰的話題，看來讓日本人輕易拋棄殘酷的武士道，還真不是一件容易的事情。切腹是一種最野蠻、最殘忍、最令人毛骨悚然的自殺方

法。據說，切腹者八成以上手法不準，不能立即死去，必須藉由助手幫忙，在切腹者無法嚥氣的情況下，助手再用彎刀砍去其頭顱。儘管如此，武士道精神在日本大有市場！這個民族實在太可怕了！

第三章 叢林哲學——
日本人的亞洲政策分析 125

大和民族的子民為了生存，就必須千方百計擊垮對手，在生存權得不到保證的社會裡，傾軋同胞的能力愈強，其生存的機率就愈高，為了生存和保全自己，不擇手段就是最好的手段。仁慈是保存自我最大的弱點，暴虐則是保全自己最大的優點。一個在叢林社會法則裡生存了一千多年的民族，倉促之間要革除其野蠻暴虐的性格，其難度是可想而知的。

大和不和 127

「和」的原則從表面上看是解決問題的準則，實際上遇到分歧時，「和」的原則就顯得十分蒼白無力。雖然在議政時，確認了少數服從多數的原則，而在實質上，則是誰握有實權，誰就代表「多數的民意」，一旦有人不服，實權派就會砍他們的頭。要想真正地研究日本和瞭解日本人，就必須從他們民族的優越性和劣根性入手。

武家為王 141

在平常的日本人家庭裡，如來、孔夫子、耶穌基督和當地的土地爺經常擺在同一塊牌位下接受膜拜。因為這些神靈，各有各的用途，如果全請到一起來，豈不效用更大？這就是日本人的價值觀。也就是說，誰的拳頭最硬誰就最管用，誰都可以為王，人們對之也就最信服。美國曾經把他們國家打得稀巴爛，但他們可以忘卻痛苦和仇恨，現在唯美國馬首是瞻，這就是最好的明證。

日本社會達爾文主義 149

在20世紀80年代，「明治維新」被視為現代化改革的樣板，而被某些中國學者吹得神乎其神。這種「美化近代日本歷史」的內容，其實早已經被寫入了中國的教科書。篡改、歪曲和美化日本歷史的，從來不僅僅是日本右翼，其中也包括被蒙蔽了視線的中國學者，以至於對日本近代軍國主義的興起缺乏刨根問底的批判。

日本，繼續製造亞洲叢林　　　　　　　　　　　157

歷史事實已經確證，明治維新使日本人從中國攫取了台灣和琉球，還獲得了約3億兩白銀的賠款，日本還獲得了中國和朝鮮巨大的市場，這樣才造就了日本人近代的「經濟奇蹟」。「戰後的日本似乎踏上了成功之路，其基礎是在戰爭期間完成的。」這就是森島通夫對於日本經濟成功的最後結論。眾所周知，日本的經濟已經停滯不前快十年了，要如何達到第三次起飛，最終取決於日本自己。要知道，今日亞洲已不再是昨日的亞洲，今日的中國也不再是昨日的中國。如果日本再實行叢林法則，走軍國主義之路，必定是自食其果。

第四章　野性部落──

日本人的民族心理分析　　　　　　　　　　　169

日本民族的藝術可謂精巧絕倫，美輪美奐，其禮儀之繁雜，服務之精細，舉世無雙。但這些不能算是日本民族心理的本質。日本文明的根性仍然是島國部落文化，只不過加上了唐風歐雨的包裝罷了。日本民族在形成的過程中，把惡的能量充分地釋放，成為世界近代史上罕見的野蠻民族。日本民族是一種恥感文化，必須依靠外力的監督，一旦失去了外部的監督，就會無所不為。日本人的內心中沒有良心準則，只要自己的壞行為不被別人知道，就不必煩惱，自我懺悔只是徒增煩惱，而自首更是傻子才去幹的事情。日本社會中有不少慶祝幸運的儀式典禮，卻沒有贖罪的儀式。他們以他人的評價作為自己出牌的標準，當每個人都遵守相同的行為規則行動並相互支援時，日本人就會輕鬆愉快地幹任何事情。如果當他們覺得做的事情正是讓天皇和國家滿意的事情，那麼他們就更加沒有顧忌了。日本人，是世界民族中的一朵「惡之花」。

日本人的「惡之花」　　　　　　　　　　　171

對於中國人來說，如何正視日本人的「惡」，如何綜合運用善、惡兩種力量駕馭這種「惡」勢力，也是確保世界和平的重大課題。近800年來，對日本人而言，生活就是戰爭，戰爭就是生活，戰略思想、戰術手法、戰法演練，已經成為日本人日常生活的必須工具。故今日之日本人，無論政治、經濟、商業、工業、文化，無處不在戰爭生活的應用範圍之內，即使是有意遠離戰爭，也在不自覺地應用各種戰法。所以，當代日本男人被稱為穿西裝的武士，日本女人則被稱為穿和服的武士。

野性橫蠻的島國人　　　174

日本武士以「殺人」為職業，有「刀不虛出」的規矩，指武士拔刀後必須有斬獲才能入鞘等等。日本人這種手中無劍、心中有劍的高明戰法，應該歸功於日本人浸淫了幾百年的武士道訓練。這位經濟上崛起的武士下一步將劍指何方，讓世界上每一個人都屏息以待，因為日本人是一個極難對付的劍客集團，無論誰招惹了他們，都是很棘手的。

沒有原則的日本人　　　181

面對不同的人，日本人隨時準備了兩張面孔，對上級和權威，他需要極其客氣；面對藩屬和下級，他表現得傲慢而嚴厲。如果生活中有了一貫的標準與價值，日本人反而會無所適從。《日本人眼中的中國人》一書中說：「美國人曾經讓他們差點亡了國，但他們還是十分崇拜美國人。」其實，他們不僅崇拜美國人，只要誰有能力讓他們趴下，說月亮是太陽他們都相信。

看不見個體的日本人　　　186

櫻花的顏色相當單調，盛開時一片粉紅。賞花者沒有人會去那數不清的花簇中辨別哪朵更豔更美。櫻花所體現的是整體美。日本人一生下來就在襁褓裡開始學習如何適應他人，如何順從社會的秩序。日本人最害怕的就是自己與其他人不一樣，總是千方百計地證明自己與大家是一樣的。只有將自己全部融化到集團中，他們才能找到自我的位置和價值。

日本人需要改惡　　　190

趨利避害是人的天性之一，無可厚非。但中國人自古以來就有義利之別，中國人崇尚捨生取義、「君子愛財，取之有道」。但日本人沒有這些意識形態和宗教信仰的羈絆，只要有利可圖，什麼信條都可以置之一旁。日本人的實用主義，是一種「不講原則」的靈活性，「不講道德」的適應性以及攪拌機式的大雜燴的文明，對他們來說，實用即是目的，其他一切都是手段。

第五章 島國根性——
日本的國家戰略分析

解決資源與人口的矛盾,爭取一塊安定的土地,始終是日本人世世代代的目標。日本民族希望拓展自己的生存空間,本來無可厚非,但日本的軍國主義政府企圖藉由霸道的手段巧取豪奪,則不僅違背人類文明之通則,也與歷史進步的潮流背道而馳。而今日本政府仍然不思悔改,意圖故伎重演,恐怕難逃全盤皆輸的命運。美國政治家潘恩說:讓島國統治一個大陸,是不符合常識的。日本的島國根性不僅侷限了其思維,而且注定了其結局。

人人爭強的民族

日本民族的性格中自始至終貫穿著一根主線,那就是由強烈的危機感促成的「強者意識」,即在殘酷的現實世界中,要生存便要不斷變強,成為強者,無論是個人還是集團,都要拚命成為強者。只有自身的強大才是具有決定性的,一切都應由實力來說話。除了憑實力說話以外,日本人是不會理會其他遊戲規則的。毛澤東說:「壓力並不是一件壞事,人沒有壓力是不會進步的。」日本是一個地理位置特殊的國家,因此生存環境的競爭十分激烈,也許,這就是日本民族強大的原因之一吧。

千年謀華為爭強

中國文化是日本文化的源頭,在明治維新以前,日本人是吮吸著中國文化的乳頭長大的,但這位被中國先人奶大的「養子」,卻在一直處心積慮地琢磨如何反噬自己的「奶娘」。唐朝的中國人是日本人的師傅,自唐朝衰亡後,中國出現了五代十國的混亂局面,國勢趨於衰弱,日本也就很少再派遣使者來朝貢了,日本人的強者意識使他們只認可強者的國度,對於弱勢國家,他們基本沒有興趣。

拓展朝鮮的千年夢想

日本人的學校從不講授其先輩在朝鮮人中犯下的罪孽,更不可能教授朝鮮人對日本人的恩德。在日本,朝鮮人不敢使用自己本民族的姓名,如果被發現你就會遭到日本人的鄙視。這就是日本人對朝鮮恩人的「真實態度」。近代日本軍國主義份子每當手頭發緊的時候,就想拿攻擊朝鮮說話,這種決策模式並不是偶然的,在其統治階層的政治傳統中,早就提供了很好的教材。

爭雄於世界

日本位於亞洲的最東端，卻要爭雄於全世界。在日俄戰爭中，英國人為了遏制沙俄在中國的勢力，與日本人結成了同盟，並為日本人提供了大量的軍事情報援助。但得勢後的日本人更加貪婪，竟然制定了獨霸中國的策略。甚至連教唆日本人走帝國主義和殖民道路的洋教頭——英美兩國，最終也成為了日本人挑戰的對象。這就是日本人爭雄與世界的法寶。今天，日本人的強者意識非但沒有減弱，反而更加強烈了。那麼，日本人下一輪的挑戰對象又會是誰呢？

正常國家＝霸權國家

日本的興起，最初是得到了以英國為首的西方國家的支援的。20世紀初，英國支持日本主要是對付俄國，日本海軍拜英國為師。太平洋戰爭中，日本把英美在太平洋的海軍打得落花流水。二次大戰後，美國扶植日本，最初是為了對付蘇聯和中國，將來恐怕會自食其果。

孤注一擲的島國戰略

自然環境必然影響國民意識。所謂「島國根性」，最主要的就是「危機意識」和「侵略意識」，危機意識催發了侵略意識，侵略失敗加劇了國家危機。時刻縈繞在日本人心頭的危機意識，已經成為這個島國國民的潛意識，日本人的好戰也源於此。

第六章 另類種族——

日本的國民狀態分析

毛澤東曾說過，日本民族是偉大民族。近代以來，日本民族的罪錯主要是軍國主義政府的罪錯。這是觀察日本民族的最正確的視角。自明治維新以來，日本人先是脫亞入歐，後又與列強反目，接著實行脫亞入美，與美國霸權主義的戰車綁在一起，均未能實現民族的自覺自立。日本民族至今身分不明，定位不清，乃是造成日本人國民心態危機的主要原因。解除日本人內心中的困惑，既依賴於日本政府改弦更張，重返亞洲大家庭，又依賴於日本國民祛除虛幻的民族優越感，與亞洲人民平等相處。如果日本人能夠改過從善，則其前途尚大有可觀。倘若一意孤行，則有萬劫不復之虞。

蝙蝠民族的身分困惑

日本民族從近代以來，圍繞著這三個身分——亞洲人、歐美人、「神國人」糾纏不清，三種身分此消彼長，此起彼伏，使得日本人處於一種極大的身分危機當中。而且，每當社會危機降臨時，這種民族身分危機也會加劇。20世紀90年代之後，日本人陷入了戰後以來最大的民族認同危機當中。

土氣的執政黨 241

查一下日本的大臣、總理的出身，幾乎全都來自犄角旮旯的小地方。田中角榮是新潟的，中曾根是群馬的，竹下登是島根的，小泉純一郎是橫須賀的。自從山溝溝裡出了首相後，那些地方現在就別提有多漂亮了。因為首相總要找機會來答謝鄉親們。哪怕像橋本龍太郎、小泉純一郎這些二世祖，也還是要經常回老家看看。

主宰日本的「鐵三角」 246

日本政壇上有句流行語：鐵打的官僚，流水的首相。就是說，日本的主要政黨自民黨內派系林立，內部就像一窩螃蟹，每一輪傾軋鬥爭後雖然推舉出了一名首相，但也為下一輪鬥爭埋下了伏筆。在戰後日本，能任滿三年的首相屈指可數。而官僚體系就不一樣了，實行的則是嚴格論資排輩的終身制。善於「窩裡鬥」，其實並不是某一個民族的專利。認真地看一看日本政治官場就知道了。

埋頭苦幹的「公司人」 251

日本的公司既是職工的工作單位，也是職工的家庭，實際上是職工生活的全部。公司照管著員工的一生，員工也徹底為公司奉獻一切。這種獨特的雇用制度，激發了日本公司人的團隊精神，從而創造了世界上最高的勞動效率。人生於憂患，死於安樂。尤其對於像日本這樣資源短缺的國家，除了拚命硬幹，沒有其他出路。

幽閉而狂誕的日本男人 256

1995 年，日本神戶發生了大地震，造成市區 6000 多人喪生。第二天，所有的中國留學生都在議論著電視上播出的這個鏡頭。大家不約而同感慨地說：「真沒想到，死了那麼多人，他們不流淚。如果是在中國，就會有人痛哭流涕，有人捶胸頓足。」其實並不是日本男人不懂得悲傷，人性都是一樣的。他們內心深處是悲哀的，但是，他們的悲哀不能流露在表面，這就是日本男人的幽閉精神。一個好色的日本獨身男人在初中時就有了性生活，一直到 40 歲和近百個女人發生關係。他不忌諱地說：「這和吃飯一樣，是人的一種需求。」

日本女人：男性社會的潤滑劑 268

說到日本女性，就不能不說到她們的性道德。「援交」是日本人對女中學生從事性交易的委婉說法。而那些女中學生從事「援交」的原因也並不是因為貧窮，更多地是在尋求刺激。她們陪著那些四、五十歲的男性喝酒、唱卡拉ＯＫ，甚至淫樂……她們大多覺得在自己高興的同時，還能得到相當可觀的「酬勞」是很划算的事。「援交」可以說是日本社會金錢至上、道德淪喪的一種寫照。在軍國主義統治日本時

期，日本女性主要充當慰安婦和生育機器。在當代日本，女性則是男性的撫慰品，起到緩解機器疲勞的作用。

日本人，依然具有活力

一天午飯後，77個日本孩子來到北京。到天安門廣場後，日方給每個孩子發20元人民幣，要求他們買一頓晚餐，下午4點半集合。中方教師很擔心，丟了怎麼辦？萬一回不來怎麼辦？日本人說，回不來也是鍛鍊。中國的教師帶七、八十個孩子到一個陌生的地方，誰敢說孩子自己回不來也是鍛鍊？如果說細節能決定成敗，透過日本人的這些細枝末節，人們豈能忽視這架巨型機器的能量？

第七章　冤家路窄——

中日關係的前景分析

沒有中國的堅決抵抗，日本很可能已經實現了「八宏一宇」的帝國夢想；沒有日本的鐵蹄踐踏，中國人很難如此凝聚到一起。據說，毛澤東曾點評道：應該感謝日本軍閥。日本軍閥過去占領大半個中國，因此中國人民接受了教育。如果沒有日本的侵略，中國人民既不能覺悟，也不會團結起來。世界上還沒有像中日這樣難以理清的恩怨鄰國關係。日本是世界文明舞台上的新手，其固有的缺陷使其不足以領袖群倫。中國的文明雖然受傷嚴重，卻有浩瀚連綿之氣概。在秀才遇到兵的時代，中國人的文弱積習幾乎招來亡國滅種之禍。但中國人一旦醒悟過來，誰又能低估其血管裡流淌的漢唐雄風呢？中日競爭，日本取決於文的力量，中國取決於武的力量。是日本人打醒了中國人，還是中國人挽救了日本人。所以，不是冤家不聚頭啦！

千年易逝，日本冤孽難消

誰都知道，當前的中日關係遇到了很大的困難。這些困難和障礙包括歷史觀問題、教科書問題、參拜靖國神社問題、釣魚島問題、台灣問題、日美軍事同盟問題、中日東海資源爭端問題等等。日本傳統文化是講求「以恩報恩」的，但為什麼對自己的恩人——中國人如此薄情寡義，乃至慘無人道呢？這是中國人心中永久的痛。

相互讀不懂的鄰居

在歷史觀上，中日兩國人們差別甚大。日本人不理解中國人為什麼非要抓著歷史問題不放，莫非是以此為要脅，要求日本提供更多的援助。中國人則認為不正確面對歷史，就無法面向未來。歷史問題不說清楚，未來就無從談起。近代以來，中國人屢屢上日本人的當，吃日本人的虧，究其根本，都與中國人對日本人的文化背景和民族性認知不夠有關。

中國人來自水星，日本人來自火星　　313

日本人有許多面孔。日本人在非正式的場合是非常隨便的，上班的時候西裝革履，不苟言笑，彬彬有禮。中國人重視仁義，強調以德報怨。日本人重視忠義，強調以血還血。中國人尊重生命，愛惜生命，厭惡死亡。日本人尊重享受，重視感受，卻崇尚死亡。總之，中日兩國猶如一個枝頭結出兩枚截然不同的果子。林語堂說：中國人是老油條，日本人是機器人，難以尿到一個壺裡去。對中國人來說，日本人的認真嚴謹的精神是最需要借鑑的。對日本人來說，中國人的和平豁達的態度也是日本人開拓心胸的一劑良方。

沒有前途，只有前行　　327

要預測中日關係的未來，是一種思想冒險。一位學者曾經戲言：要預知這兩個國家的未來關係如何，其準確度不會比占卜高。可以說，世界的變化主宰著日本的變化。這個世界正在發生的一個最重大的變化就是占人類人口近 1/4 的中國的崛起，這是人類自 16 世紀以來人口規模最大的一個文明體的崛起。屆時，中國文明將成為人類近代以來第一個以非掠奪、非霸權形式實現現代化的文明，必將深刻地改變當今不合理的文明秩序，使強者為王的霸道邏輯趨於衰落。所以，日本人將要選擇的道路，最終將決定於中國人的演變。

第一章 大和之魂

——日本的民族凝聚力分析

■日本民族自明治維新之後形成的強大的民族凝聚力震驚了整個世界，這種以天皇、神道教和國家主義三位一體形成的國家機器，使大和民族具備了整齊劃一的民族結構，形成了「人人為日本而生，人人為日本而死」的日本民族精神。日本民族「一億玉碎」的強悍性格既使得日本人迅速實現了民族崛起，也迅速墮入了軍國主義的魔障。這種無與倫比的民族力量摧毀了國民的個性，卻能成就一個鐵血帝國的霸業。日本舉國體制的成功，是時代的造就，卻不是民族的幸事。畢竟一個以政教合一的國家機器奴化人民、壓抑個性的民族，是經不起歷史考驗的。

1. 日本民族崛起的核心武器

　　眾所周知，日本人在世界範圍內的崛起，是最近一百多年來的事情。

　　但是，日本人一出場，便有不凡的表現。一是在明治維新（1868年）後不到30年工夫，就一舉擊潰清朝北洋水師，打破了由中國主導了數千年的東亞朝貢秩序。隨後的50年間，日本人一口氣發動了14場戰爭。從1895年到1945年的50年中，有40年處於戰爭狀態，不僅中國人成為其奴役對象，就連不可一世的沙皇俄國和老牌的殖民帝國英國和法國也被其打得丟盔棄甲，甚至連帝國主義的新科狀元美國人，在太平洋戰爭前期，也吃了大虧。二是在經濟上，日本從1868年始，不到50年工夫就成為世界5強之一，在第二次世界大戰之後，只用了20多年時間便成為世界經濟的亞軍，且平均國民生產總值從1983年起即超越美國人，成為世界「首富」。日本還是世界上第一大債權國，美國政府的國債有40％掌控在日本人手裡。日本資源緊缺，卻以大型工業見長，是世界上頭號重工業國家。

　　無論是軍事還是工業，都要求有很高的社

▲明治天皇（1852－1912），名睦仁。1867年1月即位，不久就依靠維新派，推翻了江戶幕府統治，建立了衛皇制專制政權。此後，日本於1869年宣佈版籍奉還，1871年實行廢藩置縣，1873年著手改革地稅，1889年頒佈帝國憲法，1890年召開帝國議會，確立近代天皇制並走上了對外擴張的道路。1894－1895年發動中日甲午戰爭，1904－1905年進行日俄戰爭。

睦仁在位共45年，日本由落後的封建小國一躍成為軍國主義強國，而被後來的日本軍國主義政權奉為「曠代聖主」，其所推行的對內殘酷壓榨、對外瘋狂侵略的政策對其後的日本政府影響頗深，直到二次大戰戰敗。

會動員能力。日本人之所以創造了舉世矚目的日本奇蹟,最主要的一項功能就是日本國民具有世界上其他民族很難匹敵的動員能力。

要分析日本奇蹟,應該首先從分析其國家動員能力入手。

中國著名人類社會學家潘光旦先生對200年來世界舞台上兩名新秀日本人和德國人進行過對比研究(美國也算新秀,但其立國伊始就是資本主義國家,所以不在其列)。他敏銳地指出:德意志統一後於歐洲任何大國,其工業革命之過程也後於任何大國,而其一旦與各大國進行工商業之競爭,其組織之完密,其保障之周備,實在勝人一籌;此則不能不一探其原因者。余則以為最或然之解釋為其國民服從性之由來久遠,而為之領袖者易收提綱挈領之效也。註1

潘光旦指出:與德意志之經驗差可比擬之國家,唯有東方之日本。

實際上,日本人的表現比德意志民族更為出色,在軍事和工業領域,日本比德意志起步更晚,基礎更差,而今天日本的 GDP,已經是德國的兩倍。可見日本人的組織動員能力更勝一籌。

日本人之所以在近代工業革命和軍事革命中後來居上,其內在原因與德意志民族倒是極為相似,即國民的服從性極強。所以,日本人和德國人一樣,有機器民族之稱。而日本人在工作的狂熱方面比德國人更甚,所以,日本民族還得到了一個「經濟機器」的綽號。

日本人之所以能夠在甲午中日戰爭中打敗中國人,除了有政治制度占優勢的原因外,日本人的動員體制比中國人先進得多,是一個更為重要的原因。

據歷史學家唐德剛先生考證,在甲午海戰中,日本海軍的頭號功臣是戰艦「吉野號」,此艦為英國造,原來是為清朝政府訂做的,後來慈禧太后要辦六十大壽,海軍衙門就把這筆預算轉為了禮金。而日本政府打聽到這個消息後,決定傾全國之財力購買此艦。皇太后捐出了自己的首飾,日本商人和民間發起了「『吉野號』募捐會」,後來募集到的銀兩可以買三艘「吉野號」。

為了一舉戰勝清朝人，日本人進行了全國總動員，日本天皇御駕親征，將大本營從東京遷到廣島，為了節約開支，支援前線，天皇每

▲ 日本於甲午戰爭前夕訂造的世界第一快艦「吉野」號。

天只吃一頓飯，舉國的財力物力和人力就這樣全部壓到了前線。而清朝政府在開戰後擁有兩支艦隊——北洋水師和南洋水師，南洋水師眼看著北洋水師落敗，也沒有調集一兵一卒前往支援。

日本歷史學家升味准之輔在《日本政治史》一書中總結說，即使李鴻章指揮得當，奮勇還擊，北洋水師因為中國人的動員能力太差，也會落敗。「李鴻章在對日開戰時所能直接動員的，只是他的北洋軍而已。日清戰爭實際上成了日本與直隸省的戰爭。而且，北洋軍是在傳統的腐敗習慣和鄉黨關係中成長起來的。李鴻章一當上直隸總督，便用他的安徽軍守備直隸，被一群鄉黨包圍起來，他的天津衙門成了賣官鬻爵之府。陸海軍成了給他的親朋創建利益的奶牛。據說他的過繼兒子私下出賣北洋艦隊的裝備，他的弟弟被稱為無底的錢褡子。」註2

北洋水師當時是亞洲排名第一的艦隊，世界排名第八，總噸位比日本海軍要多得多。但日本人從一件小事當中就看出了這支豪華的艦隊在戰場上會不堪一擊。

1891年夏天，北洋水師提督丁汝昌率六艘主力艦出訪日本。細心的日本人發現，在威力巨大的清朝海軍的砲艦上，士兵居然在大砲上晾曬褲子。由此，日本人斷言，這支艦隊沒戰力。

縱使是堅船利砲，武器精良，但部隊沒有組織紀律性，散漫自由，各行其是，這樣的軍隊照樣沒有戰鬥力。日本人的斷言在4年後的甲午海戰中被完全證實。

日本人在資本主義的發展中，搭的是末班車。但憑藉其國民良好的

組織紀律性和整齊劃一的戰鬥力，在後來的戰爭中不僅彌補了技術上的鴻溝，還在競爭中取得了後發優勢。

在1904年日俄戰爭中，俄軍在世界戰爭史上首次使用了最先進的重機槍，而且俄軍的兵力、火砲和工事都優於日軍，但俄軍目睹日軍瘋狂衝鋒陷陣的情況，產生了畏怯情緒，最終要塞失守，戰爭失敗。在這場戰爭中，日軍為了攻占一處叫「203號」的小高地，居然陣亡了1萬2千多人，創造了世界上最慘重的傷亡紀錄。但日本人最終憑藉野蠻的衝鋒，占領了這處高地。

日本人在第二次世界大戰中，本土人口不到8000萬人，卻動員了近1000萬的總兵力，占總人口的12%。兵役年齡從平時的18歲至25歲，擴大到17歲至45歲。在戰爭末期，為了準備所謂的「本土決戰」，還動員了「國民義勇兵」2800萬人。這種超限度的畸形動員給國家的生存能力帶來了一連串的惡果，但是，此種動員無論是在戰前還是戰中，進展仍然比較順利。這在世界戰爭歷史上也是沒有過的。

▲ 日俄戰爭中，發揮重要作用的第三軍團指揮官們：
左起大庭大佐、豐島少將、岡田少佐、乃木司令官等。

日本的侵略戰爭性質必須唾棄，但日本人的整體動員能力也確實給世人留下了深刻的印象。

李宗仁將軍在抗日戰爭中擔任中國第五戰區司令長官，且指揮部隊取得了台兒莊大捷。抗戰勝利後，李宗仁將軍在回憶錄中對於日本人的戰爭動員能力和組織

能力仍然難以忘懷：至於日本軍隊的長處，那也確實是說不盡的。日本陸軍訓練之精，和戰鬥力之強，可說舉世罕有其匹。用兵行陣時，上至將官，下至士卒，俱按戰術戰鬥原則作戰，一絲不亂，令敵人不易有隙可乘。日本高級將領之中雖乏出色戰略家，但是在基本原則上，絕少發生重大錯誤。日本將官，一般都身材矮小，其貌不揚，但其做事皆能腳踏實地，一絲不苟，令人生敬生畏。這些都是日本軍人的長處。

▲ 日俄戰爭後，日本流行的203高地型髮髻。因日軍攻克旅順203高地而來，表現了國民的軍國主義情感。以至於在髮型上有著嚴格區分的家庭主婦和未婚女子，都紛紛以203高地髮髻為時尚。

著名歷史學家黃仁宇先生在抗日戰爭中擔任過國民黨的軍官，並親自參與了日軍的投降儀式，透過對日本人的直接考察，他斷言，以日本人的動員能力和組織能力，其再次崛起是必然的：

第二次世界大戰結束後，氣焰囂張的日軍投降，一夜之間驕橫兇殘的性格如冰雪消融，個個成為「謙謙君子」。百萬降兵一時回不了國，中國當局安排他們修路、修機場，他們全都積極努力，絕無抵觸情緒。一天，他們在工作中烤火取暖，不小心飄出火星，燒毀了一間中國民房。為表示歉意，日軍竟全體自動挨餓，用一天的伙食費進行賠償。當時，中國當局並無追討損失和懲罰的意思，一些中國人看了這種情形，反而生出「過意不去」和「可憐他們」的心情。

根據第一次世界大戰結束前後經驗，戰敗國如俄德均有軍隊叛變產生糾紛的事情，如果日本將領控制不住，全副武裝的百萬日軍釀成事件是很容易的事情。而據黃仁宇教授的回憶，這種事情竟然一件也沒發生，「我自己於1945年9月初隨第三方面軍先遣部隊抵上海，又隨副司令長官

鄭洞國將軍赴南京，此時京滬鐵路全倚尚未受降之日軍警衛，而一路秩序
井然。黃埔路中央軍校舊址為 9 月 9 日岡村簽署降書場所，所有會場佈置
工作，一律由日本士兵擔任，他們垂首聽命毫無參差池節。據通日語之同
事道及，他們下級軍官對士兵訓話仍保持十足權威，毫無恐懼失控情態。
凡我所目睹身受日軍上至將領下至士兵全部馴順有禮。我與彼等相處數月
曾未聞一句不遜之言，亦未見一個抱怨懷憾的表態。不久之前尚有一位友
人在紐約《世界日報》為文稱，彼曾在當日見及日軍憲兵隊尉級軍官。因
為日本憲兵平日為非作歹，終戰後此等軍官成日被居民痛打，但彼等受有
岡村命令不得回手，以致每日臉部打腫，仍奉行命令如故。」註3

　　試想，這樣整齊劃一的紀律性，其他哪個民族能做得到？

　　二次世界大戰後，日本全民族意志統一，決心透過經濟振興實現崛
起，其國民生產總值從 1950 年到 1990 年，成長 152 倍，這樣的速度背
後，沒有一種狂熱的舉國一致的民族性格支持，如何可以想像？

　　日本是世界軍事史上第一個提出舉國體制的國家。在第二次世界大
戰中，曾經準備「一億玉碎」，做垂死的掙扎。戰後，又提出「一億振
興」，再次讓世人刮目相看。

　　日本人的凝聚力從何而來？日本人為什麼可以做到像機器人一樣服
從指揮？日本人的機器性格的利弊得失如何？確實值得每個中國人好好思
考。

2. 整齊劃一的機器民族

最先把日本人稱作機器民族的人是中國學者林語堂，林語堂是中國著名的文化學家，尤其對國民性問題有精深的研究，他創作的《吾土吾民》（又翻譯為《中國人》）到目前為止仍然是闡述中國人民族性最好的著作。

林語堂先生在研究中國人的國民性時，曾經認真地把中國人與日本人做了精細的對比，林語堂把中國人比作老油條，把日本人比作機器人，他說：「日本成為一個好戰的法西斯國家，是最合適不過的事，因為日本人行動像機器。而中國不適合於成為同樣的國家。因為中國人的個人思想太濃厚，要把深思熟慮的人組成一個法西斯國家，使他們嚴守紀律地行走鵝步，那簡直是不可能的事。」

林語堂先生不僅敏銳地觀察到日本人行動像機器，還注意到日本人

■ 富士山為日本第一高峰，是日本民族的象徵，被日本人民譽為「聖嶽」。富士山位於本州中南部，山峰高聳入雲，山巔白雪皚皚。山體呈圓錐狀，似一把懸空倒掛的扇子，日本詩人曾用「玉扇倒懸東海天」、「富士白雪映朝陽」等詩句讚美它。按理說，一個崇尚山的民族，胸懷應該是寬廣，厚重不移的。但日本人的心胸為什麼會如此狹隘、性格刻板？真的是一方水土養一方人，不同的文化而地異人殊。

的思維方式與文化模式也與機器無異：日本把西洋文明整個吞噬下去，連同西方所有的軍國主義、資本主義、國家主義以及維新主義。他把這些東西加蓋在一個封建社會之上，沒有時間去為自己盤算。由此，他的文明變成了機器化，缺少幽默，不近人情。這種機器化而缺少幽默的特徵，可以由呆板莊重的日本海關職員和員警身上看得出來。這也可以由日本人桀驁的性格與軍人的妄動之上看出來。

世界各國的文化學者對於日本人有多種比喻和假說，比如有「工蜂民族說」，指出日本民族像工蜂一樣勤奮而有組織紀律性。又比如說，有「菊花與劍說」，指出日本人是柔美和暴力的結合體。還有「武士民族說」，指出日本人的本質就是武士道等等。但林語堂先生的機器民族說，是最貼切最讓人折服的。

走進日本的街道上，很少有人不被日本社會的整齊有序所感染。街上一塵不染，人流整齊有序，公共汽車分秒不差。日本從不停電，也不停水，即使是遇到了地震和海嘯，日本人也從來沒有表現出慌亂之態。每個日本人都像一個機器人一樣，忠實地履行著自己職責。整個日本社會也像一部機器，運轉精準，幾乎毫釐不差。

日本人本身像機器人，而日本人也以製造機器的能力聞名於世。自工業革命以來，製造機器的本領最高的當屬德意志民族，但自從出現了日本人，世界製造中心的地位就從歐洲轉到了日本。日本製猶如一股颶風，橫掃寰宇，不僅德法英這些老牌的工業強國被日本打得丟盔棄甲，就連世界科技的領軍者美國人，也無法與大和民族在製造業上交手。

日本人與日本製一樣，精準、刻板、一絲不苟，而且不知疲倦。

說日本人做事像機器人一樣認真和刻板，可以說一點也不過分。日本餐館洗盤子一定要洗七遍，一個中國留學生取巧只洗了三遍，結果這個留學生再也找不到工作，最後只好離開日本。這還不算稀奇。日本旅館領班培訓中國員工做清潔工作示範時，她把抽水馬桶洗乾淨後，還從中舀了一杯水自己喝掉，說：「就按這個標準清洗！」

外國人不管對日本人有怎樣的偏見和討厭，對日本人做事的認真和執著，是絕對說不出一個「不」字的。因為他們常常是因為認真和執著得過度而招人厭煩的。

整個日本社會就像一個整齊劃一的機器兵團，行動一致，進退有序。

1990年廣島亞運會，約有10萬日本人參加了閉幕式，主場散場後，地上沒有留下一根煙蒂，一片紙屑，一絲痰跡，人人動作規矩嚴整，在場的美聯社記者發表評論說：像這樣一個比機器還嚴謹的民族，真是太可怕了。

其實這不算什麼。中國的政治學家房寧教授曾經在日本親歷了一次堵車事件，那種情景足以讓全世界的人都感到震撼：從伊豆半島到東京的公路上，幾萬輛車一輛挨一輛排了一百多公里。那個時段幾乎所有的車都是回東京的，道路右側堵成一條長龍，左側則空出一條「無車道」，誰要

▲ 在1942年的一次衛國操練中，一排高大粗壯、大腹便便的相撲運動員擺出向右看齊的姿勢，他們在日本是廣受歡迎的傳統項目運動員。

■ 在日本全國的兒童節中，身著陸軍和海軍將軍制服的小男孩們莊重地敬軍禮。

是開到左側，可以一溜煙直奔東京。但就是沒有一輛車插到空蕩蕩的「無車道」超行，一百多公里的塞車路上，不見一名交通警察維持秩序。在近十個小時的時間裡，車流一步一步地向前挪，一尺一尺地往前挪，靜悄悄，聽不到一聲喇叭。房寧教授不禁感嘆：「他們自己竟把這綿延一百多公里的車龍化解了！如此堅忍、守秩序、萬眾一心的民族，真是可敬又可怕！」

這個機器民族不僅嚴謹精準，服從秩序，還是一個運轉高效、不知疲倦的族群。

戰後幾十年，日本經濟發展水準早在20世紀60年代就躋身世界前。但即使在富裕的今天，東京夜裡11點時，大部分的辦公大樓仍然亮著燈，上班族還在無償加班，這在日本已經是家常便飯了。

20世紀70年代，菲律賓發現東南亞一帶的深山老林裡竟還藏著不肯投降的日本兵，此時距二次世界大戰已經結束30年了。

機器民族一旦被發動起來，就會產生讓全世界震驚的力量，這種力量像洪水，又像颱風，有時候會達到無法控制的程度。

第二次世界大戰結束前，日本這個「機器民族」曾經被日本天皇和

東條英機調教得走火入魔。整個戰爭期間，這架侵略機器可謂效率驚人，在1943年初，本土面積只有37萬平方公里的日本居然控制著亞洲和大洋洲700多萬平方公里的陸地，這還不包括北至北冰洋、南至澳大利亞的大半個太平洋。整個日本採取全民參戰、整體玉碎的舉國戰爭體制，將整個民族的破壞力發揮到了極致。

在塞班島戰役中，得到強大海空軍支持的約7萬美軍進攻孤軍困守的4萬多日軍。日軍打到只剩下幾千人，而後這幾千人卻向美軍發起了衝鋒。他們跌跌撞撞，「有的撐著拐杖，有的吊著繃帶，除了缺胳膊少腿，有的眼還被打瞎了。」他們脫掉鋼盔，頭上綁著白帶，「端著機槍和戰刀，有的僅僅拿著綁在竹竿上的刺刀，有的甚至赤手空拳，潮水似地湧向美軍陣地」；那些沒有力氣衝鋒的重傷患，則引爆了身上的手榴彈。與日軍衝鋒的同時，塞班島的日本百姓也開始了大規模地自殺，他們或從崖上跳下，或父母抱著孩子，一家一家走向海裡……「整個海面漂滿了日本人的屍體。」美軍將坦克車改裝成宣傳車，到處呼叫：「我們不會傷害你們的！」然而這些呼叫根本毫無效果。塞班島之戰，美軍作戰部隊起初十分害怕，繼而使他們迷惑不解，後來又使他們憎惡，最後卻使許多美軍士兵表露出真誠的憐憫。日本士兵在洞穴內遭受的慘不忍睹的痛苦以及他們淒然絕望地敢死進攻，使得美國兵要牢記「勿忘珍珠港」的格言愈來愈困難。一些士兵泣不成聲：「日本人……他們為什麼……要這樣自殺？」

日本這架巨型機器在侵略戰爭中被擊潰，但機器民族的格局並沒有散架。日本戰敗後，不少有遠見的觀察家預計到了這個民族不甘失敗的本性，可惜像麥克阿瑟這樣傲慢自大的美國領導人忽視了這一點。

日本天皇宣佈戰敗投降後，國民黨第三十二集團軍總司令李默庵擔任中國戰區（國民黨戰區）日軍的受降工作。作為一名參與過抗戰，對日軍血腥暴行仍記憶猶新的中國軍人，李默庵的心情是複雜的。一方面是切齒痛恨，另一方面伴隨著受降過程，李默庵漸漸增添了許多感慨：被俘日軍回國途中始終以正規軍人佇列行走，毫無紊亂現象，也無事故發生。在

繳械之時，日軍將所有武器包括重機槍、車輛及自佩武器都擦拭得乾乾淨淨，並將其人員、馬匹、武器、彈藥、被服、袋具、車輛等物資登記造冊，數字清楚，讓人感到與其說是繳械投降，還不如說是在辦移交手續。

李默庵將軍後來在回憶錄中寫道：「對當時的這一切我至今印象深刻，並頗有感受。透過日軍繳武器這個細節，可以看到日軍平素的軍隊管理和訓練是嚴格的，由此也可以看到一個民族的精神面貌。當時我就想，他們的紀律如此嚴整，行動如此一致，將來如果領導正確，必是一個可以發揮無限潛力的國家。」

二次世界大戰結束以後，日本人利用國際政治的有利時機，發揮自己機器民族的結構特長，盡情地發揮了自己民族的製造天賦，創造了戰後日本的經濟奇蹟。

如今的日本人，人口只占世界的1/50，卻占有世界財富的1/5。

日本人服從權威，便於指揮，運轉協調，整齊劃一，如果領導得當，便是得心應手的生產工具，是世界上罕見的優質勞動力集團。但如果領導方向出現偏離，這架機器就會成為人類社會的洪水猛獸。日本兵在先前侵略戰爭中的暴行已經讓世人切齒痛恨，而日本國內存在的奧姆真理教的毒氣屠殺行徑也讓世界人民大驚失色。

▲ 1944塞班島，美軍向日軍展開激烈攻擊

日本人長於生產而拙於思考，長於服從而短於思辨，尊重群體而忽視個人，強調共性而抹殺個性。他們是好的跟從者和執行者，卻不是優秀的領導者與規劃者。曾經在日本擔任八年大使的新加坡學者李炯才這樣描述日本人的長短：我發現日本人

44

▲ 1944 年 7 月 7 日，塞班島上的日本守軍 4 萬多人全部被殲滅。幾千名日本平民集體自殺，做了軍國主義的殉葬品。翻開人類戰爭史，世界上有幾個像日本這樣的民族，他們的靈魂和思維被軍國主義思想灌輸到這種程度，這些貧民自殺時的悲慘場面，不要說當時作戰的美國士兵感到害怕，就是今天讀來仍令我們怵目驚心。

是行動多於思考，他們寧願讓其他人替他們思考。目前，似乎有日本個別議員在作這種思考。以「黑幕」為後盾的極右翼民族主義者的領導人在對政治思想家施加壓力，他們想要日本恢復戰前「成就」中的榮耀。

日本一直是一個有嚴格差別的等級社會，這種等級制度像一個金字塔，位於塔頂的是日本皇室和政治家，下面便是沉默的臣民。觀察日本人的動向，首先就要觀察位於金字塔頂的指揮者的動向。

跡象顯示，日本的極右勢力已經占據了金字塔的頂層，他們正在發動整個國家機器。阻止其發動機器是不可能的，但採取堅決的措施，遏制其「蠢動」的做法，則是必須的。

林語堂先生透過對日本這個機器民族的解讀，曾經對日本人如何改善中日關係與遏制軍國主義的衝動提出過中肯的意見：中日兩國的接近，

必須日本政府的內部發生變化，文治派領袖能約束軍人，才可以想像到。這一點不成功，即使世界上最佳的戰爭機構也不能把日本從自然的動力和反動力中拯救出來。

如果不是由和平主義者控制日本的國家機器，那麼日本走向右傾軍國主義方向則幾乎是注定的事情。讓人沮喪的是，日本人正被少數狂人引向無法預知的深淵。

筆者觀察日本人的動向已經有多年，從 1984 年中曾根首相參拜靖國神社開始，人們就能嗅出日本機器兵團將要轉向的信號，到 2005 年 10 月 17 日小泉首相連續五次參拜靖國神社，人們基本上可以斷定日本人整體轉向的路徑。

一場通向絕路的民族悲劇已經拉開了序幕……

一個人的悲劇是由其性格決定的，一個民族的悲劇又何嘗不是如此。日本人有超強的經濟實力和科技能力，卻並不表示其具備超強的領導世界的能力。日本人在和平發展的道路上享受到了絕大的好處，透過貿易和科技完全可以達到一流國家的目標，卻非要發展軍備、追求武功，以戰爭手段確立霸權，這又不能不說是這個民族難以擺脫的悲劇命運。而其悲劇命運的起因，又來源於機器民族的先天因素。

孫中山先生 1918 年曾經忠告過日本民族：日本人既可以成為東方民族王道之干城，又可以成為西方民族霸道之鷹犬，何去何從，唯日本民族自決自省。

日本人沒有聽從這位先哲的金玉良言，毅然決然選擇走軍國主義侵略的霸道路線，終於撞得頭破血流。

如今，日本民族又面臨著新一輪的命運抉擇，是生存還是毀滅，唯日本人自己掂量。

3. 愚忠與服從

先說一個笑話：一家美國公司在報紙上登廣告，準備購進一個機器人，要求絕對服從，永不說不，堅固耐用，好維修。結果前來應聘的是一名日本男子，他還附加了一個優惠條件：不需要使用電池和機油。

服從指令，服從權威，不說「不」，這是機器民族的一大特色。服從意識，可以從多方面來理解，既表示服從領袖和領導，也表示服從權威和上級，還可以表現於服從於組織和思想。

日本人的服從意識在全世界都是最突出的。早在 19 世紀初，中國學者就注意到了日本民族聽話、服從這一鮮明特色。謝晉青在《日本民族性之研究》一書中指出：子女須從父命，婦女須從夫命的制度，較諸中國的綱常，尤為嚴格……就是教育普及的現代日本，其女子教育的唯一宗旨，也還只是「賢妻良母」四個大字。

中國人一向被認為是一個保守順從的民族，但中國改朝換代是很正常的事情，即使用「三綱五常」學說使用一切辦法鼓吹「君為臣綱」

▲ 日本陸軍上將乃木希典，曾赴德國留學軍事。日俄戰爭時，以殘酷的「肉彈」戰術，攻陷旅順要塞，1912 年明治天皇病逝，與妻子剖腹自殺，以身殉君，被奉為「軍神」。這就是日本典型的愚忠思想。

和「愚忠」思想，也無濟於事。而日本人就不同，自從大和王朝建立後，日本從來沒有鬧過改朝換代的事情，天皇家族一直坐莊，他人無法染指。這一點，也使謝晉青先生感到震驚：中國人在君主時代，個個都有身為帝王的資格，人民見了帝王，多數都有一種「取而代之」的思想。但在日本就絕對不然了。在日本歷史上只有人民拿著自己的生命供帝王藩主們任意犧牲……

日本人民不僅從來沒有過稱王稱帝的想法，就連起義、造反和向上司進言的舉動也少之又少。有人做過統計，自16世紀初至20世紀初的400年間，日本平民迫於生計，有過十幾次有組織的暴動和示威，這個次數不能說多，而且暴動和反抗之對象或為地主、或為奸商，其原因，或為飢荒，或為壟斷居奇。日本人對於政府長官、社會領袖或者將軍藩主、武士名流之類，從來就沒有過絲毫的忤逆。日本人服從秩序的傳統之頑固，由此可見一斑。

潘光旦先生分析說，日本民族的服從意識異常發達，與其異常發達的封建制度有關。由於日本長期處於封建社會和等級制度的社會，使得日本人長期被牢牢禁錮於一個「鐵桶般」的體制當中，叛逆意識和自主意識被消磨殆盡。

此論可謂精當，但尚需稍加說明。要說明日本社會的禁錮性為何異常發達？首先要說明日本民族生存的特殊地理環境。眾所周知，日本是一個島國，國內大大小小的島嶼有上萬個，但這些島嶼的共同特點是離大陸比較遙遠，古代日本人要逃離本土來到中國或者朝鮮，都不是件容易的事情。這就意味著古代日本人不得不終身生活在本土，無法脫離。這就決定個人的命運先天性地與領主和部落鎖定在一起，一旦不服從集體，就只有死路一條。

其二，日本的封建社會不僅歷史長，而且特別嚴酷。日本的封建社會是亞洲最典型的，與歐洲的中世紀封建社會如出一轍。關於日本封建社會的典型性，包括馬克思在內都有論述，這裡不詳細說了。日本的明治維

▲ 匍匐在東京的皇宮前朝拜。從1936年之後，員警對任何膽敢看天皇一眼的人都予以逮捕。

新脫胎於德川幕府創建的江戶社會。德川家族為了鞏固統治，在日本社會建立了嚴格的等級制度，除了天皇與將軍之外，日本社會被分為藩主與大名、武士、農民、工人與商人、穢多（指賤民）五個等級階層，各階層之間等級森嚴，不得逾越。同時，為了防止日本人外逃和引進大陸勢力，江戶幕府制定了世界上最嚴厲的禁海令，日本人一律不得乘船出海，違者殺頭。由於400年的江戶政權確立了日本近代的社會形態，使得日本民族的順從成為了一種文化習慣。即使是後來的明治維新，一些開明學者宣導個性解放，也很難動搖這種文化根基了。

明治天皇對於江戶幕府的政策頗多革新，但對於江戶幕府推崇的武士道中的忠順之道卻大加讚賞，並且在《教育敕語》中由軍國主義政府把日本人原有的服從意識推到了無以復加的程度。《教育敕語》是日本人每日必定要聽從的訓示，在相當長的時間內，就是日本人頭頂上的「最高指示」，一旦念錯了一個字，念誦者就要剖腹謝罪。《教育敕語》指出：

重國憲，遵國法，一旦有緩急，則須義勇奉公，以扶翼天壤無窮之皇運；如是，不特為朕之忠臣良民，以足以顯彰爾祖先之遺風。

▲ 「神風」特攻隊出發時的情景。所謂特攻隊就是駕駛飛機撞對方軍艦的敢死隊。每當特攻隊出發之前，送行者都要列隊向他們鞠躬致敬提前向遺體告別。

《教育敕語》鼓吹的忠順之道，就是無條件的服從，不但要服從天皇，還要服從上司。為了讓忠順之道與服從精神接軌，日本政府又祭起了武士道這個屢試不爽的法寶。武士道就是日本的民族精神，是鑄造日本民族國民性的母機。對於軍國主義政府宣導忠順之道與武士道之間關係如何對接，《武士道》一書的作者新渡戶稻造特意在書中為政府進言：武士道者，舊日本之成因，亦舊日本之產果，當此過渡時期，猶不失為唯一指引之原則；且對於新時代之形成，亦將為主要之原動力。

由於武士道被明治以後的歷屆政府奉為國民之教義，武士道中固有的服從意識在日本近代以來更加制度化、固定化和神聖化。

將全體國民訓練成具有服從精神的隊伍，對於提高集權主義的行政效率以及推進工業化都是很有好處的。因為一個服從權威的集群，很容易被高度統一地組織起來，而工業社會與農業社會的最大區別就是組織化程度，日本人就這樣在武士道精神的旗幟下被組織起來了，開始了亞洲民族的第一輪工業化試驗。日本能夠成為亞洲最先實現工業化的國家，服從意識的盛行確實是有功勞的。美國學者克里斯在《日本的發展》一書中對此有這樣的評論：

集權主義的政治設施與舊日本之服從訓練相呼應，及其加入 19 世紀國際競爭之場合，即復利用而發展之。故列強之爭太平洋之盟主，與爭奪中國商場之牛耳，唯有日本能全神貫注以出擊之。

日本人後來傾全國之力對清朝開戰以及大舉侵華，都需要國家具有極強的動員能力，而日本的國家動員能力，又來源於日本國民的整體服從意識。

二次世界大戰之後，日本儘管實行了民主改造，但國民性的改造豈是旦夕之功？在今天日本的社會裡，下級絕對服從上級，員工無條件服從主管，子女服從家長，女人服從男人，仍然是日本社會的通行規則。日本政府在國際政治中，唯美國政府馬首是瞻，其奴態媚骨，讓國際社會都看不過眼，而日本政治家習以為常，究其根本，也是服從權威的意識所主宰。

日本近代在工業上和軍事上的崛起，都有賴於國民的服從意識。日本人組織性的嚴密和齊整，在全世界都是首屈一指的。即使在今天的日本工廠，日本工人與機器人一起工作的場面仍然堪稱世界奇觀。

《當代日本社會百面觀》一書記載了日本工廠中工人和機器人同場工作、難分彼此的情景：法那克以「機器人製造機器人的工廠」而聞名，在這裡，即使在深夜時分，工人們下班了，機器人還在忙著。整個工廠的一切都被刷成黃色，包括工人的工作服和帽子，女員工的制服、文件夾和信封也全是黃色的，就連會客室擦手的毛巾也是黃色的。在這裡，穿黃色制服的工人與黃色的機器人一起工作。在這裡，由於總經理喜歡黃色，所以一切都弄成黃色，不允許有其他顏色存在。在這裡工作的工人與機器人一樣，都必須唯總經理的命令是從，不得有任何違抗。

即使心裡不願意，也必須與集體保持一致，這就是日本人。服從意識泯滅了日本人的自主意識，使他們對自己的下一步毫無計畫，因為他們從來沒有自主決策過。

李炯才先生評論說：日本人整體來說都是好的跟從者；他們善於服

從,不善於思考,必須等待號令告訴他們做什麼,他們才行動。

「他們從不吸取歷史教訓,年輕一代只知道野蠻的美國人在廣島投擲了原子彈,殺死了大量的日本人,卻不瞭解自己的前輩在二次世界大戰中的殘暴行徑;他們只接受表面價值的簡單陳述,因為沒有人教他們審時度勢。」有鑑於此,李炯才先生對日本人的未來行動非常擔心,「日本人一步一步地行動著。他們有時候不知道自己的下一步怎麼走,而走下去也許就是黑暗。日本人的癥結就在於他們只知道進不知道退。」

2005 年 11 月,執政的日本自民黨正式通過了推動修改日本和平憲法的提案,準備重新建立軍隊,重新獲得戰爭權,並將防衛廳升格。

以日本人機器兵團的組裝效率,重新建立一支強大的「新皇軍」是輕而易舉的事情。這支可怕的軍隊將被引向何方?日本民族又將被帶到哪裡去?

看來只有天知道了。

4‧悲劇情結與幻滅意識

　　把日本民族比喻為機器民族，是一個很傳神的說法。但日本人畢竟還是人，他們有自己的七情六欲，也有自己的喜怒哀樂。但是，一個活生生的人如何訓練成「機器」呢？「機器民族」在整齊劃一的外表下，又隱藏著怎樣的情感世界呢？為什麼其他民族無法適應這樣的訓練方式呢？

　　說到這些問題，就必須分析日本民族內心中濃厚的悲劇情結。

　　魯迅先生指出：所謂悲劇，就是把美好的東西毀滅給人看。

　　日本民族濃厚的悲劇情結，既是自然環境陶冶的結果，也是傳統文化生成的必然。

　　中國現代著名的軍事家蔣百里先生曾經留學日本，曾經獲得日本皇家陸軍學校第一名的桂冠，這位日本通在分析日本人時，首先就談到了日本人的悲劇情結：日本人喜歡吃魚，尤其喜歡吃活鯉魚。日本人把鯉魚比作武士，因為鯉魚放在案板上，即使挨了刀子也不會動彈。日本民族切腹的傳統想必與吃鯉魚有關。日本人吃魚要看著活活宰死才吃，覺得這樣才有風味。所以，日本人有殘忍性，還保留著島國人吃人肉的遺傳。

▲ 1935 年，在等候迎接偽「滿洲國」皇帝溥儀時，裕仁與手持照相機的一位親屬說笑。這張照片是被禁的，因為天皇看起來太有人情味了

蔣百里認為，日本人屬於血氣熱騰的人種，不適合寒帶生活。與同是英國的島國相比，日本沒有倫敦那樣的霧，濃霧天氣鍛鍊了英國人的體魄和眼光，而日本人並不具備。與同在東亞的中國人相比，日本沒有中國的黃河長江，黃河長江培育了中國人浩瀚的胸懷和悠遠的風度，而這些日本人也不具備。日本的自然環境明淨豔麗，刺激這個血氣旺盛的民族的眼睛，使他們時時關注外在世界，缺少了內省的能力，同時，因為外在世界繽紛複雜，又分散了他們的注意力，他們無法從複雜的環境中找到重點。

「短急清淺的水流，又誘導他們成了性急的、焦急的、容易陷入悲觀的性格，地震、火山噴發，這些不可知的自然變動，也給日本人一種心理陰影。」蔣百里認為日本人生活的自然環境使得他們容易性急，也容易陷入悲觀和淺薄。

▲ 富士山、櫻花同為日本人的精神象徵

世界各國的酒都是推崇陳年老酒，年份愈久，酒便愈貴。獨有日本人不然，在日本，酒是愈新鮮愈好。因為日本人不耐煩去等待，恨不得當日酒當日飲，以及時行樂。

世界各地的音樂都以和諧為美學原則，各民族都喜愛婉轉動聽的音樂，獨有日本人例外。一個外國人如果在月明之夜聽日本人吹笛子（日本人稱為尺八），這種笛聲高亢激越，宛如狼嚎，讓人心臟都受不了。日本的民謠和日本琴（日本名為三味線），

其聲音都是剛烈哀怒，外國人不敢卒聽，免得呼吸困難。

「花是櫻花，人是武士！」櫻花是日本的國花，是舊日本國徽上採用的圖案，也是日本文化的圖騰。將武士比作櫻花，無非是寓意人生的悲觀與無常。因為櫻花在最美的時候，就是它立刻就要凋謝的時候。好比武士最光彩的時候，也就是他效命疆場拋灑熱血的時候。這種美是可以理解的，不過其悲觀意識也夠濃郁的。

日本人最古老的詩集《萬葉集》中就收錄了日本人最古老的詩篇。其中最有名的一篇有八個字最為日本人傳唱——「色香俱散」、「人事無常」。比較中國最古老的詩集《詩經》裡的名句——「窈窕淑女，君子好逑」，可以看到一個悲觀，一個樂觀，一個悲劇，一個戲劇，一個憂鬱，一個明朗，其情懷不啻有天淵之別。

日本人的哲學並不發達，沒有像叔本華那樣典型的悲觀主義哲學家。然而，日本人的人生觀總體上可以稱之為悲觀主義，則是不容否認的。

日本人受佛教的影響很深，到現今為止，不管日本人生前信奉什麼教派，死後大都按照佛教儀式予以安葬，且都獲得一個法號。日本民族與佛教的親緣關係，由此可見一斑。

佛教大約於西元 6 世紀正式傳入日本，早期的佛教在日本影響並不大，但到西元 9 世紀初時，佛教便開始大肆流行，幾乎成了國教，歷代天皇遁入空門者不勝枚舉。從西元 9 世紀開始，佛教壟斷日本長達 5 個世紀。

熟知日本文化的英國人小泉八雲，曾經長期居留日本，擔任東京大

學教授，著有《日本與日本文化》一書，他論述了佛教風靡日本的情景：

佛教對於日本文化之影響，誠可謂博大、精深，而不可以數量計；所可異者，未將本國之神道教一鼓而鑽之耳。論者謂佛教為日本民眾之宗教，神道教為官方之宗教，誠為大謬誤。實際則佛教之成為官方之宗教，其程度不亞於神道教；其影響之於貴族階層亦不減於貧苦階級。天皇有為僧者，公主有為尼者；而諸侯王之行動，法令之性質，政治之措施，鮮有不受其統治者。

佛教與日本文化關係非常密切，曾經有併吞神道教之趨勢，怎奈神道教是日本本土的宗教，根深蒂固，才沒有達到鯨吞的目的。但是，日本民族的生死觀、武士道深受佛教特別是禪宗的影響，則是不爭的事實。

佛教在日本的流行程度，超過中國和朝鮮。究其原因，主要是佛教善於改造自身，其提出的人生觀教義與日本人的悲觀主義心態極為契合。

潘光旦先生分析說：日本民族本有濃厚的悲觀心態。此種心態之普遍表現就是輕生、出世、信仰命運論，而這些無不與佛教教義相吻合。

新渡戶稻造在《武士道》一書中概括了佛教對武士階層的支配作用：

佛教使武士對於命運，有一種鎮靜之信託，對於前途所不可避免之死，亦能安之若素，安之如歸。總之，佛教使武士藐視生命而與死亡相契合也。

「生如夏花之絢爛，死若秋葉之靜美。」這句在日本廣泛流傳的詩句最能代表日本人的悲觀主義思想。日本人迷戀櫻花，輕生厭世，都與這種心態有關。

悲劇情結不僅是日本人的內心反映，也代表了日本人的審美傾向。日本人看戲愛看悲劇，看電影也愛看悲劇，甚至看小說，也最愛看悲劇小說。

在二次世界大戰期間，日本軍部拍攝了大量電影，投放到前線。這些電影當然是為了給軍國主義打氣的，但看了這些電影的美國人卻大吃一驚，幾乎把它們當成是反戰電影。為什麼呢？因為這些電影大量渲染的是

戰場的殘酷性、士兵的苦楚和絕望，還有前方的淒風苦雨和啼飢號寒。《菊花與劍》（大陸譯為《菊與刀》）的作者露絲·本尼迪克特（Ruch benedict）對此分析說：日本人可能有酷愛悲劇的傾向，只有投入到悲劇中才能放鬆，才能激發起力量。事實就是如此，在看了這類電影之後，日本士兵當時流下了眼淚，接著就是更加賣命地衝鋒。

日本的愛情小說基本上都是以悲劇收場，如果不是這樣，就基本上不會叫座。日本當代作家渡邊淳一的情愛小說《失樂園》就是這類小說的代表，根據這本小說改編的同名電影，也在日本賺取了不少熱淚。這個著名愛情悲劇的情節大致是這樣的：

久木祥一郎是一家出版社的資深編輯，曾擔任主編職務，後降

▲ 渡邊淳一，72歲，小說家，日本北海道人。到目前為止，已出版了幾十部小說和隨筆。奠定他文壇地位的有兩部小說，一是《光與影》，獲得日本著名文學獎「直木獎」；另一部是《遙遠的落日》，獲得吉川英治文學獎。但真正轟動日本的是《失樂園》，這部作品的成功之處，就是以獨特的悲劇情結收場，也正好吻合了日本民族的悲劇情結的心理。作者也因此被譽為「日本現代情愛文學大師」、「現代男人的代言人」。事實上，任何一部具有生命價值的書，大多都是寫悲劇的書

為普通編輯。祥一郎今年已50來歲，妻子久木文枝是從事美術工作的，設計陶製品，女兒已成年，在醫院工作，很少回家。祥一郎感到家庭生活很乏味，妻子文枝雖然文靜，但卻只知工作，他們之間總是客客氣氣。事業上不得志的祥一郎精神上的唯一支柱是他的情人，業餘書法教師松原凜子。

松原凜子三十五、六歲，美麗清純，氣質高雅，又有才華，她的書法筆力遒勁，外號「楷書公主」，是既性感又聰慧的女子。遺憾的是，凜

子嫁了個技術高超但性格了無情趣的醫生松原晴彥。松原晴彥很少說話，他木訥冷淡，對妻子總是冷冰冰的。平時在家，他最喜歡的是一聲不響地吃冰淇淋。久木祥一郎和松原凜子的婚姻都很空虛，精神無所依託。在這種情況下，鬱鬱寡歡的久木祥一郎和孤獨寂寞的松原凜子可謂一拍即合。他們有相同的品味志趣，性格投合，外貌相配，是天生的一對，每當他們相聚時，互相都有極佳的歸屬感。相識之初，他們興奮莫名。每次短暫的相聚都能使他們獲得極大的滿足。分離則變得無法忍受、苦不堪言。他們開始失控，無所顧忌地頻繁在外約會過夜，他們已將自己丈夫、妻子的感覺置諸腦後。

一次，凜子的丈夫向凜子示愛，遭到拒絕，證實了自己平時的疑心，於是便找到徵信社，拍攝了凜子和祥一郎在一起的許多照片，作為實據。不久，他單刀直入地把照片拿給凜子看，並堅決地告訴凜子，他絕不會和她離婚。

祥一郎的妻子文枝卻恰恰相反，她把丈夫的一切看在眼裡，卻默默地承受痛苦，甚至當女兒指責祥一郎時，還出面為丈夫辯解，這使祥一郎無法啟齒去傷害她。雖然文枝已主動向祥一郎提出離婚，祥一郎也不再愛妻子，但他不得不佩服她的堅強，婚姻惡化的速度和私情深化的速度成正比。凜子的丈夫向祥一郎所在的公司寫了匿名信，控訴祥一郎勾引良家婦女，為了公司的名聲，上司通知祥一郎將他調往下屬小單位。祥一郎孤注一擲辭了職。他的妻子這時已將簽好的離婚證書交給了他。凜子的母親也和凜子斷絕了關係。

冬季到來了，祥一郎和凜子周圍的氣氛像冬季一樣冷酷。只有他們彼此間徹骨的愛慰藉著對方的身心。祥一郎的好友水口君患癌症去世以前對

▲ 三島由紀夫

祥一郎說：「人最終會老會死，應該放懷追求自己的所愛。」祥一郎和凜子就是對方的一切。兩人陷得愈深，愈有一種破滅的恐懼感。社會容不下他們，世間萬物又瞬息萬變，怎樣才能像水口說的放懷追求自己所要、永遠擁有對方呢？

冬季，雪花漫舞的原野，天地靜謐而潤澤。郊外密林深處的一家小酒館裡，爐火燒得正旺。這一天，凜子和祥一郎來到這裡，榻上的茶几上放了瓶紅酒和兩只酒杯，一隻手正將個小藥瓶裡的藥滴入已倒滿紅酒的杯中。凜子和祥一郎剛剛平靜地吃過他們最喜愛的菜餚：竹筍燉老鴨，他們雙雙舉杯，平靜地飲下杯中的酒。祥一郎深深地看著凜子說：「讓我們再愛一次吧。」凜子點頭說：「讓我們愛到最深，愛到永遠。」第二天，報上登出祥一郎和凜子雙雙服毒自殺的消息。驗屍報告說：死者相擁的身體難以分開，實屬罕見。

▲芥川龍之介
芥川龍之介是20世紀初日本「新思潮派」文學最重要的代表作家，芥川文學代表了當時日本文學的最高成就。他最擅長的是類似於江戶、明治時期歷史小說的特殊類型。在20世紀日本文學史中，芥川龍之介是具有世界影響的作家。1927年7月24日，他卻於自家寓所服安眠藥自殺。短短35年的生命，13年的創作時間，芥川共創作短篇小說148篇，及小品、隨筆、詩歌、遊記、評論等多篇。在日本，芥川的小說一直排在日本國民讀書調查的前四、五位，在中國，他是第一位出了全集的日本作家

《失樂園》的情節雖然老套，卻蘊含著一種人生短暫、世事難料、美好的事物必將付諸流水的悲情意識，所以，在日本廣受歡迎。

悲劇情結使日本人有很深的自殺傾向。歷年的統計都顯示，日本人的自殺率高居世界各國之首，在已開發國家中，遙遙領先。日本人選擇自殺，除了有武士道精神的因素外，悲觀厭世的傾向也是重要原因。

日本名作家三島由紀夫1970年因為鼓吹武士道而選擇了剖腹自殺。而日本另外一位著名作家芥川龍之介的自殺則是因為悲觀厭世。

芥川龍之介（1892～1927），日本小說家。生於東京，本姓新原，
其父經營牛奶業。出生9個月，母親精神失常，乃送舅父芥川家為養子。
芥川家為舊式封建家族。龍之介在中小學時代喜讀江戶文學、《西遊
記》、《水滸傳》等，也喜歡日本近代作家泉鏡花、幸田露伴、夏目漱
石、森鷗外的作品。1913年進入東京帝國大學英文科。在學期間與久米
正雄、菊池寬等先後兩次復刊《新思潮》，使文學新潮流進入文壇。其
間，芥川發表短篇小說《羅生門》（1915）、《鼻子》（1916）、《芋粥》
（1916）、《手巾》（1916），確立了作家新星的地位。1916年大學畢業
後，曾在橫須賀海軍機關學校任教，不久即辭職。1919年在大阪每日新
聞社兼任撰述，但並未正式上班。1921年以大阪每日新聞視察員身分來
中國旅行，先後遊覽上海、杭州、蘇州、南京、蕪湖、漢口、洞庭湖、長
沙、鄭州、洛陽、龍門、北京等地，回國後發表《上海遊記》（1921）和
《江南遊記》（1922）等。自1917年至1923年，龍之介所寫短篇小說先後
六次結集出版，分別以《羅生門》、《煙草與魔鬼》、《傀儡師》、《影
燈籠》、《夜來花》和《春服》6個短篇為書名。

龍之介的小說始於歷史題材，如《羅生門》、《鼻子》、《偷盜》等；
繼而轉向明治文明開化題材，如《舞會》、《阿富的貞操》、《偶人》等；
後寫作現實題材，如《橘子》、《一塊地》以及《秋》等。在創作中注重
技巧，風格纖細華麗，形式、結構完美，關心社會問題與人生問題。
1925年發表自傳性質小說《大島寺信輔的半生》。1927年發表短篇《河
童》，對資本主義社會及其制度作了尖銳的嘲諷。同年7月由於健康和思
想情緒上的原因，服毒自殺，享年35歲。

芥川龍之介生前聲譽鵲起，也享盡了榮華富貴。但他選擇了自殺。
死前他在寫給朋友的遺書談到了自己的心態：

自殺者「為什麼要自殺」，是很難明白的。至於我自身，至少可以
說只不過為了一種茫然的不安，好像對於我的將來，只有茫然，你或者不
相信我的話，聽起來像風中吹著的歌一樣；我絕不會因此怨你們……我單

在這兩年中，只是把死之一事繼續地想著，我的心漸漸成為憂鬱的了。

正如芥川龍之介所言，其自殺動機是因為「茫然不安」的心理。其實大部分日本人的自殺，都與這種心理大同小異。

日本人推崇自殺的風氣，也助長了鼓勵殺人的風氣。試想，一個連自己生命都不珍惜的人，還會愛惜別人的生命嗎？

在幕府時代，為了磨練武士自殺的膽子，政府公開鼓勵武士先去殺人練膽。

周作人先生曾經在一篇〈反映日本民情的笑話〉的文章裡介紹了武士們的這種殺人遊戲：

日本民間流行一個笑話：有個武士得到了一把新刀，便召集朋友，說我們今夜去試刀吧，大家都表示願意來看。到了一個僻靜的地方，看見橋頭有一個乞丐睡著了，映著月光看去倒像是個肥壯的人。那麼就砍這個傢伙試試吧，唰地抽出刀來，當下砍了下去，隨即又跑回來聚集在一起，說不逃其實也可以吧。大夥問砍著了沒有，啊，還真砍著了，還砍到了板橋上呢。那麼再去看看吧，回過去走到橋頭，站在乞丐前後，那乞丐蠢蠢地爬起來喝道，又來砍了嗎？

這個笑話當然是諷刺武士的怯弱的，但這個笑話卻透露出日本人野蠻的公開習慣。值得指出，這便是「過斬」，武士可以隨便試刀砍人。據日本辭典裡介紹，「在武人執政的時代，武士為練習武術，或試刀的利鈍，於夜間立於靜僻的路旁，出其不意地砍殺過路的人。」

▲飲酒作樂中的武士們

▲ 野獸般的日本兵在拿中國人當靶子，練習刺殺

　　日本詩人還歌頌這種砍人的武士：「眼看著斬的儼然坐著的地藏尊。」

　　前後600年的武人統治中，這樣被莫名其妙殺害的人不計其數，只剩下了這樣一個橋頭的乞丐，來吆喝一聲，出了口氣。日本人也實在是可憐極了。

　　這就是日本人的殺人風俗。所以，日本人除了有自殺傾向外，也有殺人的癖好。在南京大屠殺中，許多中國平民就是被這種殺人比賽殺害的。這種以殺人為樂趣的社會習俗，實在為文明民族所不齒。

　　日本人把自己不當回事，也自然不會把其他民族當回事，一旦讓日本人得了勢，其他民族的遭遇就可以想見了。把自己當作機器，把別人自然當成草木瓦犬，這樣的生命意識，確實讓其他民族不寒而慄。

5. 大和之魂與日本精神

　　日本民族的凝聚力之強，為舉世所公認。這種凝聚力又來自國民對民族的強烈認同感。

　　人類學家已經考證出來，日本民族人種的主體屬於移民。日本列島的土著居民叫愛奴人，早就被移民所同化，現在殘存的愛奴人約有 2 萬人，全部居住在北海道附近的幾個小島上，對日本文化早就沒有什麼影響力。

　　古代日本人主要來自蒙古和南洋諸島，從中國的秦漢時代開始，大批移民漂洋過海從中國和朝鮮大舉進入日本，為日本列島帶來了實質上的文明。

▲ 身著長袍的神道教神職人員站在大孤一座樹木叢生的山頂上觀看日出。這是神道儀式的結束。這一傳統儀式包括演練、祈禱、沐浴和升旗等環節，政府鼓勵人們參加，並以此作為培養「大和魂」的一種途徑

日本人雖然是由移民陶冶而成的民族，卻是世界上最著名的「清一色」民族。所謂「清一色」民族，就是指絕大多數的日本人認同自己的來源和文化是一致的，即占99%以上的日本人都認同自己屬於大和民族。日本是世界上純度最高的大國，可以稱之為單一民族國家。

日本人的民族性自大和民族（源於大和國的建立，約建於西元4世紀）誕生後，大約經過了三個時期，即所謂的和魂唐材時期（以大化革新為標誌，日本大舉引進以唐朝為主體的中國文化，建立封建社會）、和魂歐材時期（以明治維新為標誌，大舉引進歐洲文化，建立封建資本主義社會）以及和魂美材時期（以第二次世界大戰結束為標誌，日本接受美國的和平改造，建立當代資本主義社會）。

但是不管日本文化如何引進外來文化，日本文化的主體始終未曾喪失，這就是和魂始終在日本人的國民性演繹中發揮著主體的作用。

和魂，即大和魂，是日本民族性的核心和主體，是日本人的身分標記，也是每個日本人最基本的共同點。正是所謂的大和魂，把日本人緊緊地綑綁在一起。

然而，對於大和魂是什麼？文化學家、歷史學家和人類學家始終爭論不休。

近代以來，日本的民族主義者企圖從血統論和人類學的角度證明日

▲ 傳說中的神武天皇來到大和

本人來自一個獨立的種族，其研究結果始終沒有取得顯著的進展，原因是日本人的的確確是外來民族的雜交品種。日本民族一直標榜其種族是由「萬世一系」的天皇家族繁衍生息而來，現代考古學和人類學得

▲ 太子時的明仁天皇　　　　　▲ 美智子王妃

出的結論卻與之背道而馳。

　　自西元7世紀以來，日本的意識形態一直在強化一個「神國說」，即日本人來自一個共同的祖先——天皇家族，天皇家族來自於太陽女神，第一代天皇神武天皇就是開天闢地的太陽女神的孫子，此後，神武天皇的子孫便由天神立法，世世代代統治日本。

　　日本的考古學家和歷史學家自明治維新之後，花費了巨大的代價企圖用現代科學技術手段證明這個神話，其結果卻適得其反。20世紀80年代，日本學者在奈良地區發現了日本天皇家族的古墓群，「古代天皇墓中出土了大量的高麗（朝鮮）或類似於高麗甚至中國的手工藝品，這使日本人非常擔心棺材打開後還會發現什麼對他們更為不利的東西。因此，當局決定推遲發掘石棺，他們實在害怕日本的祖先竟然是高麗人或中國人這種說法得到證實。」註4

從 2005 年開始，關於日本人和天皇家族的來源再度引起爭議，在此不妨把《北京科技報》刊載的相關報導介紹如下：

最近關於日本天皇的祖先是朝鮮人還是中國人的爭論再度出現。爭議出現的背景是，日本皇室一直不願意對外公開對於皇室古墳的考古挖掘，而在日本學術界卻強烈要求盡快對外公佈古墳真相，並由此推斷皇室古墳的確隱藏著秘密。英國的《泰晤士報》和新加坡《聯合晚報》5 月 18 日和 19 日卻披露了一個驚人的消息：其中最大的秘密就是早期日本天皇極有可能是中國人或者朝鮮人。事實如何？

中國社會科學院世界歷史研究所的湯重南研究員介紹說，日本天皇的血統問題是日本歷史學的一段公案，至今無解。即便在日本學者那裡也沒有統一答案。

首要的原因是因為日本早期歷史記載一度是個空白。曾有一位日本律師介紹日本歷史的書被翻譯到中國，引起史學界關注。他的主要觀點是「日本國沒有完整的歷史，而更多的是神話傳說。其中包括許多虛構的歷史」。

現在研究者把日本民族的起源歸於以下幾個版本：（1）來自中國東北通古司的騎馬民族；（2）來自稻作文化發達的中國江南；（3）來自阿拉伯文明；（4）來自中國雲南，因為歷史上這兩個民族都有「黑齒」的習俗；此外，還有東南亞、蒙古高原等說法。湯重南分析，日本人的祖先的確應該有中國血統，但是最終形成了一個多族雜交的日本民族。

具體到天皇血統問題，在史學界一直有種說法稱中國人徐福東渡，後來徐福成為日本第一個天皇。但是這種說法傳說的可能性很大。湯重南認為「這種說法是不可能的」。因為最早關於徐福東渡的介紹出自司馬遷《史記》，但語焉不詳。而日本則晚在中國宋朝時才有徐福東渡記載。雖然說明中日交流淵源很深，但僅僅限於民間傳說。

目前關於日本歷史有史可查的記載是《三國志・魏志・倭人傳》，現在日本研究自己的起源，也要到中國的古書去找。天皇的歷史記載同樣

充滿了斷層，形成謎團更不足為怪。

學者認為，日本最早的天皇應該是西元6世紀在位的繼體天皇，之前並沒有相關記載。後來日本為了美化和延長自己的歷史，編撰了一個「辛酉年革命」，於是把時間前推，從西元601年一直往前推了1260年，並且人為製造了一個神武天皇，作為日本天皇歷史的發端。實際上，連日本研究者也承認這個神武天皇是不存在的。

學者介紹，繼體時期日本還非常野蠻落後，中國已經到了隋唐時期，日本還是部落等地方政權割據，部落的首領叫做大王。後來才演化為天皇，更多的人相信，「繼體」這一稱謂就是表示了當時的日本體制發生了轉折性的變化，而且是非常大的變化，這個應該是日本天皇雛形最早出現的時期。

這次關於天皇祖先血統的爭論再起，是因為關於天皇古墳的公開問題一直是大眾關注的焦點。

許多年來，日本考古學界一直想對天皇古墓進行考古研究，但卻遭日本宮內廳無一例外地拒絕，理由是「皇室古墳是神聖不可侵犯的禁地」。天皇古墓裡到底隱藏著什麼樣的秘密？據報導，5月9日的台灣日本研究所，5月17日的英國《泰晤士報》和5月18日的新加坡《聯合晚報》報導不約而同地對此進行了報導，聲稱日本天皇的古墓裡可能隱藏著三大秘密：

第一大秘密是豐富的寶藏：天皇古墓裡可能隱藏著大量的寶藏——鑲嵌著黃金的寶劍、翡翠寶石、精心製作的冠冕，以及用黏土雕塑的人和動物小雕像，也許還有來自中國和朝鮮的神聖鏡子，有精美的老虎和龍的壁

▲ 這是著名的宮島之嚴島神社的大鳥居。所謂大鳥居就是神社的大門

畫，和神化了的天皇遺骸。

第二大秘密是部分天皇古墓「身分不確定」：據宮內廳最新公開的資料顯示，很多在19世紀確認的皇室古墓看來「並非真正皇室古墳」！儘管這些資料沒有明確下結論，但卻應驗了多年來日本考古界的懷疑。

第三大秘密是古墓裡可能有日本天皇的起源證據：天皇古墓非常有可能隱藏著日本天皇的起源證據。早有日本考古專家懷疑，早期的日本天皇非常有可能是中國人或者朝鮮人。

湯重南介紹，日本天皇是國家的象徵，所以一直不允許隨便挖掘皇陵。但是愈不讓挖就愈引起人們的猜測。而且焦點集中到日本早期天皇的血統問題，認為一定隱藏著許多不為人知的秘密。

那麼，繼體天皇是不是中國人？或者是日本民族之外的外來人？

雖然有各種傳說，比如說徐福東渡成為日本天皇。但是歷史的蛛絲馬跡讓湯重南研究員傾向認為，繼體天皇是朝鮮人的可能性更大。

據現今的考古證據，古代的日本是由眾多的部落國家以及自東北亞遷來的遊牧民族融合演變而成。當時處於部落戰爭時期，由於生產力比較發達，所以來自中國和朝鮮的部落大王可能在戰爭中占據有力的位置，最終統一其他部落，並進而成為第一個天皇。

長期以來，日本國民一直以為，日本皇室擁有純正的血統。事實上，就連日本天皇本人曾經也在公開場合承認自己的祖先來自古代朝鮮皇室的成員，當時明仁天皇68歲生日這天撫今追昔，談起了自己的先祖。他說，「就我而言，我感覺自己與朝鮮半島有某種親切感。據日本編年史記載，（日本）桓武天皇的母親是古代朝鮮百濟王國一位國王的家族中人。」

史學界對明仁天皇的聲明也發表了自己的觀點。日本京都一所大學的歷史系教授廣司田中說，普通日本國民幾乎不知，日本和朝鮮的古代皇室有血緣關係。（據人民網2005年6月7日報導）

事實上，天皇是大和民族的象徵，也是日本一千多年來不遺餘力神

▲ 東京的小學生們挎著玩具步槍向學校的「御影真」鞠躬。「御影真」就是專門用來放置天皇和皇后畫像以及《教育敕語》的屋子。這一儀式的目的是灌輸對天皇的服從

化的對象。因為只有神化了天皇家族，大和民族才能被神化，而大和民族被神化了，日本人的優越感才能提升。而這種大和民族的優越感又是日本人互相認同的線索。

為了達到神化天皇家族和大和種族的目的，日本人創造了神道教。

各個民族都有許多特殊的神話，在民族歷史演變上是很有價值的。「日本人向來也有一個迷信，以為他們的國體，他們的民族，是世界上哪裡也找不到的，是神造的。皇帝就是神的直系子孫，所以能夠萬世一系天壤無窮。」戴季陶先生在分析日本人時，首先就談到了日本民族和國體與神道教的相輔相成的關係，「從表面上看來，日本最盛的宗教是佛教，其實日本統治者階級的宗教卻是神教（神道教）……日本人迷信他們的國家是世界無比的國家，他們的皇室是世界無比的統治者，他們的民族是世界

▲ 神道教的祭司們。從頭上的冠帶到身上的道袍都是一副傳統的打扮，如果不是眼鏡和皮鞋，很難看出他們是現代人呢

最優秀的神選民族。這種思想都從神教的信仰中來的。」註5

所以日本人的民族認同感不是來源於科學考證的結論，而是他們自己的宗教——神道教。

日本文化是外來文化的一個雜糅體，但神道教可以說是日本的國粹。雖然神道教的傳教手段、教義乃至組織手段都借鑑了中國的道教、儒教和印度佛教乃至基督教，但仍然可以看作是日本人的一個專利，是日本民族在民族融合中發展起來的一個核心的道具。

神道教（Shinto）簡稱神教，是日本的傳統民族宗教，最初以自然崇拜、祖先崇拜、天皇崇拜等為主，屬於泛靈多神信仰（精靈崇拜），視自然界各種動植物為神祇，也賦予各代日本天皇神性。西元5至8世紀吸收中國儒家與佛教學說後，漸漸形成較為完整的體系。明治維新（西元1868年）前因佛教盛行，神道教在日本社會處於依附地位，但作為皇家宗教的地位從來沒有動搖過。

明治維新後日本政府為了鞏固王權，將神道教尊為國教，是為國家神道，成為明治政府教導百姓忠貞愛國、誓死效忠天皇的工具，二次大戰日本神風特攻隊的「英勇表現」就是最佳證明。

第二次世界大戰日本戰敗後，1946年元旦，裕仁天皇發表宣言否認自己的神格地位，盟軍總司令也要求日本廢除國家神道，神道教遂成為民間宗教，雖然如此，神道教至今仍是日本人民最崇信的宗教，信奉神道教的日本人仍然占總人口的80％以上。

「神道」一詞最早出現在《日本書記》，書中記載「天皇信佛法，尊神道」。「神道」二字雖然源自中國漢字，但實際上中國與日本對此詞的概念不同，若按字面來解釋神道教，必會被其名稱所誤導。

日本人稱一切神明為 Kami，漢字傳入日本後，「神」字被用來表示 Kami。日本人稱皇室、氏族的祖先與已逝的偉人英雄之靈魂為 Kami，亦將認為值得敬拜的山嶽、樹木、狐狸等動植物與大自然的靈稱為 Kami。

《古事傳記》一書對 Kami 作了以下的註釋：凡稱迦微者（Kami），皆為神。從古典中所見的諸神為始，鳥獸草木山海等等，凡不平凡者均稱為迦微。不僅單稱優秀者、善良者、有功者。凡兇惡者、奇怪者、極可怕者亦都稱為神。也就是說：神道教所祭拜的「神」，不僅是中國人所謂的神祇，亦包括一些令人駭聞的兇神惡煞，還包括自然界的各種靈異現象。

神道教徒不像基督徒有每週的固定禮拜，信徒可在每月1日和15日或是祭日至神社參拜，也可按照個人需要隨時到神社膜拜，虔誠的神道教徒則每日早晨前往神社敬拜。

日本新生兒出生後30至100天內需參拜保護神，3、5、7歲的兒童則於11月15日七五三節參拜神社，感謝神祇保佑之恩，並祈祝兒童能健康成長。日本人多同時信奉神、佛兩教，婚禮多從神道教習俗，而喪殯則多從佛教葬儀。傳統日宅兼有神道神龕與佛教祀位，神道神龕多是供奉保護神與天照大神，佛教祀位則是敬拜祖先亡靈。

神道教的重要祭典有新年祭、神嘗祭、新嘗祭、月次祭。新年祭又稱春祭，每年2月4日舉行，以祈求風調雨順、五穀豐收為主；神嘗祭與新嘗祭於每年新穀成熟時舉行，每年11月23日由天皇親自向神明貢獻新穀；月次祭則於每年的6月與12月的11日舉行。

祭祀主要內容有三部分：行禊祓、奏神樂、向神祈禱。禊祓乃指在某一時期內要潔淨身心與各種飲食器皿，是為齋戒；神樂又稱神遊，是一種祭神的宗教音樂；祈禱則和一般宗教祈禱相似，祈求國泰民安與個人蒙福。神道教特別注重戰爭勝利的祈求，因此每逢戰事，便有大批的神道教

徒為了戰勝至神社膜拜祈求。

縱觀一般日本人的一生，他們要參與許多的神道教及佛教的慶典活動，這些活動混合著神道教及佛教的色彩。男孩出生後第 32 天，女孩第 33 天，就會被帶往神社參拜出生地的守護神。男童在 3 歲和 5 歲，女童在 3 歲和 7 歲時，也會被帶往神社參拜、祝賀及祈願孩童的成長。每年新年時大多數人會到神社參拜。成年後近 90％的婚禮是採用神道教儀式的，但現在許多年輕人則偏好基督教的結婚儀式（在飯店有專供婚禮用的禮堂或教堂）。在一生的最後盡頭則是佛教喪禮。但如果你問他們神道教及佛教的區別是什麼時，大多數的人卻答不出來。

神道教的神觀和基督教的神觀完全不同。神道教是多神教，日本人認為有 800 萬的神，自然界的山川、森林、太陽、火、雷、動物（狐、蛇）、祖先的靈等都成為他們祭祀崇拜的對象，因此有山神、水神、海神、田神、地神、雷神、太陽神等等。

到神社參拜者，通常會先到神社的小水池處洗手，表示潔淨後再去參拜。而傳統的神道教婚禮在進入神殿前有手水儀式，是用水洗手和口以表示潔淨的儀式。

在神道教中把大地也當作神，因此在地上蓋房子時有「地鎮祭」儀式：神道教的神宮以祝詞來撫慰地神使其不發怒。即使科學實驗的核子反應爐開工儀式也舉行了「地鎮祭」儀式，這背後反映出日本人的懼怕及對安全的期望。

由此可以看出，神道教既是日本的皇家宗教，又是日本民間的宗教，具有其他宗教難以比擬的普及性。

與世界上其他宗教均不同，神道教的設立和發展始終具有三個特點：

其一，神道教的崇拜對象主要是日本天皇的祖先，即太陽女神及其家族；其二，天皇是神道教的教主或者叫頭號祭司，天皇壟斷了最高層次的獻祭權；其三，神道教主要是宣揚日本本土崇拜，是日本人創立的為日

本國體服務的政治性宗教。

如果說大和魂的精神基礎是神道教，那麼，也可以毫不誇張地說，日本人就是神道。日本學者深見東州指出：日本常被描繪成「融合古老和現代為一體的迷人國度」。實際上這種融合正是日本聞名遐邇的基本因素和力量的主要源泉。日本天皇延續的是世界上最古老、最純正的皇室血統。我們的製造業擁有最新銳、最先進的電子和製造技術。雖然這些事實眾所周知，但其真正含義卻依然沒有被完全理解。

「我已經說過，上千年來日本文化遺產被毫無變更地保留了下來。然而，日本文化的許多方面也發生了變化。到底什麼沒變呢？我們從祖先那裡繼承的遺產的核心是什麼？我首先簡單地回答：神道。」深見東州指出，「日本」的含義就是神道——「在日本，所有東西都是經過被神道精神接觸、審視；再被接受、拒絕或修改。」註6

換句話說，不理解神道教，就不瞭解大和魂，不瞭解大和魂，就不瞭解日本人，也就無法理解日本人的民族凝聚力的來源和價值觀的出處。

神道教給了日本人的出身一個不容分辯的解釋——都是太陽女神的後裔，都是天皇的裔孫，所以，為天皇服務是天經地義的。

神道教也給了日本人的歸宿一個不容選擇的去處——都來自太陽升起的地方，都要回歸日本這塊太陽青睞的地方。

所以，神道教把日本人不由分說地捆綁在一起，以共同的祖先和共同的出處作為紐帶，使日本人無法擺脫這樣的精神羅網。而且歷屆日本政府在加強中央集權和國民動員時，都會祭起神道教這個法寶。自明治維新之後，靖國神社成為了日本軍部的神道教場所，也是日本軍威武功的象徵。近年來，靖國神社再度引發日本政要的參拜熱潮，其要祈求的對象和祭祀的目的，不是昭然若揭嗎？

6. 大和民族如何凝聚

中國學者對日本人的研究不能算少，但包括像周作人這樣深諳日本文化的著名學者都存在一個盲點，那就是對神道教所知甚少。周作人注意到了神道教對日本民族的巨大影響力，卻無法深入分析，原因很簡單，中國人作為一個大陸民族，對於一個海島民族的宗教是很難理解的。

迄今為止，外國人研究日本人最出色的仍然是《菊花與劍》的作者美國露絲・本尼迪克特。這位人類學家研究日本人取得傲人成果的一個獨特優勢是，此人曾經精心研究過太平洋上的海島部落和印第安人的部落文化，其博士論文《文化的類型》即是研究印第安人的部落文化的成果。註7

的確，要真正理解日本神道教，就必須熟悉海島文化和海島人群，而這對於中國人來說，是一個難以克服的專業障礙。

日本人所處的特殊海島環境和地理位置對其文化與宗教的演變是非常巨大的，瞭解日本人時刻都不能忘記他們是一群很早就生活在地球東邊的孤獨種群這個事實。關於這些，本書後面還會繼續展開分析。在此需要強調的是，日本神道教摻和其他宗教文化，為天皇的地位和日本人的民族性指定了一個共同的標準，同時，神道教與其他宗教形態相結合，產生了武士道這樣的行為規範，由武士道又外化成為日本人的行為方式和處事模式及日常感情，簡而言之，就是在天皇的旗幟下，人人爭當武士，為日本而生，為日本而死。

1941 年，由於戰爭動員的需要，日本的神道教也被推到了登峰造極的程度。日本人終於實現了全民皆兵的總動員目標。日本人河原治作是位

醫科博士，當時擔任上海更正醫學專科學校的校長，他撰文鼓吹這個動員目標，這篇〈當權者應該賭上性命〉的文章提出：

「國民皆兵」是根據明治天皇的聖旨提出的。遵照這個聖旨，日本國內的所有問題一下子全部解決了，既沒有軍人、官吏、臣民的區別，也沒了外地人這樣的說法。根據「國民皆兵」的聖旨，日本人無論孩子、婦女、青年和老人，從呱呱墜地之瞬間起到躺進棺材為止，都是士兵。這樣一來，當然就出現了各種各樣的士兵：行使武力的士兵、扛鐵鍬的士兵、握筆的士兵、拿手術刀的士兵等等。

在神道教和大和魂的激勵下，讓戰爭進行下去是上至天皇、下至婦孺的共同意志。

根據日本政府規定的神道教義，日本天皇是神道的「現世神」，是活著的神。這種政教合一的體制，使得天皇具有難以想像的感召力。而日本軍部則可以假借天皇的旨意恣意驅使日本國民。其戰時動員體制就是這

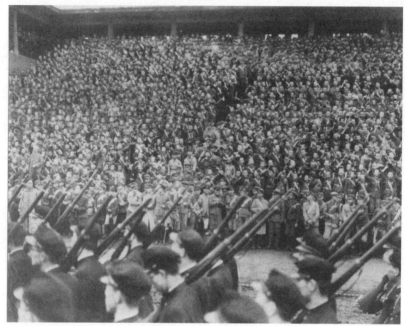

▲ 1943 年 10 月，東京明治體育場，身著制服的中學生，在歡送會上看著新入伍的大學生們
行軍。這批大學生中有 650 人最終成為「神風」特攻隊而死去。

樣一個在神權籠罩下的特殊體制，比納粹法西斯具有更強的欺騙性。

　　二次世界大戰結束後，天皇雖然被麥克阿瑟強制承認自己不是什麼
神靈，但天皇依然作為民族的象徵得以保留，而且支持天皇的神道教依然
在「保護信仰自由」的幌子下完整地保存了下來。天皇作為主祭司的地位
沒有變化。

　　自 20 世紀 50 年代以來，日本民族傳統的動員體制受到了理性與科學
的挑戰。從理性的角度觀察神道教，其荒誕不經簡直不言而喻，從科學的
角度考察日本人的血統和種族，也未曾發現有任何神國子孫的證據。雖然
日本政府依然執著地支持將神國思想和日本獨特的血統學說載入歷史教科
書，但嚴肅的學者是不能認同的。

　　為了維持這種強大的動員體制，日本政府就必須千方百計維護所謂

的神道教義和日本人血統論，而這些經不起推敲的東西又無法進行科學地論證，這就使日本政府非常為難，這是日本政府不惜動用國家機器要著意維護的一個真實的「謊言」。

為了論證神道教義和日本人血統論的「正確性」，日本政府就必須竭盡全力維持近代以來歷次侵略戰爭的合理性，這是極少數幾個能說明日本人之「優越」和神道之「威力」的理由。所以，凡是要維持日本傳統「國體」的政府都在花心思論證其歷次侵略的「合理性」。

自 20 世紀 60 年代後，日本經濟進入了一個狂飆突進時代，到 1990 年，日本經濟達到了巔峰狀態，東京證券交易所的股票市值可以買下整個美國。到這一時期，日本戰敗後受傷的自尊心又開始復原了，恢復「神國論」有了新的佐證。於是，以中曾根首相為首的日本政要開始了復活神道教義的行動，包括參拜靖國神社，恢復先前被國民厭惡的國旗太陽旗和國歌《君之代》的合法地位，以石原慎太郎為代表的文人學者開始對外國說不。其根本原因都是要維持日本人這套堅固的國民動員體制。

進入 20 世紀 90 年代後，日本本國經濟開始盛極而衰，進入了一個漫長而　看不清邊際的衰退期，戰後日本人唯一自豪的成績單開始急速下滑，國民的自信心也隨之下滑。拿什麼來支持「大和魂」成為日本朝野一致的難題。他們的挽救方案不外乎兩個：

一是重振日本經濟雄風，在保住目前世界經濟亞軍位置上爭取更進一步。現在看來，實現這樣的計畫無異於癡人說夢。首先是世界經濟的老大哥美國雖然經歷了小布希時代的不景氣，但經濟的引擎依然強勁，在可預見的未來，美國的地位無人可以染指。其次是中國經濟的迅速崛起，一向被日本人不放在眼裡的中國人在改革開放道路上呈加速運轉的態勢，中國提出的和平發展道路深得人心，日中之間的差距逐漸在縮小。日本人覺得自己放棄追求世界老大的地位尚且小可，如今連亞洲經濟盟主的地位都受到了中國人的撼動，這是他們很難接受的。於是，宣揚中國威脅論，惡化中國的發展環境，遏制中國的經濟地位就成為了必然的選項。

二是重走過去的武裝崛起道路，把明治維新以來的發跡經驗再度使用。明治維新以來日本迅速崛起的基本經驗，最簡單的概括就是一條——富國強兵。富國是為了強兵，強兵才能富國。無論如何，都是要堅決走武裝侵略的道路。日本的富國強兵之路之所以嘗到了甜頭，是因為對中國的侵略屢屢得手。僅以甲午戰爭結束簽訂的《馬關條約》為例子，日本不僅奪取了台灣，而且獲得了兩億兩白銀的戰爭賠款。這一數字是清政府兩年的財政總收入，相當於日本三年的政府財政收入，兩年的國民生產總值，這樣的戰爭財比開發任何產業都來得合算。日本透過掠奪中國，完成了其發展資本主義的野心，也獲得了擴軍備戰、躋身世界列強的資本。日本靠掠奪中國人實現了第一次發跡致富，那麼要滿足日本人的第二次掠奪夢，中國仍然是不二的選擇。

綜上所述，日本人要實現自己的國民動員目標，再次實現民族的「凝聚力」，無論是經濟手段還是軍事手段，中國人都是其最大的假想敵，是矛頭指向的必然選擇。

第二章 武士之道

——日本的民族性格分析

■有人說，剝開俄羅斯人的皮膚，裡面就是韃靼人；剝開英吉利人的皮膚，裡面就是海盜。那麼，剝開日本人的皮膚，裡邊就是武士道。神道教構成了日本人的靈魂，武士道則構成了日本人的性格。歷史悠久的日本武士道，既為日本民族帶來了卓越的創造力，也賦予了日本民族嗜血好戰的本性。周作人指出：武士的行為，無論在小說與戲劇裡如何壯烈，如何華麗，總掩蓋不住一個事實，武士是賣命的奴隸。所以，對日本人來說，成功是因為武士道，失敗也是因為武士道。日本人離不開武士道，但必須指出，武士道並非人間正道。

1. 日本人就是武士道

　　1937年，在日本本州北部山區的一所學校裡，一名小學生在被命令解剖青蛙時哭了起來，老師就在他的頭上狠狠地打了一棍，並教訓道：「你為什麼會為了一隻小小的青蛙而哭呢？等你長大後，你將要去殺死100個或200個中國人。」

　　這就是日本人的武士道教育中的一個片段。

　　「日本人就是武士道，武士道就是日本人。」一位日本歷史學家這樣解讀日本人。

　　這樣說，也許有點極端。但是，不瞭解武士道，就不可能瞭解日本人。在日本人的靈魂中，沒有上帝，也沒有絕對真理，但一定有一個武士。

　　「歷經近千年漫長歲月積澱下來的武士道精神，是大和民族歷史創造活動的產物和日本文化的精髓，世代相傳，經久不衰，早已成為傳統，成為習慣，滲入日本人的每一個細胞，支配日本人的思想和行動，它不會僅僅因為日本在二次世界大戰中的失敗一夜之間就煙消雲散。」這是深知日本歷史的專家學者對武士道與日本人之間密不可分的血肉關係做出的最後結論。[註8]

武士銅像

　　武士道的產生、發展和完善，一方面與日本作為島國地理環境（四面環海、國土狹

小、資源匱乏、災害頻繁）、民族習性（海上騎馬民族迷信武力的種族精神、迷信弱肉強食的文化傳統）有一定的關係；另一方面又與日本民族長期以來以武立國、信奉武力為王的軍國主義幕府政治息息相關。武士道是在大和民族注重開發精神資源，日積月累、世代相傳並在長期的歷史創造活動中逐漸形成的民族心理、民族精神和民族文化的核心內容。

▲ 武士刀近攝

武士道忠實地反映了日本統治者和日本民族的生存意志，所有的內容都是為了驅使日本人像武士一樣以整個生命效忠主君，以整個生命維護主君以及自己的利益和榮譽。

武士的鎧甲

武士道造就了日本人特有的生命形式———一生懸命。所謂「一生懸命」，就是終其一生，都要把個人的生命置之度外，把腦袋吊在褲腰帶上，在任何時刻、任何情況下，都要毫不猶豫地為家族、集團和國家效命。武士道要靠生命和鮮血來體現，它能夠最大限度地挖掘日本人的主動精神、創造精神和犧牲精神，具有難以估量的物質化能量。日本人在侵略戰爭中的瘋狂舉動和在經濟競爭中的玩命拚搏，都是武士道

精神驅使的結果。

武士道既是「忠誠與獻身之道」，又是「殺人與戰爭之道」，但它首先是玩命地掠奪之道。在國內，武士道主張強者對弱者的欺凌和壓榨；在國外，武士道主張強國對弱國的經濟和軍事侵略。武士道有文武兩手，所謂文的手段，就是透過經濟手段掠奪資源，取得財富優勢；所謂武的手段，就  是透過軍事手段搶掠資源，取得統治地位。不管是文的還是武的，都主張竭盡全力取得優勢。武士道唯一的目的，就是競爭和征服。

武士道的創造性和破壞性同樣巨大。前者為日本的現代化做出了巨大貢獻，後者對人類的和平犯下了滔天罪行。武士道既是日本人崛起的秘密武器，又是日本人內心中黑暗面的總暴露。武士道是一朵惡之花，它看起來絢爛而壯美，卻是用鮮血和性命澆灌而成的。

透過滴血的武士道之花，人們很容易看到其間環繞著多少冤魂、多少熱血和委屈，還有多少魔鬼猙獰的冷笑。當石原慎太郎和李登輝在賣力地為武士道招魂的時候，人們可曾看到，那是一種海妖的歌聲，是對世界善良人民的詛咒。

1932 年 2 月 22 日，在日軍發動的對中國上海的第一次總攻擊的廟行鎮戰役中，第二十四旅團所屬工兵第十八大隊的江下武二、北川丞、作江伊之助三名士兵抱著爆破筒衝入中國軍陣地，發動自殺式襲擊，被炸死。消息傳到日本，日本軍部興奮異常，發動一切宣傳機器稱頌他們的「壯烈犧牲」，把他們稱為「肉彈三勇士」。後被迎入靖國神社祭拜。

儘管後來的歷史考證，「肉彈三勇士」不過錯把 1 公尺的導火線弄

成50公分而造成的意外死亡。但日本人寧可把這種砲灰當作軍神而頂禮
膜拜，因為其符合武士道精神。

在整個日本近代戰爭中，武士道精神一直被政府不遺餘力地鼓吹，
其核心就是：無畏的勇氣、無條件的服從和對死亡的輕視。

在美軍的戰鬥統計中，日本戰俘是比例最小的，與頑固的德國納粹
相比，日軍更加冥頑不化。日軍基本上是在戰鬥受傷昏迷後才被俘的，甦
醒後他們還會尋機自盡。因為日本人鼓吹的武士道就是蔑視死亡。被俘是
貪生怕死的表現，是對服從精神的背叛，是典型的膽小鬼，為武士道社會
所不恥。所以，除了戰死，日軍沒有其他出路。

武士道的這些道德觀念在孩子一出生後就開始一點一點地被灌輸。
在日本的學校裡，男同學都被迫做柔道練習，這種練習經常使得自己渾身
傷痕累累，但拒絕練習者，就要被懲罰，或者洗冷水澡，或者被脫掉上衣
在雪地裡罰站。女學生也不例外，要進行殺人觀摩和解剖練習，使女性對
血腥的事物感到「習慣」，不至於驚慌失措。

一個日本孩子還在襁褓裡的時候，其母親就會強按著他的頭顱學習
行「武士禮」。當哺乳期的嬰兒因為疼痛而哭泣時，母親會責罵他：「為
這麼一點疼痛就哭，這是多麼怯懦！在戰場上你的手腕被砍斷了該怎麼辦
呢？當受命切腹時又該怎麼辦呢？」

▲ 1943 年，東京街頭歡送新兵上戰場的女性

這種武士道教育的核
心也是教人習慣於死亡和
痛苦。日本近代著名人物
勝海舟，在明治維新後歷
任海軍卿（相當於海軍司
令）和樞密顧問（相當於首
相）等要職。據說他幼年時
在一次意外事故中被狗咬
傷了睪丸，醫生來為其動

手術時，沒有麻醉藥，其父親就手提一把尖刀指著他的鼻子說：「不許哭！哭出聲來就有你好看。只要你一哭，我就會讓你像一名武士那樣堂堂正正地死掉。」

在日本的家庭教育中，對孩子從小就有各種各樣的訓練。平日裡挨餓受凍是家常便飯，冬天裡洗冷水浴也是必修課，寒冬臘月裡，半夜三更把孩子叫起來，推入冰冷的大海也是不稀奇的事。在日本的「忍耐術」訓練中，有一種站椿課，這種師法印度瑜珈的訓練技術是這樣的——先讓人持刀站在一個離地 1 尺高的木椿上，依次慢慢升高到 4 公尺，只有習慣於在孤懸的高椿上，一動不動地站立 4 小時以上的才算合格。經過這種殘酷的訓練，日本人的忍耐力和膽量都達到了某種極限。在野外戰爭中，這種潛伏能力和野外生存能力都能達到讓人瞠目結舌的地步。

▲ 每位出征者的身上都帶有妻子在外請路人祝福的「千人針」的平安符

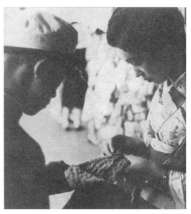

與學校中的武士道訓練相比，這些日常的家庭訓練只能說是小兒科。因為「每個日本男孩所接受的學校訓練，都是為了使其做好準備，迎接死亡」。在《瘋狂的島國》一書中，對日本軍國主義學校的武士道訓練有這樣的記載：

在日本全國的小學裡，6 歲的孩子們最先學到的東西就是士兵的重要性，身穿校服的小學生們唱著一首對士兵表示感恩的歌曲，歌中唱道：

「和我的哥哥肩並著肩／我今天可以去上學了／感謝士兵們／他們為我們的國家而戰，為我們的國家而戰。」

初級日語課本中第一課的開頭就是一張畫著三個玩具識別形象的圖，上面的說明是：「向前，向前／士兵向前進／太陽紅彤彤／旭日紅彤彤／我們的旗幟就是太陽／萬歲！」

為了加強這些課程的效果，日本的學校還舉行了許多儀式，以培養愛國精神。天皇和皇后的畫像，被放置在一個祭祀神用的木盒裡，覆蓋著紫色的布帛，保存在一個專門的房子裡。在遇到全國性節日的時候，學生們就被帶到學校禮堂。在那裡，在唱了國歌和宣讀了天皇的《教育敕語》之後，紫色布幕就會被取掉，全體師生向肖像鞠躬。學生們也會被經常帶到神社中去向天皇致敬。

孩子們還經常到附近的陸軍和海軍基地去參觀，並帶著敬畏聆聽那些士兵和海員們到學校裡來進行的鼓舞性演講。當一位叫佐木原直樹的士兵問到誰願意為國家獻出自己的生命時，還沒等他的問題問完，全班的學生都站了起來。記者加藤益雄是一位熟諳世故的人，他大戰前曾經住在華盛頓，他還曾經諷刺過軍國主義的政治宣傳，但是當他聽到他那還在上小學的兒子，有一天不經意地對他說：「爸爸，我要為國而死」的時候，他還是感到十分震驚。

日本學生們的遊戲時間全部被那些好勇鬥狠的活動占據了：柔道、佇列訓練以及用竹劍進行格鬥的劍道。為了使這些孩子們變得更加堅強，教師們還命令他們脫掉上衣，然後進行室外訓練，即使在嚴寒的冬天也不例外。誰要是敢戴著手套，就會被叫做

▲ 以草人做刺刀練習

86

「弱蟲」，意思是懦夫、膽小鬼。

當男孩們到了十二、三歲、開始
進入中學時，對他們的教育除了語言
以外，還增加了行動課。學校發給他
們軍裝和步槍，每週還有好幾個小時
的軍事訓練。

一位美國教師親眼目睹了這些日
本小孩的高強度、高逼真訓練：在每
年秋天進行的戰爭遊戲中，參加的學
生動輒上萬人，持續時間長達兩到三
天，而活動範圍幾乎涵蓋整個鄉村。
遊戲中，步槍的響聲、飛機的呼嘯和
裝甲車的轟鳴聲都使遊戲與真正的戰
爭沒有什麼區別。

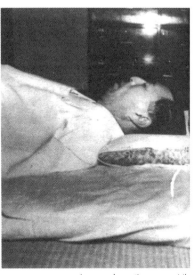

▲ 1945 年 12 月 16 日，近衛
文?服毒自盡，以抗拒審判

所有的學生（實際上是所有的國民）從小就聽到無數的故事，這些故事
主要是皇軍征服中國人的故事，透過這些故事來培養孩子們的尚武精神。
戰爭爆發之後，政治宣傳部門出版了大量渲染戰場上英雄主義的書籍，這
些故事幾乎沒有幾個經得起理性的推敲，但日本人篤信不疑。

幾乎所有十幾歲的日本男孩都盼望著參加軍隊，他們中大多數人很
快就實現了這個願望。1941 年，除了大學生以外，所有的 20 歲的男子都
受到徵召。志願參軍的年齡，剛開始是 17 歲，後來降到了 15 歲。1943
年，日本軍部決定大學生也要參軍。到這年底，日本軍隊竟達到了 380 萬
人。

應徵入伍者被給予一個月的時間報到，並在家鄉進行體檢。體檢後
士兵可以到祖墳上祭拜一番，也是對新兵的一種心理提示：一旦入伍，就
可能永遠不能再回到家鄉了。

通常家鄉人會為新兵舉行一個「壯行會」，但誰都不許說一句悲傷

或者同情的話。新兵們喝完壯行酒,會當場表態:非常感謝你們對我的教導。現在我已經做好了必死的準備。

一旦進入軍營,一切的訓練設計都是圍繞著如何讓士兵「必死」來展開的:

在日本的海軍裡,每名士兵都要被訓練成機器人,能夠不假思索地執行命令。日本海軍發明了一種自殺式潛艇,海軍們會毫不猶豫地進入潛艇,執行自殺任務。

在日本陸軍中,新兵訓練強調的是毅力和殘暴。所有的新兵每天都要進行20到30公里的耐力行軍,中間只有幾次很短的停頓,稍作休息,或者吃飯。新兵們在完全精疲力竭的時候,軍官們還要命令他們全速奔跑。這種訓練就是武士道的訓練方法,讓每個武士都能認知到其擁有的潛能要遠遠超出他們的想像。

這種強行軍還有一個重要目的,就是訓練士兵無條件執行命令。一位日本軍官曾經帶著一隊30名士兵在富士山下進行野外行軍訓練,軍官禁止手下未經批准而喝水壺裡的水。行軍中,軍官沒有批准任何一次喝水的要求,最後,沒有一名士兵打開水壺。20多名士兵由於暑熱、體力衰竭而倒在地上,其中5人死亡。

日本空軍則重視摔角訓練,以訓練空軍如何採取殘酷的手法與敵人廝殺。一位日本飛行員記錄了他們訓練的場景:教官隨意地從隊中選出兩名學員進行摔角,獲勝者可以獲准離開摔角的

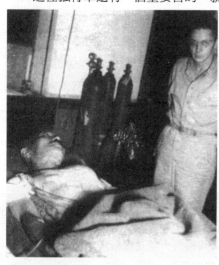

▲ 東條英機企圖用自殺逃避國際法庭對他的法律制裁,但一槍沒有打中自己的心臟。最終仍逃不過絞刑的命運。這是他自殺未遂後,在醫院接受治療的情景

墊子，而失利的
對手就沒有那麼
幸運了。只要接
連輸下去，他就
要一直待在墊子
上，一個回合接
一個回合地撐下
去。如果必要的
話，那他就要被
迫和班上其他
69個人每人摔

▲ 「神風」特攻隊員們臨行前，喝酒壯膽，從此一去不返

一場。在連續69個回合後，如果他還能夠站著的話，他才被認為是合格
的。不過，這只能算僥倖過了第一天。第二天，他又會成為全班第一個出
場摔角的人，直到他取得一場勝利，或者被趕出班級。

　　所有的日本士兵都被告知若非戰死，便以自殺來避免被俘。久賀伸
郎少佐被日軍當成一個典型教材：此人在入伍前是一名中學教師，在
1932年侵略中國上海的戰鬥中，一名中國士兵發現他已經受傷失去了知
覺，而這位中國士兵又曾經是他教過的學生。這位中國士兵非常關切地把
他背到了中國的醫院救治直到他康復。久賀伸郎復元後回到日本，他知道
自己面臨著軍事法庭的審判，而先前他又根本無法在被俘之前自殺。久賀
伸郎為了洗刷「恥辱」，於是回到他當初被俘的地方，切腹自殺，才算
「圓滿」。

　　久賀伸郎透過自殺，才保全了自己的「名譽」。在日本皇軍中，如
果一名士兵沒有能夠藉由自殺來避免被俘，那麼他就會被視為對自己的祖
先、家人、戰友以及天皇的不忠。這種觀念在日軍中是如此根深蒂固，以
至於他們連想到不執行自殺的念頭都覺得害怕。

　　日本的武士道強調要樹立毫無同情心的殘忍。在古代，武士的家庭

和教師很早就會訓練孩子殺狗和其他動物，被帶到刑場上去學習「砍頭技術」。一些武士家庭還會買一些囚徒回來供年輕的武士實習殺人技術。

所以，在日本的軍隊中，新兵要通過被虐待這一關。軍官因為雞毛蒜皮的事情毆打士兵是家常便飯的功課。一位叫阪井的海軍回憶說：他的上司會毫無理由地讓他彎下身子挨打，「好多次，他用粗大的鋼管擊打我的屁股，我數著我的屁股已經挨了 40 多下，我終於昏死過去。但即使不省人事也不意味著逃脫懲罰，他往我的身上潑上一桶冷水後，大聲咆哮著叫我恢復原來的姿勢，然後，他繼續毆打，直到他認為能夠抵消我所犯的過失為止。」

阪井說：「在挨打的時候，我們甚至連一聲嘟嚷都不能發出來。如果有一人因為這種家長式的懲罰所帶來的痛苦而發出呻吟，那麼全隊的人都會遭到踢打，或者被從床上拖出來進行全面的懲戒。」

只有毫無怨言地忍受了虐待這一關，這名士兵的命運才算有所改善。從此，他才會被當成一個人。

因為被徹底灌輸了這種武士道，使得日軍在戰爭中猶如瘋狂的野獸。歷史學家吉伯尼說：在日本軍隊裡，野蠻殘忍是規則而不是事故。日本軍隊可說是現代最後一個遠古意義上的斯巴達式軍團。到了第二次世界大戰的最後戰鬥中，迷信化血性為忠勇的日本將軍們不顧對方絕對的技術優勢，仍然強調戰鬥精神和為天皇獻身。他們就這樣輸掉了一場戰爭。

也正是意識到技術上的落後，日本人在戰後以極大的努力發展技術，終於達到了現代工業和軍事技術的巔峰，這背後的動力，仍然是可怕的武士道精神。

今天的日本，每當遇到「困難」和「挫折」時，總有人站出來為武士道招魂。因為在他們看來，武士道才是他們最可怕的武器。

要瞭解日本人昨天的「瘋狂」，就必須從解剖武士道開始。要洞察日本人未來的動向，也必須從分析他們的武士道著手。

2. 武士道與殺戮之道

尚武精神曾經在世界上很多民族都存在過,草原民族的磅礡武力曾經橫掃歐亞大陸,而羅馬帝國和中國秦漢帝國的鐵血精神也曾經震撼世界。但尚武之風最盛的還是海島民族。

古代的腓尼基人、希臘人和英國人,都熱衷於海上掠奪和海外殖民,英國女王還曾經鼓勵海盜劫搶,並與海盜分贓。日本海盜在明朝時曾經對中國的東南沿海造成過嚴重禍害。

這些海島民族的作風很像草原民族,所以,又被稱為「海上騎馬民族」。隨著航海技術將海洋變成坦途,海上騎馬民族的觸角不斷擴大,海島國家逐漸成為海盜國家。海盜國家的商業貿易,往往是商盜結合,對方弱小,就搶;對方強大,就偷;勢均力敵,則老老實實交易。為了追求利

▲ 西鄉隆盛是日本武士道精神的代表性人物

益,海盜民族不惜以性命相搏,使用武力劫掠,甚至對對手進行肉體消滅。日本民族所處的島國位置,使其很早就懂得劫掠之道,大和民族立國之初,就念念不忘對朝鮮進行搶掠,後來,中國國力衰弱,又成為日本海盜最佳的搶掠場所。

研究日本人的民族性格和武士道產生的社會基礎，不能離開日本人祖祖輩輩生活的舞台。日本人舉世罕見的「生存危機」、「憂患意識」產生的基礎，和日本人選擇「武力」生存方式的基礎，都與日本四面環海、國土狹小、資源短缺、災害頻繁的地理環境有關。而日本周邊的朝鮮和中國很早就接受儒教的「文治傳統」，這種農業文明產生了極大的財富，卻厭惡「尚武精神」，形成了有國無防的局面，又為日本人的武力擴張主義提供了不可多得的掠奪對象。這就好比飢餓的狼群旁邊蓋了一個巨大的羊圈，為狼的生活提供了最好的食物來源。

武士道一旦成為國家的政策，就是軍國主義，這種武士道軍國主義

▲ 武士刀！這把刀！沾滿了我們同胞的鮮血！現存放在靖國神社裡

的目的就是——自己沒有的，就用武力去奪取。

從日本大和民族立國開始，武士道軍國主義就是這個民族的整體價值取向。西元7世紀的「大化革新」後，日本社會武力爭奪土地資源與政治權力的爭鬥日益激烈，到西元8世紀，武士階層逐漸形

成。11世紀末，日本封建領主源義家擔任陸奧守時，曾平定當地一次內亂。源義向朝廷請功，遭到拒絕。源義家便自行對家臣論功行賞。這個舉動贏得了人心，關東（今東京一帶）武士紛紛投靠他，與其結成主從關係。從此，武士階層的基礎在日本正式形成。久而久之，這種武士階層的思維、道德和行為規範逐漸形成了「武士道」。

從西元9世紀日本誕生了第一個軍人執政的幕府政權開始，到20世紀40年代，日本一直是處於武士執政的狀態。一切由軍人說了算，一切以武力來裁判，一切用武功來實現。武士道經過一千多年的發展，武士道具有的善惡觀念、思維定式、價值取向和生活方式，已經深深地內化為整個日本民族的精神氣質，成為國民性的標誌，主宰著國民的思想和行動。

隨著武士道逐漸成為日本社會價值的評判標準，社會的獎懲機制也日益向武士和軍人傾斜，權力、財富、榮譽也更多地分配給了武士和軍人。

▲ 日軍的種種暴行

武士和軍人的價值觀、人生觀和行為舉止，也成為了全社會的楷模。日本民謠唱道：「花是櫻花，人是武士。」櫻花是日本的國花，武士是日本的國士。武士是全民族崇拜的對象，天皇也著一身戎裝，體現武士的氣概，所有的皇家成員都要到軍隊服役，取得軍銜，得到「武士」的榮譽，武士和軍人生前是社會的主導者，享有最高的榮譽，死後進入靖國神

社，接受國民的膜拜。女孩子以武士和軍人為偶像，「她們內心裡也深深愛慕武士的武勇和德行」、「如飢似渴地喜歡聽武士的故事」，女性以嫁給武士為榮，母親以培養出武士為目標，一些家庭即使傾家蕩產也要為兒子買一個武士的頭銜，擠進武士階層。

到德川幕府時期，武士道已經成為整個社會各階層都遵行的行為標準。石田梅岩宣導的「心學」運動，就主張將武士道德作為商人道德的楷模，強調「凡事應以士為法」。讀者請注意，日本人說的士不是中國人理解的文士、儒生，而是徹頭徹尾全身披掛的武士。一般認為，到德川時代，日本社會的商人、農人都已經武士化了。

明治維新後，以中下級武士為核心的資產階級政權，為了培養絕對忠於天皇的「皇軍」、「皇民」，造就「富國強兵」基本國策的支持者，更是強制推行「武士道德全民化，全體國民武士化」的政策。其結果是包括全部知識份子在內的社會各階層全部武士化，武士道成為全日本人的思想。《武士道》一書的作者新渡戶稻造說：「即使是具有最先進思想的日本人，如果在他的皮膚上劃上一道傷痕的話，傷痕下就會出現一個武士的影子。」

現代日本學者松本三之介將國家主義、進取精神和武士精神視為明治精神的主幹。實際上，所謂的國家主義、進取精神和武士精神與武士道不過是三位一體的結合物而已。

在日本國民的血脈裡，本來就流淌著海上騎馬民族尚武尚勇的血液。渴望新的利益空間，也是驅使國民認同支持以侵略為國策的武士道的根源之所在。更重要的是，腐敗無能的清朝政府對野心勃勃的以日本武士道武裝起來的明治政府毫無防範意識，不是積極遏制，而是步步退讓。1874年，日軍侵入台灣，被愛國軍民擊退，清廷反而主動向侵台日軍賠償50萬兩白銀；1879年，日本吞併中國管轄的藩屬國琉球，清廷竟予以默認，中國從而失去了遏制日本最好的海軍基地；1894年，中日甲午戰爭，面對日軍的大舉入侵，北洋水師採取鴕鳥政策，被動挨打，直至覆

滅，直接助長了侵略者的氣焰。從而使日本人的武士道冒險取得了歷史上從未有過的成功。

1894 年，日軍占領旅順口後，對中國居民進行了滅絕人性的大屠殺。破城以後，日軍不分軍人平民、男女老幼，見人就殺，在這場浩劫中，中國居民遇難人數多達 6 萬，旅順城只有 36 人倖存下來。據外國目擊者記載，許多屍體被雙手反綁，傷痕累累。日軍以殺人為樂，大批中國難民被日軍推入水塘，遭到槍殺、刀砍。連日本外相陸奧宗光也承認：「把俘虜綁上屠殺，殺害平民，甚至婦女也不例外，這些似乎都是事實。」

日軍在旅順口的暴行不僅沒有被日本的高級武士譴責，反而被他們大聲喝采。日本近代啟蒙思想家福澤諭吉，不顧年邁體弱，天天在報紙上寫文章為侵華日軍打氣，得知日軍攻占旅順口後，這位「具有最先進民主思想」的知識份子竟激動得落淚。

腐敗的清廷不僅沒有能力抵禦日寇，就連譴責日軍暴行的能力都沒有，朝野一心所想的就是如何「求和」。倒是一些外國媒體揭露了這種「武士道」的真面目，一份美國刊物發表評論說：日本是「披著文明的皮而帶有野蠻筋骨的怪獸。日本今天已經摘下了文明的假面具，暴露了野蠻的真面目」。

日本人在中國的野蠻暴行遭到了國際輿論的譴責，為了向國際社會解釋日軍的殘忍行為，新渡戶稻造於 1889 年用英文寫成了《武士道》一書。新渡戶早年在美國霍普金斯大學留學，曾是後來擔任美國總統的伍德羅·威爾遜的同學。畢業後，新渡戶娶了美國人瑪麗。在瑪麗的幫助下，新渡戶出了英文書《武士道》，將日本傳統與歐美比較，詳述日本的武士道與歐美騎士精神的相似性，辯解說日本切腹、復仇等絕不是野蠻。憑藉典雅的英文，《武士道》一書在歐美知識界廣為暢銷，新渡戶也成為日本精神和倫理學的權威。1905 年，因為以「武士道」精神對日本從事對外戰爭進行文明包裝，新渡戶夫婦獲得了明治天皇的召見和嘉獎。接著，新渡戶步步高升，先後擔任京都帝國大學教授、第一高等學校校長、東京帝

國大學教授和東京女子大學校長等職。1920年起，狂熱鼓吹武士道的新渡戶擔任國際聯盟副秘書長長達七年，負責日本在國際上的宣傳工作，積極為日本的殖民統治吶喊助威。回國後，新渡戶又擔任貴族院的議員，為「九‧一八」事變出兵中國東北強加辯解，竟胡說「滿洲國」是經「民族自決」，並一直強調日軍侵華戰爭的正當性。1938年，《武士道》一書的日文版由矢內原忠雄翻譯在岩波書店出版，成為日本的「鐵定版」，其書第16章〈武士道仍然存在？〉中斷定「武士道一直都是日本的精神與原動力」。書中認為，透過西鄉隆盛、大久保利通、木戶孝允、伊藤博文、大隈重信、板垣退助等人，日本的「王政復古」維新事業得以推動，日本成為「上下一體的皇國」。但是，他否認日本的「內政」成就是建立在「外征」的基礎之上。

20世紀日本從傳統社會向現代社會轉型，對傳統社會中武士道的核心價值——「忠誠」進行改造與更新、繼承與強化，使之轉變為近代社會的核心價值。在1984年日本銀行推出的新版日幣上，5000日圓上的圖案為新渡戶稻造，這表示日本人對武士道的推崇。

事實上，從明治維新以來，日本軍國主義者以武士道為精神支柱和戰爭工具，不遺餘力地對外侵略、掠奪，獲得的巨大賠款和殖民地收益，極大地加快了日本現代化的發展步伐。當前，日本式企業經營方式的三大法寶——終身雇用制、年資序列制和企業內工會，即「勞資命運共同體」，就是直接來源於武家社會「君臣一體」家族觀念中的傳統模式。這足可見武士道對當代日本社會的影響之深。

2003年，一向親日、媚日的李登輝在日本出版了新書《武士道解題》，這本書透過對新渡戶稻造《武士道》一書的解析和詮釋，表達了這位深受武士道薰陶、並自認為是皇民的李登輝的心聲。

據台灣媒體報導，在為該書特別召開的記者會上，李登輝以日文對日本人演講時，竟稱「『武士道』是人類最高指導理念也不為過」。

李登輝的《武士道解題》得到了石原慎太郎的吹捧，稱之為「精神

導師」，而李登輝也藉此宣稱「日本人士應發揚『武士道』精神，重拾戰後失去的自信心，並在亞洲發揮領導力」。這就是日本當代的「武士道」的真正目的。

新渡戶稻造的《武士道》把日本武士打扮成為忠誠、禮儀、堅韌、高尚的代表，實際上，在旅順口大屠殺和南京大屠殺中的日本武士形象才是武士道的真面目。日本政府和文人藝術家費勁地美化武士道、向外推銷武士道文化，其目的自然是為了欺騙世界輿論，達到殺人不見血的目的。當前，日本向中國、東南亞等國家的兒童大力推銷含有武士道精神的漫畫和電子遊戲，而一些中國人居然照單全收，這不能不讓人害怕。實際上，武士道如同魔咒一樣，不僅深深地糾纏著當今的日本人，也不時對亞洲國家的人民和世界人民產生迷幻作用。由於對武士道精神的一知半解，一些亞洲和歐美國家的學者及知識份子甚至還不自覺地幫著日本人為武士道唱讚歌。提出所謂的將武士道與軍國主義分開、將武士道與右翼思潮分離等謬論，都是一種自動向殘暴的武士道屈膝投誠的行為，此舉必將自毀長城。

3. 武士道和軍國主義合流

武士道是為適應武士征戰殺伐的戰爭生活實踐而產生的,它很自然地要與窮兵黷武的軍國主義合流。早在幕府時代,日本就已經成為軍事封建軍國主義的國家。封建武士領主主宰著日本的國家政權,形成了軍事封建專制的統治體制。與世界歷史上存在的其他軍國主義政權相比,日本軍國主義歷史最悠久,表現形式也最典型。經過明治維新後,日本的天皇制政府提出了富國強兵的總路線,這條總路線就是強調強兵為立國之本,將軍事擴張作為基本國策,富國是為了強兵,強兵則有利於富國,透過強兵達到富裕的目的。1868 年日本的軍務官副知事(相當於國防部副部長)長岡護美即提出了建設「稱雄世界」的陸海軍的計畫。這條強兵的總路線

▲ 武士家訓。日本的武士道精神究竟是什麼?一言以蔽之,武士道的訣竅就是看透了死亡,「不怕死」而為主君毫無保留地捨命獻身。這種思想也是對傳統儒家「士道」的一種反動。儒家的「士道」講究君臣之義,有「君臣義合」、「父子天合」的人倫觀念,但是日本「武士道」是以為主君不怕死、不要命的覺悟為根本

有一個總體規劃,即「失之西方,取之東方」,在西方列強那裡失去的,透過掠奪東方找回來。

為了實現稱霸亞洲的總路線,就必須將軍國主義思想系統化、體制化,而武士道就成為最便捷最直接的思想和精神資源。

武士道精神經過一千多年漫長歲月的沉積,早已和日本人的民族精神融為一體了,它深刻地浸入了日本人的血脈,支配著日本人的思想和行動。在日本的近代化進程

中，武士道逐漸演變成日本的軍國主義。

武士道是軍國主義的靈魂。武士道忠實地反映了統治階級的意志，強調下級對上級無條件、超越正義和真理界線的絕對忠誠與服從。武士道自誕生之日起，統治階級一直就以武士道控制武士和整個國民的思想和行動，誘使武士和國民忠於其軍國主義政權。第一代幕府的主子源賴朝就要求武士「把生命看作臣事主君的手段」，思想家山鹿素行更是將武士為主君盡忠系統化、理論化，寫出了100卷的理論著作，將武士道和軍國主義思想徹底融為一體。在日本的武家社會裡，連「婦女也鼓勵自己的兒子為主君犧牲一切」。近代天皇更是變本加厲地鼓勵國民盡忠盡孝。一切可能瓦解和動搖這種為軍國盡忠的思想都要被剿滅。

《瘋狂的島國》一書記載了幾位普通的日本婦女在1945年日本戰敗前的表現：石川幸子是沖繩戰役中的極少數倖存者，殘酷的戰爭並沒有讓她警醒，她反而更加頑固：「我們早先所受的教育就是犧牲一切可以犧牲的東西。當我們離開學校時，一個老師告訴我們說，不必非要去軍隊裡，我們可以回家，那樣會安全一些。我們回答說，如果必要的話，我們將準備為國而死。只要日本能贏得戰爭，做什麼都行。」

一位年輕的家庭主婦，一點也沒有因為盟軍的大轟炸和極度飢餓而沮喪，她堅定地說：「我從來都沒有想到退縮。我可以犧牲我的孩子，一直戰鬥到死。」

▲ 陸軍大臣阿南惟幾用一張比自己還高的弓，練習射箭，這是傳統的日本武士進行的一種練習

另一位女學生承認她感到沮喪，但是又補充說：「如果政府說要戰鬥，而且其他女孩子都參加戰鬥，那麼我也會參加的。」

武士道以「殺人之道」、「戰爭之道」、「殘暴之道」登上日本的歷史舞台後，始終不渝地為軍國主義服務，是軍國主義得心應手的工具。武士道中的這種「忠誠」精神與武士的死亡觀有關。1716 年，由佐賀藩的藩士山本長朝口述、由同藩武士田代陳基筆錄整理的《葉隱聞書》寫本完成，共 11 卷 1200 多節。這是日本武士道的經典作品，所表現的正是武士道中毫不留戀的、毫不猶豫的死亡觀。當然，「不要命」與「要人命」是息息相關的，《葉隱聞書》中處處都是非常殘忍的武士論語。例如，書中佐賀鍋島藩祖直茂向其子勝茂說，要想使斬首習以為常，得先對處刑者斬首。於是在其衙門內，排列十人讓他一一斬首。日本軍人侵略中國時執行的「百人斬」正是這種殘忍的典型。

《葉隱聞書》中的很多例子也是令人髮指的。比如，江戶屋敷的看守倉庫者堀江三右衛門，偷了庫存的金銀，被逮捕逼出口供之後，即下令折磨至死。於是先將他身體上的體毛燒光，剝除他的指甲，斬斷他的腳筋，用錐磨等工具給他種種折磨；再比如，依父親的指示，山本吉左衛門為養成殺人不在乎的品性，5 歲時就得斬殺狗，15 歲時斬殺死刑犯。因此，武士道中講述的許多行為，本質上都是殘酷無情，慘不忍睹的。

明治維新後，武士道並未隨著封建制度和封建武士退出歷史舞台而畫上句點，反而從中世紀的武士道中推陳出新。明治政府的核心由中下級武士組成。1871 年和 1878 年，陸軍大臣山縣有朋發佈軍人守則《讀法》七章和《軍人訓誡》，在軍人精神的外衣下復活武士道。由此，武士道逐漸演變成了「近代天皇制武士道」和「現代軍國主義法西斯武士道」，成為對外進行侵略擴張的精神工具。比如在日俄戰爭中，日軍常常採用「肉彈攻擊法」，即以己方官兵不怕死的武士道精神，不計傷亡地連續衝鋒陷陣，迫使對方最終喪失戰鬥意志而崩潰投降，讓士兵用鮮血和生命去填平「勝利道路」。

透過武士道訓練出來的軍隊，號稱皇軍，既是一支由亡命之徒組成的「亡軍」，又是一支姦淫搶掠、無所不為的「黃軍」。這支部隊是「古往今來絕無僅有的一支不要命的、人性泯滅的軍隊，這支充滿獸性的部隊，無論是勇猛頑強、戰鬥能力，還是粗野、殘暴和破壞性，都堪稱世界第一」。

日本人至今對武士道的代表宮本武藏的武功津津樂道，這位號稱天下第一高手的「武聖」，並不是以其武德著稱，而是以殘忍聞名。其所著的《兵法三十五條》，中心思想就是教人如何一擊致命、不

▲訓練女兵上戰場，做到全民皆兵

留活口。宮本武藏認為，光明正大地對陣是愚蠢的，只要能擊殺對手，不管是用詭計，還是使用毒藥，都是可以的。

泯滅人性的「皇軍」，對殺人毫無罪惡感，其殺人的手段無所不用其極。在第二次世界大戰中，日本人發明的自殺性飛機——「神風」特攻隊，就是這種殺人技巧發展到了極致的產物。數

以萬計的日本青年被驅趕上了自殺式飛機，飛機裝滿燃料和炸彈，集群性地向盟軍的艦艇發動俯衝襲擊。其思想的本源也就是武士道，與宮本武藏的取勝秘訣是完全一致的。

對敵手採取不講規則的進攻，包括自殺式襲擊、細菌戰、毒氣戰，無所不施，對平民則採取不講人道的屠殺。日軍在世界近代史上，對無辜平民的屠城殺戮，其規模之大，殺人手段之殘忍，絕無僅有。而這一切背後的主導思想，都與武士道有直接關係。日軍侵占南京時的第6師團團長陸軍中將谷壽夫，曾在陸軍大學和海軍大學任教，他在自己的陸戰課講義中甚至宣稱：打了勝仗之後和追擊敵人之時，掠奪、搶劫和強姦婦女是理所當然的。註9

正因為武士道已經潛移默化深入到了日本人的靈魂深處，使得日本人反省武士道極為困難。二次世界大戰以後，日本一些先進的知識份子對軍國主義的罪惡進行了一定程度的反省，但對武士道進行自我批判的則微乎其微。實際上，武士道不僅是軍國主義的思想之母，更是軍國主義思想的核心。對武士道缺乏理性的認知，就容易對其黑暗的實質缺乏理解。受武士道思維定勢影響和支配的日本人，從來就不是少數軍人或者右翼政客，而是整個武士階層和絕大部分農民、工人和商人。不管日本人身上的外衣如何變換，只要其內心裡的武士道原則未曾放棄，他們就是武士。只是在戰爭的環境下，武士主要穿軍裝，在和平的環境下，武士主要穿西裝。如此而已！

日本的武士道教育十分重視武士禮儀風度的培養，一些「武士」往往文質彬彬，謙恭有禮，對人點頭哈腰，極盡謙遜之能事。所以，往往初到日本的人，都很容易被這種謙和有禮的氛圍所打動，從而主動當起了日本武士道文化的推銷員。為了洞悉武士道的本來面目，對於武士道的教育內容，確有一探究竟的必要。

4. 武士道成為軍國之道

《武士道》一書的作者新渡戶稻造回憶說：

曾經有一位比利時法學家拉維萊先生親自問他：「日本國內有宗教教育嗎？」

新渡回答說：嚴格意義上說，沒有。

拉維萊先生又問他：那麼，日本人如何進行道德教育呢？

新渡尋思良久說：那就是武士道。

「武士道，如同它象徵櫻花一樣，是日本土地上固有的花朵。它並不是保存在我國歷史的植物標本集裡面的已經乾枯了的古代美德的標本。它現在仍然是我們中間的力量與美的活生生的對象。」新渡在《武士道》一書的開篇就對武士道精神的「美學」價值進行了介紹。

武士道是裝飾著櫻花的刀，如果只看到它刀鞘上美麗的櫻花圖案，而忘卻了裡邊寒氣逼人的刀鋒，就很容易被武士道的絢麗外表所迷惑。

周作人是一代文化大師，對日本歷史文化有著深邃的研究，但是，他在研究日本人的民族性時，卻也不幸掉入了武士道的美學陷阱。

周作人與戴季陶、黃遵憲

▲ 古代的日本武士

一起被日本人封為「白眉三老」，意思是說，代表最瞭解日本文化的三位中國人。周作人對於日本人的觀察和體驗有著獨特的視角，尤其是體察日本人的心靈世界見長。他在〈苦竹雜記〉一文中指出：日本國民天生有一種藝術的感受性；對於天物之美特能領會，引起優美的感情。如用形色表現，便成種種美術及工業的作品，多極幽雅纖立；如用言語表現，便成種種詩歌。就在平常家庭裝飾，一花一石，或食用食物，一名一字，也有一種風趣，這是極普通易見的事。周作人對日本民族愛美的天性之讚美可謂溢於言表。

可是，就是這麼一個天性唯美的民族卻向自己的文化母邦發起了全面而血腥的侵略戰爭，這種血寫的事實讓周作人百思不得其解。1931年九‧一八事變爆發後，周作人不禁對自己的「日本觀」產生了質疑：「日本人儘管有它的好處，對於中國卻總拿不出什麼來，所有的只是惡意，而且又是出乎情理的離奇。這是為什麼呢？」1937年6月，日軍的砲火打到了周作人的家門口，他終於無可奈何地承認，對日本人的認知是片面的，他在《日本管窺之四》一文中不無傷感地寫道：「日本文化可談，而日本國民性終於是謎似的不可懂得。」

周作人在日本留學生活了十幾年，還娶了日本老婆，身邊是日本友人，但他為什麼覺得日本人「出乎情理的離奇」、「謎似的不可懂得」呢？

問題還得從武士道的欺騙性談起。

《菊花與劍》的作者露絲也曾經對日本人的武士道精神產生過困惑：在日本軍部所拍的電影中，充斥的是淒風苦雨和艱苦的行軍，士兵表現的是痛苦的情緒。讓人乍看之下，還以為是日本共產黨拍的反戰影片。

武士道對於罪惡、死亡、倫理和復活有一套自己的觀點，這套觀點可以說是一種對惡與死的偏愛，對黑暗和罪惡的認同。

三島由紀夫是20世紀日本第一流的作家。他有一篇小說名字叫《牡丹》，在日本人中好評如潮。小說的主角是一個孤僻的老翁，年輕時曾參與過侵華戰爭。他生平除了培植數百株牡丹花以外別無所好。究其原因，

是因為每一株牡丹花都象徵著一名當年他所殺害的年輕美麗的中國姑娘。就是這樣一位變態魔王，在三島筆下卻成了安享審美愉悅的藝術大師，而日本讀者也能津津有味地品嘗出其中的「美」來。

縱觀人類所有的民族，看來也只有日本人才能寧靜超然地欣賞這種血腥的牡丹花。

1943年12月20日，美國記者愛波斯坦在湖南常德目睹了日軍的暴行，在為《時代》雜誌的報導中憤怒地寫道：「人們會問，日本農民在國內時視糧食為珍寶，十分珍惜自己的勞動成果，但為什麼到了中國後，他們不僅掠奪中國農民的大米，而且朝著運不走的糧食大小便？人們會問，是什麼原因，使得日本兵在進入孤兒院後，偷走孤兒的被褥，並不辭勞苦地從地下的院內搬來大石頭，將一所職業學校的紡織機械砸得粉碎？他們闖入學校，向牆上猛摔墨水瓶，從中又得到了什麼樂趣？」

其實，除了日本人自己，沒有哪個民族能回答這些問題。而日本文化的精髓，正在於這些匪夷所思的「樂趣」和「美感」之中。

而日本人的武士道精神卻對這種其他民族覺得不可思議的「惡」，給予了夢幻般地喜愛和迷戀。

相對說來，日本人是個不怕死的民族。自古以來，日本人對生死觀念就比較淡薄。為了一點小事，有些人往往就選擇輕生或者「殺人」。他們不僅可以為民族、國家、天皇、主君或少數上級的狹隘利益即下對上的所謂「大義大節」而死；還可以為親戚朋友、父母兄弟的所謂「小義小節」和「孝道」而死；甚至為自己的失敗、恥辱和欲望的不滿足而切腹自殺，終於使切腹成為表達意志和維護「榮譽」的一種儀式。

1905年，日本在日俄戰爭中取得勝利，歸國的官兵受到日本天皇舉辦的盛大凱旋儀式的歡迎。日軍統帥乃木希典大將卻賦詩大談戰爭的殘酷性：「皇軍百萬征強虜，野戰攻城屍作山。愧我何顏見父老，凱旋今日幾人還。」

深受中國古典文學洗禮的乃木，寫的這首詩似乎充滿了對戰死者的

悲憫和對戰爭的厭惡，但正是這位乃木希典大將卻是日本自殺式衝鋒戰術的始作俑者，他本人後來也以切腹自殺的形式為天皇殉了葬。

表面上悲嘆死亡和戰爭，骨子裡卻渴望擁抱死亡和血腥，這才是武士道「死亡觀」的真相。

日本人的這種獨特生死觀是有其傳統和歷史淵源的，確切地說它是武士道精神的核心。

武士道的思想淵源包括中國的儒學和深受中國道教影響的日本神道教。

儒學作為武士道的思想來源之一，其主要作用是為武士道提供禮教規範。武士道的不少科目直接引用了儒學。新渡戶稻造也承認：「孔子的教誨就是武士道最豐富的淵源。君臣、父子、夫婦、長幼以及朋友之間的五倫之道，早在經書傳入之前，就是我們民族本能地意識到了的，孔子的教誨只不過是把它們確認下來罷了。有關政治道德方面，他的教誨特點是冷靜、仁慈並富有處事的智慧，這些特別適合作為統治階級的武士。」

武士自產生以來，始終是一個崇尚武力、嗜殺成性的特殊群體。能否有效地控制和統馭這個粗野、暴虐的武力集團，用何種道德觀念作為這個集團的道德規範和行為準則，使之絕對效忠和服從主君，直接關係到武家社會的穩定基礎，制約著武家軍人的統治權力。武家政權用中國的儒家思想來規範武士的思想就成為必然的選擇——對主君盡「忠」、對親人盡「孝」，就是這樣從儒家思想中搬來的。此外，武士道中重禮儀、明身分中的「禮」與「分」，也都來自儒學。

從幕府時代的主僕道德，到現代軍國主義的對天皇盡忠，「忠誠」道德一直是武士道的主要科目。武士道的生命力、犧牲精神和效命精神、武士道的物質化能量，很大程度上就取決於武士道的這種「愚忠」精神。

武士道結合武家社會的特殊需要，對「忠」與「孝」進行了必要的改造。忠，在幕府時代主要是忠於自己的領主，以獻出生命為標準，鞠躬盡瘁，死而後已，忠的目的在於「換取主君的恩賞與揚名天下」。「孝」

就是對主子的孝，當好主子的鷹犬，而不是對父母盡孝，必須拋棄家庭的溫情，而徹底殉身於主君。

為了使武士階層具備執政能力，成為統治階層的中堅，武士道以儒家思想為依據，強調修身律己和培養意志力，並為武士制定了一套正確行使職分和權力必備的道德規範、禮儀風範和執政程序。如要求武士「立本」、「明心術」、「練德全才」、「自省」、「詳威儀」、「慎日用」等科目。都是要求武士加強自身內心的道德修養、嚴守武士在日常生活中特有的各種禮儀，在農工商面前顯示武士作為統治階層的高人一等的特權和威嚴。

比如，根據幕府的《帶刀令》，只有武士有佩刀的特權（一般百姓不許帶刀），可以就地殺死對有無禮行為或對其上司不表敬意的庶

▲孔子像
孔子大概做夢都不曾想到，他為君主所開創的儒家思想，到了日本卻本末倒置，成了武士道思想的源泉。這或許就是日本人的長處，善於發現和總結別的民族的弱點和經驗，取長補短、靈活運用

民。武士在法律上禁止成為生產者，只能從農民交納的年貢（租米）中取得俸祿，成為寄生階級。封建領主（諸侯或大名）向農民收取年貢，然後由封建領主作為俸祿分配給每一位家臣——武士。武士的生活完全依賴領主，成為領取一份固定俸祿為生的人。因此，領主與武士之間在經濟上建立起牢固的依附關係，從而在人身上武士隸屬於領主，必須為領主奉公，即無條件服務。由於俸祿很微薄，武士在經濟上經常陷入窘境，但根據武士的禮儀，武士不能在商人和農民面前露怯，即使是餓著肚子，也得裝出吃得很飽的樣子。所以，日本民間有「武士剔牙——餓得慌」的諺語。武士在飢腸轆轆的時候，還要在別人面前裝得吃得太飽，這就是武士道的風度。

為了鞏固武家的統治，1232年（四條天皇貞承元年）制定了代表武

士階級利益和思想意識的第一部武家法典《貞永式目》（即《御成敗式目》）。這部法典和古代的大寶律令不同，是以武士的道德倫理為規範，以封建領主和家臣的相互關係為準則而制定的。它明確規定了守護、地頭等家臣的身分和任務，各級武士都要嚴守崗位，絕對忠於自己的主人，樹立了封建秩序和等級制度，提倡儒家的「三綱五常」，以達到臣忠君、子孝父、妻從夫。顯然這部武士家法是以中國的儒學為其主要內容而制定的。後來的武士道的規矩基本上是從其中引申而來的。

武士道的另一個思想來源就是神道教，神道教雖然是日本的民族宗教，卻深受中國道教、禪宗和儒學的影響。神道教在將武士道轉變成法西斯軍國主義方面發揮了最重要的作用。

1703年1月30日發生了以大石良雄為首的47名「赤穗義士」為主復仇後被處以集體切腹事件，時人為之轟動。大儒室鳩巢（1658～1734）著《赤德義人錄》二卷，對「義士」的忠義行為大唱輓歌：「慨忠善之不祚，恨天道之無知」。並肯定他們為「捨生取義」、「重君臣之義」。林信篤大學頭稱讚道：「及彼一舉，奮發興起。以向義之心起，君知信臣，臣知忠君也」。「赤穗義士」的這種「全死節」的精神被後來的統治階級發揚光大，200多年來一直成為武士道精神的典範，被後來的日本法西斯軍國主義利用為欺騙人民進行統治和發動侵略戰爭、驅使人民走上戰場為天皇賣命的思想武器。

朱子學的「大義名分論」也是武士道的重要內容之一。所謂大義名分就是臣對君、子對父應守的節義和本分。朱熹寫了《資治通鑑綱目》59

▲ 生活落魄的武士

卷，從大義名分論的
觀點將中國歷朝分正
統與非正統、華夏與
夷狄、王道與霸道之
別。在朱熹的影響
下，德川光國（1628～
1700）也以大義名分論
為主導思想編纂了《大
日本史》397卷，肯定
了幕府的統治。《大日
本史》的名分論成了將
軍統制大名（諸侯）、
直屬家臣及大名統制

▲ 古代的日本武士圖

家臣的理論根據。然而至幕末，西方殖民主義勢力東侵，日本面臨淪為殖
民地的危機，廣大愛國民眾對腐敗的德川幕府感到不滿，於是產生了主張
「尊王攘夷」的後期水戶學派。其代表人物藤田幽谷（1774～1826）說：
「一君二民，天地之大道也。雖四海之大，萬國之多，而至尊不宜有二。」
他基於名分論即王道思想來鼓吹尊王攘夷論。後來以名分論非難幕府統治
的傾向逐漸增長，武士道的楷模、勤王家楠木正成被幕末志士抬出來頂禮
膜拜，武士道精神也成為革命志士向反動腐敗的幕府作抗爭的原動力，發
揮進步的作用。吉田松陰就是寫下著名的遺詩「肉軀縱曝武藏野，白骨猶
唱大和魂」之後從容就義的。土佐藩勤王黨領袖武市瑞山在獄中題詩道：
「花依清香愛，人以仁義榮。幽囚何可恥，只有赤心明。」最後，他以無
上光榮的心情接受武士的最高榮譽處分——切腹，按古代的「三」字切腹
法自殺，為「尊王倒幕」事業作出了「犧牲」。

　　1868年明治維新成功，幕府的封建統治被推翻之後，武士作為一個
階級已經不復存在，其經濟基礎明治政府也以贖買的方式（發行金祿公債一

次性付給武士）消滅。但是，由於明治維新是一場不徹底的資產階級革命，在思想領域內舊的儒家思想特別是武士道精神沒有得到清算。不僅如此，明治天皇的老師元田永孚和西村茂樹（1828～1902）等還配合社會上的復古思潮，竭力宣揚「儒教復活論」。元田在他擬定的《幼兒綱要》中規定了「孝行、忠節、和順、友愛、信義。禮讓、貞操、剛勇」等20個道德項目，向學生灌輸儒學思想。明治天皇還發佈《教育敕語》，把儒學作為國民教育的主要內容。於是小學教科書上把楠木正成和源義經等當作忠君愛國的英雄，要大家向他們學習，培養學生的狹隘愛國主義和忠君思想，讓武士道精神復活。

1882年（明治十五年）明治天皇又發佈了《軍人敕諭》對陸海軍軍人明確指出應有的生死觀，即「軍人應以盡忠節為本分」，「要意識到義比山嶽還重，死比鴻毛還輕」。與此同時，竭力美化神化天皇：天皇自天上降臨地面，「行天下人民之皇政」，而這種皇政是「唯神之莫政」。還強調日本是「萬世一系」的皇國，天皇乃「世界之總王」，日本乃是「萬國之總帝國」。這些教義經過雜糅，就成為了神道教，明治政府還正式將神道教當成國教，不遺餘力予以宣傳灌輸。

至19世紀末和20世紀初，日本資本主義已經形成，為了爭奪海外市場和殖民地，日本發動了中日甲午戰爭和日俄戰爭。在這兩次侵略戰爭中，武士道精神確實發揮了巨大的作用，贏得了勝利，還出現了陸海兩個「軍神」——桔周太和廣瀨武夫。他們的「忠魂奕奕永報皇恩」和「七生人間報國恩」的精神被當時的宣傳機器大肆宣揚，助長了軍國主義氣焰，產生了極其惡劣的作用。

櫻井忠溫寫了兩本日俄戰爭的實錄《肉彈》和《槍後》，他在《肉彈》中說「身體消為旅順鬼，靈魂不忘七生忠」，宣揚了武士道精神。據說明治天皇和德國皇帝威廉二世、美國總統賽奧德·羅斯福讀了《肉彈》還大為感動。

1931年至1945年的侵華戰爭和太平洋戰爭期間，是日本法西斯軍國

主義猖獗和古代武士道精神，進一步得到弘揚的時代。日本的軍政頭目曾一再強調，「這場戰爭（太平洋戰爭）不是軍備與軍備的較量，而是美國人對物質的信仰與日本人對精神的信仰之間的決鬥。」因此日本帝國主義在國內宣揚「死的哲學」和推行「臣民教育」，驅使人民走上戰場；在國外則大肆屠殺中國、朝鮮和東南亞人民。

1932年日本發動「一・二八」事變（第一次上海事變），日軍侵占上海遭到蔡廷鍇率領的十九路軍和中國人民堅決抵抗而失敗時，國內掀起一股軍國熱。同年2月22日，在日軍發動的第一次總攻擊的廟行鎮戰役中，第二十四旅團所屬工兵第十八大隊的江下武二、北川丞、作江伊之助三名士兵抱著爆破筒衝入中國軍隊陣地被炸死。消息傳到日本，為原來的軍國熱加溫，發動一切宣傳機器稱頌他們的「壯烈犧牲」，把他們稱作「肉彈三勇士」。與此同時，空閑升少佐在江灣鎮被俘帶到南京，3月16日送還給上海的日軍。空閑升認為此乃奇恥大辱，28日回到江灣戰場舊址用手槍自殺。荒木陸相立即發表談話：「帝國軍人赴戰場，或是勝利或是死，空閑少佐發揮了最高的軍人精神，選擇了死的道路。這與光榮地戰死一樣，應當與戰死者同樣處理。」於是有七家製片廠以此為題材拍攝電影。4月10日和11日兩天全國至少有四個人自殺，以一死來鼓勵出征。

隨著侵華戰爭的不斷擴大和日本國內階級衝突的激化，日本的法西斯努力更加猖獗起來。軍部是法西斯勢力的中心，他們企圖以武力手段在國內實現軍部的獨裁統治，在國外發動侵略戰爭。當時軍部以不同的財閥為背景分裂為「皇道派」和「統制派」。皇道派主張取消政黨政治，赤裸裸地實行軍事獨裁統治，發動大規模的侵華戰爭。他們對執政的統制派的「緩進」政策感到不滿，實行一連串法西斯政變和暗殺活動。他們先後暗殺了濱口雄幸首相、犬養毅首相、井上准之助藏相和三井財閥首腦團琢磨等政界財界要人，並進一步於1936年2月26日發動「二・二六」法西斯暴亂，殺了齋藤實內大臣、高橋是清藏相和渡邊淀太郎教育總監，實行所謂「昭和維新」，企圖一舉排除執政的統制派，控制政府。當暴亂失敗

▲ 戰俘營內，美軍對日本兵進行光身檢查。美國在世界上以民主和尊重人權著稱，但對這些曾經殘酷的日本戰俘一點也不手軟，扒光他們的衣服，進行光身檢查

時，參加暴亂的全體軍官在陸相府集合，準備好 18 口棺材、手槍和軍刀打算自殺。在他們被處死刑以前，都留下了「吞萬斗之恨」的遺言。還有人作詩道；「尊王討奸蹶雪起，成敗生死豈足論。獄窗僅見雲去來，尚留忠魂護國家。」認為這些狂熱的法西斯份子繼承了古代武士的遺風。（註：據說「二‧二六」兵變的一些軍人和家屬一直到 1973 年還沒有被平反）。 1941 年 1 月 8 日，東條陸相向陸軍發佈《戰陣訓》，露骨地強制軍人去死。其中如「命令一下要欣然投入死地」；「要超越生死，向一心完成任務邁進」；「以從容就悠久之大義為樂」；「生不受虜囚之辱，死不留罪禍之污名」等等。當時國民精神文化研究所研究員、國學院大學教授大串兔代夫在他的著作《（議臣民之道）精講、（戰陣訓）精講》的序中說：「我們臣民的生命是貢獻給天皇陛下的……國家的命運就是我們的命運，我們為皇國的興隆不惜獻出一命。倒在戰場上的士兵要歡呼『天皇陛下萬歲』

而死去，這是最簡潔而且最完全地表白和實踐臣民之道。」這裡我們所看到的是國家、天皇和個人合為一體的一元化國家觀，以及絕對服從天皇、把欣然為天皇而死當作最高榮譽的古代武士道精神。在這種觀念和精神指導下，產生了輕視士兵生命的無謀的戰略戰術和強行要求

▲ 「神風」特攻隊出發前寫的！這都是他們的遺言吧！

自殺，成為戰爭中大量死亡的原因。

　　1943年5月阿圖島（美國阿拉斯加前哨基地阿留申群島之一）被美國奪回時，以山崎保代為首的2600多名日軍全部戰死。他們在做最後一次突擊之前，傷病員全部自殺。阿圖島戰役被日本樹立為「玉碎」的偶像，受到法西斯軍人的崇拜。阿圖島被美軍奪回後，日軍在太平洋上節節敗退。後來日本在太平洋上的孤島被美軍逐一占領時，日本守軍學習阿圖島的「玉碎」精神，死不投降，戰至最後一兵一卒，指揮官自殺。如守衛塞班島的南雲忠

▲ 塞班島戰事吃緊時美軍的後援仍源源不斷

一中將和齋藤義次師團長、硫黃島的栗林忠道中將、沖繩島的牛島滿中將和長勇參謀長等軍國主義者都切腹自殺。他們的遺體被秘密埋葬或用汽油燒掉，以免落入敵人之手。軍國主義者戰敗後非但自己自殺，還讓老百姓去自殺，不許做美國人的俘虜，如塞班島戰役中有數千平民特攻隊。它是飛行員駕駛飛機去衝撞敵艦、與之同歸於盡的自殺攻擊作戰法。日本人深信這是一種克服因日本比美國生產力低所造成的劣勢的最好辦法，只用「一機一人」就可以擊沉一艘航空母艦或戰列艦，並讓千百倍敵人與自己一起葬身魚腹。

　　對於極端個人主義的美國人來說，這種自殺攻擊是無法理解的。美國人還以為「『神風』飛行員參加戰鬥時像僧侶那樣穿著長袍戴著頭巾，吃過興奮劑，是被鎖在駕駛艙裡的」。實際上那些「神風」飛行員都是20歲上下的青年，他們除少數出於形勢所迫外可以說幾乎都是心甘情願去送死的。不過由於他們自幼受到軍國主義的教育和武士道思想的毒害而抱著錯誤的人生觀或世界觀罷了。他們認為此舉乃是「就悠久之大義」，「生為日本男兒要作為君國的御盾而輕易奉獻一命」，「殉國乃是男兒的本懷」；他們把形體視為短暫的，靈魂才是永生的，甚至把死浪漫化：「像小鳥一樣將其遺體埋於藍天」，「被風暴颳散的櫻花來日又在大君身邊重開」。而對這些即將做鬼的年輕人最有吸引力的是死後靈魂成為靖國神社的神靈，受到世人的敬拜。

5. 日本人離不開武士道

「復仇」和「切腹」其實並非武士道的核心科目，但由於其極端的表現形式，集中表現了武士的非人性和武士道的兇殘本質，所以，也被當作了武士道的象徵。

傳統的武士道，雖然鼓勵武士勇敢赴死，卻反對武士盲目地去犧牲，更反對武士去做毫無意義的砲灰。武士不能逞匹夫之勇，就像手中的刀劍，是時機的時候才能出鞘，但也絕對不是說遇事可以退縮。武士道認為，武士若不重視自己的生命而任意地犧牲性命，這種血氣之勇與盜賊沒有什麼區別。

但主張克制的武士道到了後來，就逐漸放棄了克制的內容，而變成了無節制的衝動。鼓吹快意復仇和安心切腹的武士道，其直接起因是赤穗47浪人事件。

《47浪人的故事》被稱為日本真正的民族史詩。這部作品在世界文學中沒有什麼地位，但對日本人卻有無與倫比的吸引力。每一個日本小孩子不僅知道這個故事的主要情節，而且還知道次要情節。這個故事經常被人講述、刊印，還被改編成一套現代的通俗系列電影。47浪人的墓世代是令人嚮往的朝聖地，成千上萬的人前去祭奠，留下自己的名片，於是墓地周圍經常是一片雪白。

《47浪人的故事》的中心主題是對主人的「義理」。在日本人看來，它描寫的是「義理」與「忠」、「義理」與正義之間的衝突（在這些衝突中「義理」當然公正地取勝）以及「為義理的義理」與無限的「義理」之間的衝突。它描寫的是1701年的歷史故事，當時正是封建制度的鼎盛時

期，根據近代日本人的夢想，那時的男人就是男子漢，在履行「義理」時毫無勉強之意。47位流浪的武士把名譽、父老、妻室、姐妹、正義（「義」）等一切都獻給了「義理」。最後他們把自己的生命也獻給了「忠」，一個個自殺身亡。

故事的梗概大致如下：淺野侯是被幕府委任為兩位掌管全國大名定期向將軍問候儀式的大臣之一，這兩位司儀都是鄉下大名，因此他們不得不請宮廷中身分很高的大名吉良侯在必要的禮節方面給予指導。淺野侯家臣中首屈一指的聰明人叫大石，他是故事的主角，他如果在場，本會勸導他謹慎從事，湊巧，他正在自己的領地裡，而淺野侯又極幼稚，不知道先得向高貴的指導者吉良侯奉獻豐厚的「禮品」。另一位求教於吉良的大名的家臣卻老於世故，給這位指導人送了大量貴重禮品。因此，吉良侯不僅不好好指導淺野侯，並且故意讓他在儀式中穿錯服裝。淺野侯就這樣穿戴全錯地出現在那天的盛會上，當他得知自己受辱之後，便拔劍刺傷了吉良的前額，人們企圖制止已來不及了。報復吉良的侮辱是淺野侯作為一個體面人的德行，也就是對名譽的「義理」，但在將軍的宮殿中拔劍卻又是違反「忠」的舉止。在履行對名譽的「義理」方面，淺野做得很出色，但他沒有盡「忠」，為此他除了切腹自殺之外，別無他途。

他回到自己的宮邸，穿戴整齊以迎接這嚴峻的考驗，他焦急地等待著他最聰明和最忠誠的家臣大石的到來。他們相視良久，當訣別之後，他就按規定的姿勢坐定下來，將刀戳入腹部，淺野侯用自己的手結束了生命。沒有一個親屬願繼承這位違反「忠」的準則因而引起將軍不悅的故人的位置。於是淺野的封地被沒收，家臣們成了無主的「浪人」。

若就武士道的「義理」的責任而言，淺野家的家臣對亡君負有與他一樣切腹自盡的義務。如果他們願行對其主君的「義理」而切腹自殺，那麼就像他們主君切腹自殺一樣，是表示向吉良抗議，抗議他對其主君的羞辱。但大石暗自決定，切腹不足以表現他們的「義理」。他們必須完成這種報復，即他們必須殺死吉良侯。但這只能以違反「忠」的方式來實行，

因吉良侯與將軍極為親近，而且地位很高，浪人們不可能從政府那裡獲得官方的允許去合法地進行「報復」。在較為正常的情況下，任何圖謀報復的集團都應向幕府報告其計畫，說明他們完成復仇行動或放棄這一行動的最後期限。這種安排使某些幸運者得以達到「忠」與「義理」的統一。

大石懂得這條道路是他及他的夥伴們所不能走的，因為將軍不會批准他們的報復計畫。因此，他將曾是淺野家臣的浪人們召集起來，但並不告訴他們刺殺吉良的計畫。這些浪人共有 300 多人，根據 1940 年日本學校裡講授這一故事時的說法，他們全都同意切腹自殺。但是大石知道他們並不全都具有無限的「義理」，用日語的表達方式來說，即「真誠的義理」，因此在報復吉良的危險事業中並不是個個可靠的。為了分辨哪些只是「為義理的義理」的人，哪些是有「真誠的義理」的人，他向他們提出了如何分配主君財產的想法，作為一塊試金石，試探這些人。

在日本人看來，這是一種考驗，就像他們並沒有同意自殺一樣，因為他們的家庭會從中得益。關於分配財產的依據，浪人之間存在著尖銳的意見分歧。大管家在家臣中受俸最高，以他為首的一派主張按以前的薪俸分配財產。以大石為首的一派則主張平分。一旦完全證實哪些浪人中誰不過是「為義理的義理」之輩之後，大石同意大管家的財產分配方案，並讓那些取勝的人離去。大管家離開了，並因此而獲得了「窩囊廢武士」、「不懂義理的人」和無賴漢的壞名聲。大石判定只有 47 人在「義理」方面堅定不移，可讓其參與他的復仇計畫。這 47 個與他合謀的人發誓，不讓任何信義、愛情、「義務」妨礙他們去實現計畫。「義理」將是他們的最高法則。這 47 人割破手指，血書立盟。

他們的第一個任務是迷惑吉良。他們各自散去，並假裝成忘卻一切名譽的樣子。大石經常出入於最低級的妓院，並參與有失體面的爭吵。在這種放蕩生活的掩護下，他與其妻子離了婚。這是任何一個行將犯法的日本人通常使用的，而且被認為完全是正當的手段，因為在最後行動中，這可使妻子兒女免受他的牽連。大石的妻子十分憂傷地與他分了手，但他的

兒子卻入夥當了浪人。

　　整個東京都在議論紛紛地猜測復仇的事。所有尊重浪人的人當然都確信他們會試圖殺死吉良侯，但這47人卻完全否認有此種意圖。他們裝作是「不懂義理」的人。他們的岳父們對他們的這種可恥的樣子感到義憤，把他們趕出家門，並解除其女兒與他們的婚姻。朋友也恥笑他們。一天，喝得醉醺醺地正與女人們一起狂歡作樂的大石恰好被一位密友碰上，大石甚至在他面前也否定對其主君應盡的「義理」。他說：「報復？這是一件傻事。人應該享受生活。任何事情也不如喝酒和玩樂痛快。」他的朋友不相信他所說的話，從鞘中拔出大石的刀，期望用它的閃閃光澤證明刀的主人是在撒謊，但是，刀上卻滿是鏽斑。這位朋友不得不相信他的話，一氣之下在大街上踢了爛醉的大石一腳，並把唾沫吐在他身上。

　　其中的一位浪人為籌措復仇的經費，把他的妻子賣入了妓院。這個女人的兄弟也是一位浪人，他發現復仇之事已被妹妹知曉，於是就用自己的刀殺死了妹妹，並爭辯是為了證明其忠誠，大石便會把他列入復仇者行列。另一位浪人殺死了他的女人。還有一個浪人讓其妹妹去當仇敵吉良侯的侍女與妾，使浪人們能夠獲得宮內消息，告知他們何時可以動手。結果復仇完成之後，這位女人不得不自殺，因為她必須以死來洗刷曾侍候於吉良侯近側的污點。

　　12月14日的雪夜，吉良舉行了一次「酒」宴，擔任警衛的武士們喝醉了。浪人們襲擊了堅固的吉良官邸，砍倒了護衛的武士，然後直衝吉良侯的臥室。他不在那兒，但他的床上還有點餘溫。浪人們知道他就躲在邸內。最後，他們終於發現一個人蜷縮在存放木炭的小屋內。一個浪人用其長矛戳過小屋牆壁，但當他投出長矛時，發現矛頭並無血跡。其實，該矛確實刺中了吉良的身體，但吉良在矛頭抽回去時用身上的和服袖子擦去了血跡。他的這一小伎倆當然沒有發揮什麼作用，浪人們把他拖出小屋。但他聲言他不是吉良，他不過是大管家。

　　在此關頭，47人中的一個想起了吉良曾因被淺野侯在殿上刺傷而留

下了傷疤，根據這一傷疤，浪人們認出了吉良，並要求他就地立即切腹。吉良拒絕了這一要求，這當然證明他是個膽小鬼。於是浪人們就用他們主君淺野侯切腹時用的刀，砍下了吉良的頭，並合乎禮儀地洗淨這個頭顱。他們實現了願望後，列隊出發，把兩次染過血的刀和割下的頭顱送往淺野的墓地。

整個東京得知浪人們的壯舉後掀起了一片狂熱。曾懷疑浪人們的浪人家屬及浪人的岳父們爭先恐後地來擁抱他們，向他們表示敬意。一路上大藩的諸侯都盛情款待他們。他們行至墓地，不僅供上首級和刀，而且還供上一紙致主君的稟告文，這份稟告文至今仍被保存著。（據福本日南《元祿快舉錄》記載，墓前稟告文是後人捏造的）

我們今日來此參拜尊靈……我們在沒有實現您想完成而未完成的復仇之時不敢來您墓前。我們以一日三秋之焦慮心情等待著今天的到來……我們現在把吉良侯供奉在您的墓前。這柄短刀是您生前託付於我們的心愛的東西，現在奉還給您。我們請求您用這柄短刀再次砍掉仇敵的腦袋，以永遠驅散您的遺恨。以上是我們47人在您尊靈前的獻詞。

至此他們的「義理」已得到履行，但他們還得履行「忠」，只有他們的死才能使這兩者一致。他們違反了不准不經宣佈即行復仇的國法，但他們並沒有背叛「忠」。以「忠」的名義要求於他們的任何事情，他們都得完成。幕府命令47位浪人切腹。據日本小學五年級日語讀本所寫：

他們報了主君之仇，他們堅忍不拔地履行「義理」應被視作永不熄滅的榜樣……因此，幕府在深思熟慮後命令切腹，這真是一箭雙鵰之策。

這就是說，浪人們以自殺償還了對「義理」和「義務」兩者的最後欠債。

這就是日本武士道最著名的赤穗47浪人的復仇故事。300年來，該故事一直對日本人具有無與倫比的吸引力，以之作為題材的小說、戲劇、電影等一版再版，極受歡迎。許多日本人仍將這些浪人視為英雄和聖賢，到墓地敬拜者至今不絕如縷。

▲ 介錯：日本的切腹者八成以上手法不準確，不得不使用助手幫忙，在切腹者無法嚥氣的情況下，一旁的人再用刀砍去其頭顱，幫助他順利死去，而這個人就叫「介錯」，在日本古代這是一種官位，由家族世襲，執行者即稱「介錯」人。

　　仔細分析這個故事，其實不難發現，淺野侯被羞辱實際是一種惡作劇行為，而淺野侯因為在其上司面前現了醜就拔刀相向，可謂是血氣之勇，而毫無智謀可言，像這種事情大可向將軍說明自己的冤情，為自己澄清，但淺野侯的腦子裡沒有任何組織和法律觀念，只知道拔刀復仇。47位浪人處心積慮地要刺殺吉良侯，為之付出了極為慘重的代價，其做法也近乎瘋狂。整個故事不過就是鼓吹「復仇有理」，只要能達到復仇的目的，就應當不惜代價。這就是日本官方和社會拚命追捧這個「民族史詩」的真正原因。47個浪人為了個人恩怨，不惜集體「玉碎」，不假思索選擇報復，這正是軍國主義教育所需要的「愚忠」行為。

　　只要與日本人談論「47浪人」的切腹「壯舉」，絕大多數日本人就抑制不住要熱淚盈眶。切腹或剖腹是武士自殺、謝罪的一種形式，其主要

目的是為了用自殺來復仇，以洗刷自己的名譽。

在日本，「復仇」具有特殊的含義：復仇，也被稱為報復或報仇。在武士道的義理中，對「名譽的義理」要求武士對所受的誹謗或侮辱進行洗刷，絕不能視若無睹。

復仇行為的基礎是「恩」或「義」。為人子或為人弟者，有義務替父、兄報仇，討回公道；家臣武士須責無旁貸地挺身而出，為主君報仇雪恨。武士道要求武士「以眼還眼，以牙還牙」。復仇的意義，既是為死者雪恨，又是為生者「洗刷污名」。

武士的復仇行為，只有光明正大，事先通知照會對方，並向藩府、

▲日武士剖腹自殺效忠天皇
剖腹作為武士最崇高的死亡方式，現在普遍認為，古代許多的國家和民族，均主張人的靈魂是宿於肚腹中的；因此，武士便在有必要將自己的靈魂向外展示的時候，採取剖腹以示眾人的方法和儀式

幕府等有關單位提出書面文件，方為合法。否則，即使是為了報「不共戴天」的「君仇」或者「父仇」，也屬違反了武士復仇的規則，即違反了國法，亦將受到武家政權的嚴厲處罰。

有的武士為了使復仇得以順利進行，事前當然不敢伸張，等復仇成功後再通知有關方面，這時候，就必須接受被命令「切腹」的懲罰。

切腹也日益成為日本人報仇和雪恥的一種獨特而極端的方式。這種自殺方式極為繁瑣和痛苦，即使是「正確的切腹」手法，也得一個時辰才能死去。根據統計，日本的切腹者八成以上手法不準確，不得不使用助手幫忙，在切腹者無法嚥氣的情況下，助手再用彎刀砍去其頭顱，幫助他順利死去。

切腹的體位有「立腹」和「坐腹」兩種，即站著切和坐著切，前者

主要用於戰場上，後者則用於其他場合。

切腹的手法有一字型、二字型、三字型和十字型等幾種：一字型是最常見的一種，切腹者手執短刀，從左側肋骨下的側腹刺入，再一氣拉向右側腹，在腹部上形成一個「一」字；二字型是在一字型切開腹部的基礎後，再在其上方或者下方平行切一刀；三字型則是在二字型的基礎上再平行切一刀；「十字型」，是在腹部切成「一」字後，將刀移至正中部位，雙手摁住刀柄向下切至小腹，然後再自下而上刺向喉部，形成一個「十」字。

切腹的原因多種多樣，主要有六種類型：1. 戰時切腹，敗軍將士走投無路，又不願意投降，選擇切腹，表明自己在精神上沒有屈服，心理上是不承認戰敗；2. 引咎切腹，承擔職務上的過失責任或所造成的不良社會影響，為了洗刷污名，為自己留個好名聲，使家眷不承擔連帶責任，選擇切腹；3. 贖友切腹，為了挽救朋友、同僚或者家臣，以切腹來拯救他們；4. 諫諍切腹，以自己的切腹向主君和上級進行勸諫和抗議，迫使上級改正錯誤；5. 殉死切腹，為了體現對主君的忠誠和生死與共的決心，表明自己願意以死來追隨主君。殉死切腹分三種情況，家臣在主君死之前切腹，叫做先腹，家臣在主君死時切腹，叫做共腹，家臣在主君死後切腹，叫做追腹；5. 刑腹，觸犯了刑法，應處死刑，令其切腹。

切腹是人類文明中最野蠻、最殘忍、最令人毛骨悚然的自殺方法。這種自殺方法的直接目的不是為了死去，而是為了證明自己的武士道精神。新渡戶稻造指出：武士選擇切腹，是「我打開我的靈魂的寶庫，給您看看它的樣子吧。是污濁的還是清白的？請你自己來看吧」。

所以，切腹者絕大多數不會立即嚥氣，而是要承受超乎尋常的痛苦。切腹者利用這種殘忍的方式折磨自己，以留下自己作為武士的「尊嚴」。武士選擇切腹，是武士的道德觀念和切身利益需要留下確鑿的自殺證據：首先是以這種自殺形式表明自己的勇敢，要嘛以武士刀對準敵人，要嘛以武士刀對準自己；其二，切腹者能為自己的忠誠和武勇留下證據，

使自己的名譽得以保全，其家庭和子孫的利益得以受到庇護。

切腹被歷代武家不斷地推崇，甚至成為了一種武家法律，成為「武士用以抵罪、悔過、免恥、贖友，或者證明自己忠實的一種方法」。

據統計，日本人的自殺率長期居世界第一。在二次世界大戰之前，切腹成為日本男人不約而同選擇的自殺方式，戰敗了要切腹、公司破產了要切腹、決鬥失利了要切腹、逾期不能還款要切腹，乃至同僚發生爭吵嘔氣也要切腹。

第二次世界大戰後，日本經過一連串的民主改革，軍國主義思想和武士道精神基本上得到清算。但仍不能否定戰後的日本仍然保留著武士的形象，軍國主義的陰魂不散，一部分人對過去日本侵略中國、朝鮮和東南亞的錯誤還沒有足夠的認知。電影、電視、文學裡把昔日武士切腹當作文化的神話來宣傳，「英勇」的武士形象在日本人的心目中不但沒有消除，反而更加崇拜，甚至武士道精神「借屍還魂」。1970年文學家三島由紀夫為復辟天皇制煽動自衛隊政變失敗而切腹自殺是一實例。三島由紀夫切腹的時候，日本輿論視為笑談。近年來，三島由紀夫忽然重新成為日本人的偶像，他的切腹故事成為街頭巷尾長盛不衰的話題。看來讓日本人輕易拋棄殘酷的武士道，還真不是件容易的事情。

第三章 叢林哲學

——日本人的亞洲政策分析

■大和民族的子民為了生存，就必須千方百計擊垮對手，在生存權得不到保障的社會裡，傾軋同胞的能力愈強，其生存的機率就愈高，為了生存和保全自己，不擇手段就是最好的手段。仁慈是保存自我最大的弱點，暴虐則是保全自己最大的優點。一個在叢林社會法則裡生存了1000多年的民族，倉促之間要革除其野蠻暴虐的性格，其難度是可想而知的。

1. 大和不和

日本民族號稱大和民族，從字面上理解，這應當是一個信仰和平的民族。

大和民族對外奉行霸權主義和軍國主義，這已經是世人皆知的事情。然而，這個民族對內是否做到了和氣和善呢？

不少中國人對大和民族的內聚力感到驚嘆，總認為這個口口聲聲標榜信奉儒家文化的民族是一個同胞之間親善平等的民族。但實際情況究竟如何呢？

不妨對大和民族的形成過程做一個考察。

在明治維新以前，日本人一直籠罩在中國文化的陰影之下，刺激

▲ 東大寺內的毗盧遮那佛，代表著宇宙的和諧一體。佛像高達 16 米，重約 250 噸，僅表面的鎏金就用了近 59 公斤的黃金，建造時共動用了 37 萬人次的勞動，是日本最高的銅鑄佛像。這是奈良東大寺內的月光菩薩像

和推進日本文化的因素全部來自於中國，直接或間接經由朝鮮半島傳入。

日本人從明治維新之後，之所以迅速走上軍國主義道路，不僅是西方文化的刺激，實質上從日本人效仿中國文化的第一天起就埋下了伏筆。

當代日本人總是為自己能夠博採外國文化長處的能力而沾沾自喜，有的日本學者認為：日本人之所以能使本國文化走上獨特的發展道路，是

因為堅持使外來文化適應於本國固有的文化遺產和國情。

實際上，日本人對中國文化採取的是實用主義的態度，其學習的目的就是為了統治集團的利益。

日本人的佛教、儒教和道教幾乎同在西元六世紀左右從中國和朝鮮傳到日本。當時的日本人當中，天皇以外，還有兩類氏族集團，其首領分別稱為「連」和「臣」。連氏家族世世代代都是天皇家族的臣下，他們被指派掌管宗教事務，製作宗教禮儀用品並承擔防務責任，以此侍奉天皇。臣氏家族原來並非天皇的臣子，擁有自己土地，並不隸屬於天皇，後來臣服了皇家的統治。臣氏和連氏連同天皇家族在西元四世紀以後，成為了日本歷史的主角。

我們不能用中國人的觀念去看待當時的日本人。當時的日本，無論是上流階級還是一般的庶民，丈夫和妻子都是分居的。丈夫可以公開地擁有幾個妻子並輪流去探望她們，而不是妻子去找自己的丈夫。另一方面，妻子也秘密地輪流接待幾個丈夫。用今天的觀念來看，他們的性生活處於相當混亂的狀態。孩子則由各自的母親撫養，因此，同父異母的兄弟姐妹形同路人，他們之間既容易相愛結婚而無犯罪感，也很容易互相殘殺。因此，一個勢力強大的氏族長能夠迅速地與皇室建立牢固的血緣關係。

在此之後的相當一段時期內，日本人的婚姻和性生活秩序是相當混沌的，近親結婚、亂倫甚至兄妹成親都不是什麼稀奇的事情，這種事情在天皇家族中屢見不鮮。例如，族長可以將自己的女兒嫁給皇子，然後再把他們所生之女，嫁給這個皇子與氏族長其他女兒所生之小皇子。況且，當時的日本尚未建立長子繼承權制度，皇位繼承者經常是從天皇的弟兄中遴選。因此皇族兄弟之間爭鬥激烈，常常互相殘殺。不過到了西元6世紀末的時候，日本人開始試圖改進自己的文化形態。而這種改進就是從維護天皇制的穩定性上下工夫的。

西元6世紀時，以臣氏和連氏為主的大貴族們持續發展擴大了他們在政治和經濟上的權勢，其中，以蘇我氏和物部氏為最強大。蘇我氏屬於臣

氏族，尊崇新的文化，尤其崇敬從朝鮮傳入的佛教；物部氏屬於連氏族，他們反對佛教。這兩個氏族都是透過剝削日本在朝鮮的殖民地而發跡的。他們之間因皇位繼承權問題，頻繁發生紛爭，眾多有望繼承皇位的候選人，在互相殘殺中喪生。最終引發了兩個氏族之間的內戰並以物部氏的失敗告終。

此後，便形成了由蘇我氏選定皇子或皇女繼承天皇皇位的局面，天皇家反而被削弱了，皇位變得極不穩定。592年，蘇我馬子殺死崇峻天皇，讓推古女皇登上皇位。崇峻天皇是蘇我馬子妹妹的兒子，推古女皇是蘇我馬子另一個妹妹的女兒。這兩個妹妹又都是欽明天皇的皇后。由此可以看出，當時天皇家族中的皇子和皇女，連自己同父異母的兄弟姊妹都不能信任。在中國歷史上，王朝被外戚力量推翻的事是很多的。而此時的日本皇室也正受制於外戚蘇我氏的壓力之下。所幸的是，在中國常常出現的橫行霸道的宦官，始終沒有被日本採用過。（不採用宦官制度或許正是日本能夠保持萬世一系的皇統地位的重要背景原因之一吧。）儘管如此，物部氏被排除了，在蘇我氏的控制之下，新的文化繁榮起來。

對於當時的日本來說，基於對外、對內的政治上的原因，把天皇家主權置於堅實的基礎之上，進行政府機構的改革是絕對必要的。

自西元370年左右，日本人一直占領朝鮮半島的南端，被稱為任那的這一片日本領土，與百濟和新羅毗鄰，百濟與新羅則高句麗接壤。大約從那時開始，日本在百濟和新羅也有廣泛的勢力，這兩個國家向日本進貢。任那人逐漸與韓國人通婚。其後，百濟和新羅開始對任那發動進攻和劫掠，而任那不予抵抗，這就預示著任那這片日本殖民地面臨滅亡的危機。雖然，後來的幾代天皇都試圖要恢復這塊殖民地，但並未取得顯著的成功。與日本在朝鮮半島節節後退同時，在日本本土，氏族的族長們日趨獨立於中央政權，日益主張把許多土地和人民作為自己的領土和臣民，天皇日益失去對他們的控制。在這種形勢下，無論是對內還是對外，政府的強化是迫在眉睫了。

▲ 聖德太子的塑像，在藏法隆寺（斑鳩寺）中。據說廐戶太子生於馬廐之中，所以名為廐戶。還有的傳說說他是佛身轉世

聖德太子（西元574－622年）是推古天皇的法定繼承人和攝政者，一心要加強皇權。但是，因為他是蘇我馬子的外甥（用明天皇）和外甥女（穴穗部間人皇女）的兒子，所以，不得不向實權在握的蘇我氏妥協。太子首先著手引進比日本原有制度進步得多的中國行政和司法制度，以推動天皇政府的近代化。聖德太子於西元603年制定了「冠位十二階」制度，604年又頒佈了「十七條憲法」。「冠位十二階」制將大臣和官吏分成十二個等級，以不同的樣式和顏色的冠戴區分官位高低。此冠位制明文規定，對官位的任命依據不是看他們的門第或家世，而是根據他們的能力將他們任命至相應的職位上去。「十七條憲法」被視為必須與新的冠位制共同實施的公務規則。

不過，聖德太子意識到，支持中國制度的政治哲學與他的最終目的是不相容的。他的目的是在君主世襲制之下，建設強有力的國家。在中國，人們相信上天不會允許一個無德的君主行使統治權。也就是說，如果一位皇帝缺乏超凡的能力，不能滿足治國要求，神就不會支持他，就會用另外一個王朝取而代之。所以，必須擯棄或者至少要修改中國這種獨特的政治習尚，否則，將來可能發生的革命，難免殃及天皇家的世襲制度。事實上，在過去的日本已經出現過像雄略天皇和武烈天皇那樣殘虐無道的天皇，如果按照中國的方式，這樣的天皇是不能被容忍的。

「和魂洋才」是日本在明治維新後，引進西方技術時流行的一個口號。同樣的，聖德太子在中國的思想和它的實際運用之間劃了一條界線，

仔細地驗證他們的思想（或精神觀念）是否適合於日本統治集團。如果發現中國哲學中的某些或不適用或不稱心，就完全擯棄或徹底地進行修改。雖然，聖德太子熱衷於提高日本人民的教育水準，向中國看齊，但他絕非是毫無篩選地接受中國的一切，他只想把中國有用的東西安裝在日本民族精神這個底座之上。

當時的日本，民族精神或「國民精神」尚未明晰、鞏固地

▲ 飛鳥時代，聖德太子主持建造的法隆寺，即著名的斑鳩寺（奈良）

形成。在這塊畫布上尚存許多空白，要求聖德太子用自己的顏料去完成。聖德太子的確透過自己的實踐成為日本第一位哲學家。有些歷史學家認為是聖德太子為日本的大君創造了「天皇」這個名詞來代替此前使用的「大王」。儘管這種說法的考證並不充分。雖然只是一個更名，但此舉意義深遠。天皇不再是王，而是「現人神」（以人身出現的神），與神等同了。其結果神與天皇之間不可能產生對立，也就是神人合一了。

中國的儒教文化認為，君權神授，皇帝的權力受命於天，天才是最高的權威。而聖德太子卻改造成為這樣的結構——天皇就是天，天皇自己給自己就可以了，再沒有其他什麼權威來約束了。這樣一來，也就不允許有任何革命了，皇位被賦予了神權，確立在牢固的神權基礎上。從而，聖德太子為日本樹立了與中國不同的政治公理：這就是只能根據血統繼承皇位。

著名日本學者森島通夫先生認為，誠然，太子的天皇觀是與其面對強大的中華帝國所產生的自卑感密不可分的。將天皇神格化的做法無非表

明了他對天皇家未來的一種危機感。在日本歷史上，聖德太子對發揚保守主義和忠節精神一直有著非常重要的作用。每當日本面臨民族危機，「現人神」的思想就會被反覆強調，確實有鼓舞狂熱右翼的效果。

然而，聖德太子進行了許多進步的和徹底的改革，這也是事實。譬如：在「十七條憲法」中，他宣佈在日本除了萬人之上的天皇以外，沒有任何王或首領可以統治全國；在天皇面前人人平等。他一直想建立一套新型的中國式官僚制度，政府官員不是根據他們的門第，而是根據他們本人的品格和能力；官職不能由子孫承襲；這就削弱了貴族門第的勢力。此外，聖德太子還宣稱，任何人不得剝削壓榨他人，並且標榜將取消等級制和舊的血族制，這就使當時大貴族和氏族長擁有自己的臣民和領地的特權狀況失去了法律地位。

聖德太子制定的憲法第一條即規定，所有共同社會的首要原則是「和」，（社會成員之間的和諧）。日本社會以「和」為基礎，必須在此基礎上形成任何人不得在社會共同體內部建立旨在反對他人的派別集團。為了作出全體社會一致期待並認同的正當決定，討論問題時應心平氣和。第十條和第十七條中宣佈，必須排除獨裁制，為了實現社會內部的和，各級首領在重大的事情上必須聽取公眾意見，以便民主地作出決定。第二條提出，為了提高民眾的道德水準，必須宣傳普及佛教。聖德太子認為，必須在全國堅定地遵奉這種倫理規範，否則，便不能維持天皇政權。

按照聖德太子的模式，日本社會由天皇、官僚和人民構成。憲法

聖德太子 圖

第十二條強調，地方長官不再是氏族的長，而是治理該地區的政府官員。因此他們不得為了個人的目的徵收賦稅或強制攤派勞役。憲法的其他條款規定了公務規則。即：官僚必須服從天皇的敕令（第三條）；必須懂得「禮」是法律和秩序的基礎（第四條）；必須執行公正的政治，否則無法實現對天皇的「忠」和對人民的「仁」（第六條）；此外，強調官吏應尊義守信（第九條）；他們不得以利己動機而行動，而應為公眾盡職（第十五條）。其他條款規定了官吏的服務辦法細則，如：不許接受賄賂（第五條）；任命要量才適用（第七條）；盡可能早出晚歸，加班加點地工作（第八條）；尊重並實行信賞必罰的原則（第十一條）；應辦之事及早處理，俾使公務順暢進行（第十三條）；不得嫉妒同事的好運氣（第十四條）；避免在農忙時節安排農民從事非農作業（第十六條）。

這些規定看起來不乏精妙之處，但中心思想只有一句話：不允許任何人對君權產生挑戰。

那麼，除了確立君權外，聖德太子又是怎樣確定臣民的權利呢？

在憲法第十條中，聖德太子有如下的一段文字，大意是：人各有自己的意志，他人同意者未必自己也同意。凡天下人，可能各有不同意見。自己未必是聖人，他人也未必是愚人，我們都是凡夫，誰也不能說絕對正確，即使自認為唯一正確，也應當服從多數人的決定。

這樣，天皇只有放棄一切獨裁者的概念才能成為天帝。聖德太子為了使天皇制免遭一切革命的危險，認為天皇應該在政治上保持中立地讓步。考慮到當時天皇家所處的極其險峻的環境，這種政治上的讓步並非其本願，而是面對當時統治階級中非皇族勢力持續迅速增長，被迫所作出的妥協。儘管如此，我們可以清楚地看到，聖德太子的政治思想中的某些因素是如何具有進步性和近代性。比如，早在西元604年，他就提出了：1. 類似於近代君主立憲制的天皇制；2. 民主主義；3. 官僚制。

這樣的方策勢必導致廢止前此豪門貴族所專擅的特權，顯然是蘇我馬子之輩的上流社會所不能接受的。為了防止叛亂，聖德太子不得不安撫

他們。按照新的憲法，天皇對國家的絕對統治不僅受到限制，而且所有國事的處理，都必須與大臣和高級官僚商討。正如某些歷史學家所言，雖然，將天皇置於立憲君主這一舉措應當受到高度評價，但對於聖德太子來講，這畢竟是對蘇我氏的一次投降，至少是一次重大的讓步。為了避免與蘇我氏的衝突，這種讓步是十分重要的。實際情況是，政府和宮廷內部的許多重要職位已經被蘇我氏占據。不徵得他們的同意，天皇什麼事也做不成。推古天皇是欽明天皇和蘇我氏族聯姻所生之女，是蘇我馬子殺死崇峻天皇後把她推上皇位的。更何況，聖德太子本人不僅是蘇我馬子的外甥和外甥女所生之子，而且他娶了蘇我馬子之女為妻，是蘇我馬子的女婿。很顯然，蘇我氏的勢力無所不在，如果他們企圖篡位，隨時可以篡奪，此語絕不過分。「十七條憲法」中阻止天皇個人獨裁這一點，只不過是承認並確認了這一現實而已。這部憲法確立了天皇作為現人神的特殊地位，獲得了永恆的神聖不可侵犯的地位；另一方蘇我氏（作為皇室的外戚）獲得了高於其他所有氏族族長的地位，持續保持其現實的政治優勢。可見，儘管頒佈了這部憲法，蘇我馬子的地位並未發生任何變化，他依然繼續擔任推古天皇的政府首席大臣。

這裡，尤其值得分析的是，天皇被「憲法」置於至高無上的地位，但天皇為了保持中立，又不得享有行政的權力，那麼行政的權力又如何產生與分配呢？

「和」的原則表面上看來是解決這個問題的準則，實際上遇到分歧時，「和」的原則就顯得十分蒼白無力。雖然在議政時，確認了少數服從多數的原則，而在實質上，則是誰握有實權，誰就代表「多數的民意」，一旦有人不服，實權派就砍他的頭。

為了追求成為多數派，日本人不得不追求輿論一律，在行不成意見一致的情況下，誰掌握了軍權，誰就能成為絕對多數。聖德太子確立的政治法則，為開啟日本的軍人專政的道路掃清了思想障礙。

此後的大和民族，也果真陷入了武裝集團血雨腥風爭奪實權的惡性

循環之中。

聖德太子發揮其才能與智慧提出了嶄新的政治觀念，然而，實際政治環境並沒有多大地改變。與其說聖德太子是政治家，不如說他是哲學家。當他在實施這些劃時代計畫時，表現得過分軟弱，向蘇我馬子做了太多的妥協。聖德太子攝政時期，真正擁有實權者是蘇我馬子而並非聖德太子本人。他死後，蘇我氏日益專橫暴虐，這表明，要推行聖德太子的計畫必須有革命家。

聖德太子死後20多年蘇我氏終於被打倒。當時聖德太子派往中國的留學生正陸續回國。他們在中國目睹新興帝國唐王朝的蓬勃發展，當然地成為開化政策的支持者。他們主張，政府應當制定法典和道德規範，像唐王朝那樣建立運作有序的行政機構。西元645年，中大兄皇子（後來的天智天皇）和中臣鐮足（後來的藤原鐮足）這兩位革命家終於發動了一次政變，殺死了蘇我氏族長蘇我入鹿，成功地建立了類似唐帝國那樣的中央集權機構。這就是大化革新（西元645－649年），是一場以聖德太子政治理論為基礎的貴族革命。

大化革新的主要目標在於把氏族長與他們的土地分離。顯然，在7世紀日本這樣的農業國，如果國家把土地平分給國民，少數人剝削其他人這種事便難以發生。新體制全盤效仿中國的土地制度（井田制）。國家的耕地被劃分成許多面積相同的區，每個區又被劃分成九個相等的社區。每八個人耕作一個區，每一個人耕作一片社區，收穫歸己；該區中剩餘的一片社區由八人共同耕作，收穫歸國家。氏族長被限制耕作一片與普通百姓一樣的土地，如果他是政府官吏，則從政府接受與其官職相應的薪俸。這就消除了氏族長剝削百姓而形成的貧富差異。氏族長失去了私有土地，被任命為中央或地方的政府官員或地方長官。這樣在強大的中央政府統治下，確立了擁有公有制經濟的全國性郡縣制度。

國民在法律面前形成平等，而且，由於土地的國有化，在經濟上也平等，至少在原則上是如此。只有天皇保有現人神和國家元首的特殊地

位，其他人都被賦予平等的機會，至少表面上是如此。新政府是進步的，其官職向能者開放。這種制度，就理想而言，當然不是新的，而正是聖德太子曾經明確宣示的那種制度，只是由於不得不向蘇我馬子妥協而未能實現。中大兄皇子則毫不妥協，並在更純粹的形式上實現了它。在他最終誅滅了蘇我馬子的孫子——蘇我入鹿之時，天皇家才成為真正的權力者。

「十七條憲法」頒佈以後，大約花費了 40 年時間，才建立這種立憲制官僚政府。公認儒教為官方意識形態的這個新政府，在許多方面都與唐王朝相似。可想而知，這是哲學家聖德太子和改革家中大兄皇子共同努力的成果，這充分顯示，單靠美好的哲學，革命是不能成功的。

大化革新以後，除道鏡僧人為唯一的例外，氏族長、公卿或將軍中再無一人覬覦天皇皇位。從長期的觀點來看，這次改革可以說非常成功，天皇的地位因此得以穩固。然而改革後不久，由於中大兄本人的失誤，引發了皇室內部的激烈爭鬥。

中大兄是孝德天皇和齊明天皇兩朝的皇太子，齊明天皇死後，他依然希望保持皇太子的地位，於是天皇的皇位空缺達六年半。西元 668 年，中大兄皇子登基，僅四年就死了。臨終前，他召見皇太子大海人（中大兄之弟），宣稱由自己的兒子大友皇子為皇位繼承人。當時，父死子繼的縱向繼位方式不如兄終弟及的橫向繼位方式普遍。大海人皇子雖然表示同意，並將皇位讓給大友皇子，但在中大兄死後，大海人便殺死大友，即位後稱天武天皇。

此後 98 年間的天皇均為天武天皇後裔，唯有持統女皇和元明女皇為例外。這兩位女皇都是中大兄（天智天皇）的女兒。只因她們與天武天皇的關係非同一般：持統和元明分別是天武天皇的皇后和兒媳。天武世系的最後一代是稱德天皇，由於她未能在天武的後裔中找到繼承人，最後，只好推薦她的情夫道鏡僧人繼承皇位。道鏡本人是否情願，還是一個疑問。稱德天皇死後，他未作任何反抗地服從流放。天智天皇之孫繼位後，稱光仁天皇。天武世系由此絕位，天智系則恢復皇位。

這以後，幾乎所有天皇都只是立憲君主，有實權的攝政由皇子、法皇、公卿等擔任，操持政事。唯一的顯著例外是醍醐天皇（1288－1339）。他想要恢復古代體制，即由天皇像古代「大王」那樣直接統治國家，而不是作為「天帝」，僅僅君臨國家。在日本的歷史上，天皇家內部爭位的時代有二，一是天智系和天武系的爭鬥約100年（671－770），二是從後醍醐天皇開始的南北朝對立時代（1336－1392）。即使在這種爭位激烈的時代，也沒有哪位臣子自己想當

▲ 斑鳩寺內的釋迦牟尼三尊像。這是聖德太子在病中發願建造的，由鞍首止利佛師於623年所鑄。人們稱之為古典的微笑

天皇。有野心的人物追逐的是擁有實權的地位，例如將軍的職位，而不是天皇這種名義上最高的地位。大化革新的結果，雖然使天皇的地位神聖化，卻又使天皇不得不在政治上中立，由此天皇的地位在政治上反而很不重要了。對於政治上有野心的公卿、武將和僧侶來說，與其冒天下之大不韙篡奪皇位，蒙「國賊」之惡名，不如侍奉天皇，至少不背叛天皇，在天皇之下成為有實權的統治者。除了個別例外的時期，天皇被安置於政治權力鬥爭的舞台之外。

　　正如前述，日本人對中國文化並未採取囫圇吞棗的態度，而是將之改造，適於中用。《古事記》是以神話的形式，《日本書紀》則是以歷史的形式，都強調日本皇室的祖先是神，具有與生俱來的神授權力。《萬葉集》中收集的許多詩歌歌頌對天皇的效忠。日本人視天皇為現人神、具有神的性格，這種信仰和天帝哲學思想，一部分固然來自傳統的土著性崇拜

心理，主要地則是在外國哲學傳入日本之後日本人思考出來的。

有一點十分重要的是，要把上述信仰用文字記錄下來，必須先消化新思想，再把中國的文化和漢字日本化。所以，完成這一步時，日本人業已在中國的文化中添加了日本的色彩，所記錄下來的信仰已經不僅僅是土著性的內容了。於是，天帝的制度化便有可能解釋成為防範中國革命理論的思想壁壘。註10

這種努力為皇室提供了永恆的穩固基礎，使得皇室得以安如泰山，免受任何革命的衝擊。換言之，這也可以看作是日本面對強大的中國而產生的自卑感的表現。或許他們認為，把天皇晉升到神的地位，便可國威大振了。據《日本書紀》，聖德太子曾致書中國皇帝，傲慢地寫道：「東天皇敬白西皇帝」。但中國史書卻沒有聖德太子稱日本天皇為天皇的記載。中國安書中所記載日本來函是：「日出處天子致書，日沒處天子無恙。」此來函激怒了中國皇帝。

總而言之，面對強大的、文化上優越的中華帝國，一種強烈的防禦性的國家主義情緒在日本滋生發展。天皇作為現人神的觀念深深地植根於日本的土壤，對國民的命運有廣泛的影響這是確實無疑的。由此引起皇室內部頻繁爭鬥，許多族長或封建領主競相把天皇拉到自己一邊，因而發生戰爭。從大化革新到明治維新的一千多年間，天皇一直被關白（天皇的首席顧問官）、將軍（征夷大將軍）、法皇（轉任聖職的退位皇帝）所控制。天皇在政治上的權力不過是名義上的。儘管如此，現人神的觀念使得「萬世一系」的君主世襲制度得以在這個時期保存下來。每當民族危難，如蒙古人入侵（1274年和1281年）、德川末年西方列強的黑船艦隊叩關，以及第二次世界大戰時期，國民廣泛支持這種觀念，正是由於這種觀念，國民主動地成為國家的犧牲品。

中國歷史上，政治變動頻繁，朝代不斷改變。與中國相比，日本歷史截然不同，即使是在第二次世界大戰以後，戰敗了的日本國民仍然繼續對天皇保持著忠誠，以致盟軍意識到：倘若廢除天皇制，日本人就會斷然

地、義無反顧地頑強反抗，遭受重大犧牲。僅就天皇的地位政治作用而言，聖德太子的「十七條憲法」（604年）和戰後的新憲法（1946年）兩者之間存在著驚人的連續性。天皇的神性現已被否認，但他仍然是國家和國民團結的象徵。在上述兩部憲法之下，他都只是名義上的統治者。日本由於把天皇的地位在政治上置於中立並使之神聖不可侵犯，得以維持「萬世永存，萬世一系」。當然其代價也是沉重的，天皇本身成為了實權集團的玩偶，一旦天皇不聽話，就有可能被罷黜廢棄，天皇家族的其他人將取而代之。天皇的一舉一動不得不聽命於大臣，否則就會招來殺身之禍。其二，天皇必須自動放棄行政權力，盡全力扮演好「神」的角色，天皇與世俗隔絕愈多，角色扮演就愈成功。

在大化革新之後至明治維新的1200年間，天皇能夠親政的不過屈指可數的幾年。天皇雖然擁有了連中國皇帝也難以比擬的「神權」，卻失去了中國皇帝手裡望而生畏的實權。歷代天皇為了保全自己，不得不過起了「非人」的日子，為扮演「神」的角色捨棄人世間的快樂和權利。

與天皇相比，操控了實權的幕府、將軍和武士則必須為爭奪兵權而奮力廝殺，因為他們沒有「神權」作為護身符，手中的軍刀便成為唯一能說話的依靠。

與中國走馬燈般的朝代更替不同，從唐朝後期至清朝的一千多年間，日本的歷史只是單線條地被劃分為兩個時代：

一是在權臣藤原氏家族把持政權的「院政時代」，幾任天皇被迫退隱寺院，與青燈古佛為伴；

二是在由武士階層掌握實權的「幕府時代」，歷代天皇被緊緊羈押在黑幕的背後，武士階層為了爭奪軍事權力則不惜刀劍相向。

大和民族的子民為了生存，就必須千方百計擊潰對手，在生存權得不到保障的社會裡，傾軋同胞的能力愈強，其生存的機率就愈高，為了生存和保全自己，不擇手段就是最好的手段。仁慈是保存自我最大的弱點，暴虐則是保全自己最大的優點。一個在叢林社會法則裡生存了一千多年的

民族，倉促之間要革除其野蠻暴虐的性格，其難度是可想而知的。

在明治維新之後的侵華戰爭、侵朝戰爭以及第二次世界大戰中的日本軍人表現出來的暴虐和兇殘，至今讓世人為之切齒。但是，究其原因，這種非人性的表現與之先輩在這一千多年的叢林社會生活經驗則有著直接的傳承關係。

為了建立一個快速戰爭動員機制，日本人不得不接受軍人的統治。在軍人的統治確立後，只有不斷地挑起戰爭才能穩固軍人的政權。在對外戰爭順利的時候，軍人與國民是利益共同體。在對外戰爭失利後，軍人就不得不拿國民來祭刀。日本的舉國軍事化體制在大化革新之後形成了雛形，在幕府執政後形成制度化，在明治維新後實現了近代化。從而在亞洲建立了第一個軍國主義政權。

軍國主義把日本人鍛造成了戰爭機器，日本國民也被牢牢地綁架在了軍事強人的砲車之上。這種孿生關係，很難徹底劃清界線。

2. 武家為王

　　日本人是一個各種宗教和價值觀的雜交體，他們很少有恆久的善惡判斷和價值觀。

　　一個典型的日本人，出生的時候去神社，接受神道教士的收養，表明他已經是神道教的兒子；結婚的時候，他去的是教堂，在他看來，只有在教堂成婚，才能得到上帝的恩賜；去世的時候，他得去寺院，接受和尚的葬禮，在他看來，只有成為佛家弟子，靈魂才能得到超度。集三教於一身，而渾然不知道自己究竟是哪個宗派的，這就是日本人。

　　在平常日本人的家庭裡，如來、孔夫子、耶穌基督和當地的土地爺經常擱在同一塊牌位下接受膜拜。因為這些神靈，各有各的用途，如果全請到一起來，豈不效用更大？這就是日本人的價值觀。

　　日本人從中國學來了儒教，卻視仁義為寇仇，在日本人的言辭中，「此人愛行仁義」，那就是盜賊、下三爛式的人物，只有那些不入流的人，才行仁政，施仁道。

　　日本人從中國人這裡搬來了佛教，卻丟棄了佛家的戒律，日本僧人不僅可以吃葷，還可以結婚納妾，更讓佛家人士難以理解的是，日本佛教居然鼓吹殺人為樂。號稱日本佛家一代宗師的親鸞公然提出：「為了達到往生，即使千百人也能斬殺。」在日本人看來，殺人，就是替對方超度，還是一件善功呢。

　　日本人借鑑中國的道教設立了神道教，神道教不是以師法自然、尊重自然、維護個性為宗旨，而是以天皇為核心，將天皇封為天地之主宰，將皇權等同了自然之神，將政權和神權混為一談，完全規避了道教敬天自

然的規範，使神道成為束縛國民精神的另一根繩索。

露絲‧本尼迪克特指出：日本文化是典型的恥感文化，自己做了惡事，只要不被別人看見就沒事了。即使被人看見了，只要矢口抵賴也可逃避。日本人一旦失去旁邊的嚴厲監督，他們很快就會被罪惡的念頭所淹沒。

缺乏終極的關懷，習慣於急功近利地巧取豪奪，沒有內心中的良心天平，一切以現實的利害關係做標杆，這樣的文化傳統，使日本人很難自覺自省。如果沒有嚴格的監視，天知道他們能幹出什麼事情來。

長期以來，中國的學者總是習以為常的認為：古代日本深受中國文化影響，模仿照搬了中國古代制度文明，甚至一度得出了古代日本與中國「同文同種」的結論。然而，如前所述，這實際上不過是一個美麗的神話，甚至是些有害而長期得不到糾正的空話和錯話。

例如我們可以說：日本制度文明起源於「大化革新」引進大唐制度文明，這說法或許大致上還算合理，但是，如果進一步說大唐文明在日本源遠流長，甚至說日本比中土更完善地保存了大唐文明，這恐怕就近乎是無稽之談了。註11

因為事實上是，唐朝的制度文明在日本存在的時間非常短暫，而且很快就把唐朝的文治武功砍掉了一半，只留下武功，而徹底拋棄了文治。唐朝的尚武精神被日本人保留下來並加以發揮，而唐朝的儒雅風範則被視為軟弱，而很快就被日本人唾棄了。

在漫長的日本古代，統治日本人的，主要乃是特殊的「幕府─大名─武士」聯合執政的軍事貴族制度，這種封建軍國主義統治的制度形式，其實是日本的獨創。如果說類似，古代日本頂多有些類似於中國戰國時代的情況。所以，若非要強調影響的話，那麼也許應該說大唐儒雅文明在東瀛不過曇花一現，日本的制度就迅速「退回」到了中國隋唐之前的「戰國亂世」，而且綿延千年，直到明治維新在西方資本主義列強的衝擊誘導下，日本才形成了近代融君主立憲與軍國主義合一的資本主義國家制度。

　　從日本自身的歷史來看，日本輝煌而短暫的引進中國大唐制度的時期，其實到了「奈良時代」（時間上大致與中國的唐代相仿）就大致上終結了。而奈良時代主要從中土大唐引進的有兩個東西：一是天皇治下、乙太政大臣為宰相的「紫微中台」儒教文官官僚制度，並頒佈了「大寶律令」；另外一個其實就是佛教的傳入和隆盛。但是，這兩個引進的東西一開始在日本社會內部就嚴重「水土不服」，陷入劇烈地互相衝突、尖銳爭鬥。其實也正是它們之間的衝突，才導致了日本歷史上的「奈良盛世」的瓦解。

　　據中國學者韓毓海考證：西元764年，日本的女天皇醇仁因不滿太政大臣藤原氏的政策，轉而任用她十分寵愛的道鏡禪師擔任太政大臣，主理國政，藤原氏皇親貴族集團隨即被鎮壓，這一事件從而開啟了日本歷史上佛教干政的局面。註12

　　奈良時代的終結其實就是與這種貴族官僚和佛教僧侶之間的劇烈衝突有關。而隨後的「平安朝時代」（時間相當於中國的唐宋之間），日本的政治中心之所以要從奈良遷都至京都，其中一個重要原因，就是為了擺脫佛教僧侶對於奈良政權的控制。這就是為什麼「平安朝時代」是以原來被和尚們鎮壓的藤原氏皇親貴族復辟，及皇親對於政治的控制達到高潮為標誌。

　　從中國人的視角來看，日本平安朝時代藤原家族的攝政，其實就是典型的「外戚專政」。這裡還是有根本上不同的一點：中國歷史上少數的外戚干政，如王莽和霍光的統治非常短暫，很快被推翻，而藤原家族的統治卻長達一個多世紀，而且這種外戚專權還被充分地「制度化」了，這就指藤原家族創立的「攝關家」制度。根據這種特殊的制度：天皇由藤原家族生育、教養，天皇的舅舅、義父、外祖父都是藤原家族的家長。例如：其中藤原道長一人就將這三個角色集於一身，這位外戚貴族大權獨攬，他一個人「攝政」就長達52年之久。

　　「攝關家」制度自然導致了天皇與外戚的衝突，而恰恰又是天皇與外

　戚的長期尖銳衝突，最終才使得軍事貴族集團崛起和寺院勢力復活，它最終瓦解了奈良和平安朝時代確立的、類似於中國的「文官制度」。而日本歷史的主角：軍事貴族集團，這個時候終於「浮出了歷史地表」。

　　平安朝後期，天皇與外戚為了鞏固自身，都力圖借助軍事貴族的力量在權力博弈中取勝，而雙方衝突的結果卻是：天皇和外戚在長期的衝突中兩敗俱傷，而被雙方拉攏、利用的軍事貴族集團卻在衝突中得利、脫穎而出。平安朝後期，乙太政大臣和「攝關家」面目出現的文官官僚制度被軍事貴族集團所摧毀，而天皇隨後被徹底虛位，實際上等於被軟禁於京都，而日本的政權從此被一個極其強大的政治勢力所壟斷，這就是平安朝

後期「軍事貴族集團」崛起的歷史根源。

隨著這一勢力的崛起，日本的政治中心（首都）再次由京都遷到了鎌倉。而「鎌倉時代」，其實才是日本古代歷史上最為重要的朝代，因為它的確立，標誌著真正具有日本特色的政治制度——幕府制度的開始。

那麼，究竟什麼是幕府制度呢？從中國歷史的角度看，第一代鎌倉幕府源賴朝家族（源氏），其實最類似於「挾天子以令諸侯」的曹魏政權，但是有本質的不同。源氏創立的幕府制度的基本特點是：它是由中央軍事貴族集團「幕府」，地方軍事貴族集團「守護」（後來的「大名」）以及「守護家臣」（「武士」），這三股勢力構成的「三足鼎立」的相對平衡的統治結構——雖然幕府制度後來不斷有所變化，但這卻就是一直延續到明治維新的日本古代社會的基本政治結構。它也就是今天日本人一般所理解的「日本古代制度」的最普遍形式。

由於最早的幕府制度很像曹操的「挾天子以令諸侯」，這在中國人眼中，曹操乃是逆臣。而對於日本而言，幕府將軍的所作所為卻簡直就是人間正道和正史，是正常不過的社會形態。

由此可見，由於中日古代史很早就分道揚鑣了，所以對於歷史的不同理解，其實從一千年前就已經鑄成了。

鎌倉幕府時代其實也是日本與中國關係的一個轉折。由於蒙古入主中原，所以鎌倉幕府斷絕了與中土的關係，並成功地在海上借助「颱風」的力量，抵抗了無堅不摧的蒙古鐵騎。擊敗蒙古極大地增加了新興的幕府制度的合法性，也使得日本是「神國」的神話從此得以流行。只是當蒙古的威脅不在的時候，日本內部中央幕府、地方大名、武士三者之間的衝突卻尖銳地展開了。而三個軍閥一台戲，幕府一大名一武士這三股軍閥勢力之間的這台「武戲」長演不衰，從此主導了日本的政治歷史舞台。

1333年，掌握軍權的地方軍閥（大名）足利尊氏奉幕府之命討伐「天皇叛亂」（當時的醍醐天皇妄圖「復位」慘遭失敗，被幕府流放到歧隱小島，而他卻如拿破崙一般成功從島上逃脫），在討伐天皇的半路上，足利

尊將軍效法北宋太祖趙匡胤，黃袍加身，突然調轉矛頭，對鎌倉幕府反戈一擊，摧毀了鎌倉幕府，進而在京都挾制天皇，建立了由地方大名主導的第二任幕府制度——室町幕府。

室町幕府時代是日本政治上的亂世，但卻是文化上的「盛世」。一方面，圍繞著後醍醐天皇的名義上的任命，日本南北兩個朝廷同時存在，並分別聲稱具有唯一的政治合法性，日本此時分裂為「南北朝」，進入到所謂的「戰國時代」；不過另一方面，雖然這個時代政治上一塌糊塗，地方勢力猖獗，因而在日本被稱為「下克上」的時代，但城市和商人階層卻與地方勢力同時發達起來。隨著日本與中國明朝關係的恢復，中國的貨幣「永樂錢」傳入日本，日本從此進入了貨幣經濟時代，商人和手工業者的組織「座」（如今東京的「銀座」即根源於此）和貿易場所「市」，也就是從這個時代開始興盛。亂世的風氣往往是奢靡，而作為「亂世的哲學與美學」著名的京都金閣寺和銀閣寺，也都出自這個時代的禪宗和尚之手。室町幕府的統治階級以禪宗作為自己的意識形態，足利尊家族作為文化愛好者，推動了能樂、和歌和繪畫藝術的發展，特別是在造園方面成就卓著。室町幕府的附庸風雅助長了社會上層的奢靡之風，室町後期的大肆興建銀閣寺，更加重了社會經濟負擔，導致了內戰加劇和四處造反。在戰亂中，京都首先遭受了巨大的破壞，而戰亂的最終結果依然是，三個主要的地方軍閥（「守護」）：織田信長、豐臣秀吉和德川家康藉由戰爭統一了日本，建立了由武士為主體的第三代幕府政權，這一次才最終使得日本從中世紀的戰亂中得以走出。這個幕府政權以兩個盛產武士的地區為標誌，被稱為「安土—桃山時代」。

如果說鎌倉時代是中央幕府獨大的政權，室町時代是地方大名的政權，那麼安土桃山時代則是以武士為統治基礎的政權。作為受家臣（武士）支持的政權，安土桃山時代是「武士」的權利得到充分發揮的時代。其主要標誌就是：武士道的形成以及成為社會的主要意識形態。在這個時代，武士作為一個特殊的社會階層有了他固定的居所——城堡。而武士同

■ 幕府制的創始者——源賴朝畫像。武士
的價值觀和生活方式與平安時代的朝臣形成
強烈的對比，其生活中心是君臣關係，即軍
事上、下級之間結合的契約。武士大多出身
於地方下等的貴族，生活的首務是劍和土
地。武士過著極其簡樸的生活，把武藝高超
視為美德，經常進行騎射訓練。武士們強調
榮譽、忠貞、勇武和節制，視佩刀為自己的
靈魂象徵。武士視櫻花為自己的標誌——因
為櫻花的易謝，正是武士們隨時為君主奉獻
生命和家庭的象徵。武士們重義輕利，為了
信仰和義氣甚至可以犧牲生命，這些都成為
後來武士道的起源。
鐮倉幕府是以武士的代表——將軍為中心建
立起來的政治機構和軍事組織，其支柱是將
軍和禦家人的主從關係。史學家認為，鐮倉
幕府的成立，標誌著日本封建時代的開始。
當時的公家（天皇、朝廷和朝臣）還具有一
定的勢力，所以在政治、經濟方面都存在著
公、武兩家的雙重統治。不過武家勢力正在
逐漸壓倒和取代公家勢力。

時還有他特定的生活方式。例如：城堡裡的武士透過一種特殊的儀式將自
己與外界隔絕開來，並完成自我修養。作為日本特殊的武士意識形態的起
源和武士生活方式的象徵，日本的「茶室」和「茶道」就是這樣產生的。

　　武士特定的生活方式中，除了以茶道修身的方式以外，還格外強調
「忠」的培養，不過，忠的思想雖然與儒教有關，但是這裡的「忠」只是
對於「主人」的忠，換句話說，儒教的諸範疇在日本既不能如茶道、禪宗
那樣儀式化，也不能如佛教與神道結合而普遍化，這是日本文化與中國文
化的另一個重大不同。從這個角度說，今天的學者一般地認為歷史上的日
本屬於「儒教文明圈」的說法，其實也是皮毛之見。

　　到此我們可以初步對中國古代制度和日本作一個比較：隋代以來，
中國古代社會政治結構的主體主要是文官官僚制度，而日本古代社會的政
治主體卻主要是以幕府為標誌的軍事貴族集團，這在很大程度上決定了古
代中國與日本在社會性質、結構根本上的不同。與之相對應：中國古代社
會的基本社會衝突，主要是在皇權—士大夫官僚—農民的基本結構中展開

的，而日本古代社會的基本衝突，卻是在「幕府」中央與地方「大名」及其家臣（「武士」）之間展開的。同時，相對於古代中國的皇帝而言，日本的「天皇」自平安朝時代（794－1185，相當於北宋時代）就完全被架空，成為被拋棄在京都，尸位素餐的純粹擺設，而日本庶民（農民）被稱為「穢多」，其地位遠比中國的農民低下。總之，中國古代之所以長期創造出人類最偉大的文明，是由於社會的長期穩定，而社會的穩定則與隋以來的社會制度的先進性密切相關。這一點與日本古代社會軍事貴族支配的戰亂頻仍非常不同。

學者韓毓海生動地比喻說：儘管日本的歷史並不長，但是，正像時刻處在地震、颱風、火山和海嘯的顛簸中的特定地理位置一樣——日本的歷史也是一部急遽動盪的歷史。

觀察古代日本與中國的關係，其實也有助於我們更為深入地理解中國古代制度，尤其是理解科舉制度在中國歷史中的核心作用。因為歷史上日本雖然多次派遣使臣到中國，所謂中國文明深刻影響了日本，甚至將其納入漢字文化圈。然而，一個更為基本的事實卻是：古代中國制度的基石——皇權與文官官僚制度聯合治理的政治結構，卻從未在日本真正形成過。特別是，中國古代制度的核心「科舉制度」，也從來沒有在日本確立、成功引進過。而離開了科舉制度來臆測中國與日本古代社會的相同或者相似，其實是沒有什麼意義的。

而這個問題中其實蘊含著中日古代制度的重要分野。換句話說，中國的歷史從唐朝以後走的是文人治國的路子，而日本則是武士治國的路子，這是截然不同的兩個極端。中日文化的分野造成了國民性的極大差別，這也是兩國人對話有時候好像雞同鴨講那樣困難的癥結之所在。這一點在本書後還要詳細闡述。

總之，日本的歷史文化可以簡稱為武文化，中國的歷史文化可以簡稱為文文化。這兩國人的對話長期處於秀才遇到兵——有理說不清的狀態，其實不足為奇。

3. 日本社會達爾文主義

　　1894 年清朝在甲午中日戰爭中落敗，日軍占上風，消息傳來，年過八旬的日本文豪福澤諭吉老淚縱橫，在報紙上撰文支持日軍擴大戰爭，要攻占北京，他認為，這日中之戰是文明對野蠻之戰，進步對落後的勝利。

　　而後相當長一段時間，日本輿論界和學術界都基本認同這個觀點，附和說，日本人征服中國人是進步淘汰落後的戰爭，是社會進步的必然選擇。

　　這種觀點既成為日本軍國主義的教義之一，也成為包括部分中國學

▲ 甲午戰爭中國戰敗後，住在日本的中國人被日本小孩子嘲笑的情景

者在內很少質疑的立場。而歷史的真相和社會的正義究竟該如何界定呢？

1840 年鴉片戰爭中中國的「失敗」，1868 年明治維新的成功，劃出了近代中國人與日本人截然相反的形象：一面是經濟落後又不思進取的中國，一面是主動向西洋開放，致力於發展現代經濟和政治的開明的日本——這實際上已經成為現代世界對中國和日本「認知」不證自明的前提。今天各種關於中國和日本的想像，基本上是以這個前提為基礎的。

不過，此類敘述卻是想當然耳，並不是歷史的本來面目。

根據當代傑出的經濟學家麥迪森在《世界經濟千年史》中的統計，1830 年中國經濟的總量占世界 GDP 總量的 1/3，這不但是日本從來不能和不敢想像的，它也超過了現在美國經濟占世界 25％的水準，說白了這是至今無可匹敵的經濟總量的世界紀錄。

但是，1840 年中國卻被經濟總量不及自身 1/9 的英國打敗了。而且更為可悲的是，當 1895 年中國甲午戰敗，割地賠款之後，大清的經濟總量依然還是日本的七倍。

毫無疑問的是，中國當然不是什麼「窮了、落後了幾千年」，日本更不是特別勤勞特別富裕、人種優秀的「神國」。真正的事實恰恰相反：是中國富了、先進了幾千年，形勢只是在最近不到 100 年的區間才突然急轉直下，中國由巨富而挨打遭搶，由挨搶被打墮入貧困，而日本則是在赤手空拳的封建軍閥率領下，突然一夜暴富——而這就是 19 世紀到 20 世紀大體的歷史真相。

實際上，一般而言，所謂劫富濟貧乃是歷史規律，這一句其實勝過冠冕堂皇的千言萬語。當然，值得搶的都是富人，而且是沒有防衛能力的富人。今天有人說 21 世紀才是中國的世紀，其實按照麥迪森的說法，那還不如說 19 世紀是中國的世紀。世界經濟總量的 1/3，難道這還不是中國的「世紀」嗎？那時的中國恐怕是真富。只是，如今雖說與祖宗一樣個個勤勞，人人都想致富，但是卻很少去想富了以後怎麼辦。其實從歷史上看，中國人向來是致富比較有辦法，致富之後能想到的也不過就是腐敗而

150

▲ 1898 年，各帝國主義趁機瓜分中國，威海衛被英國以租借形式佔領

已，至於說到明火執仗、殺人越貨，這恐怕就始終不是中國的強項。而這恰恰是中國倒楣的一個真正重要原因。這就是社會達爾文主義的淺顯解釋——強者為王，掠奪有理。

這就是為什麼說 19 世紀偏偏就不是中國的世紀。因為 19 世紀開始了帝國主義的掠奪時代，說白了也就是明火執仗的「明搶」的時代。可以肯定地說：如果今天的中國還是把致富當作唯一的目標，把奢靡當作人生之極樂，那麼 21 世紀必然還不是中國人的世紀，弄不好還會重蹈清朝的覆轍。

19 世紀開始的搶掠時代，首先是國家與國家之間的明搶。 19 世紀世界上主流的意識形態就叫資本主義和殖民主義。而當時世界上誰最富又最缺乏掠奪精神呢？非常不幸的那恰好就是中國。所以，大清不是簡單地缺乏財富和經濟落後，恰恰相反，大清不是不富，而是不強。本來還有些

「搶的光榮傳統」的滿蒙騎士，也大都徹底腐敗，八旗子弟被徹底腐化了。

而19世紀初歐洲最窮而又最不老實的大國，就是英國了。除了海盜和洋槍，它一無所有，英國是在歐洲大陸沒撈到好處，所以才不得不到亞洲去搶。結果首先遭殃的是陷入內亂的印度，印度是英國由赤貧到小康的第一張餡餅。然後，正如歷史學家貢德・弗蘭克所指出的，英國又透過免費的北美白銀，透過與中國的貿易，才勉強從世界經濟列車的末流乘客，混進了二等車廂。

至於亞洲的日本，當時不但絕不是什麼闊佬，而是窮困的三流小國。以至於在「最大的強盜英吉利和法蘭西」（這是雨果的話）眼裡，日本不過就是個不入流的島嶼，所以19世紀歷史的實情是：西方列強不是不想搶日本，而是它根本就不值得像對待中國那樣興師動眾去搶。「值得一搶」這當然是需要資格的，何況現代意義上的一國搶一國，比傳統的綁票等「恐怖活動」那要費事得多。

而這是西方列強對待中國和日本的態度完全不同的原因所在，也是日本得以在歷史的夾縫裡成功實行明治維新的外在根據。與對中國的窮兇極惡相比，1862年英國對於當時的江戶幕府，就表現得格外仁慈：它允許江戶幕府將開埠貿易的時間推延到1868年，隨後俄、法、荷蘭立即跟進，也一致同意日本延遲開埠直到1868年。而這裡的所謂「仁慈」其實不過是順水人情，說白了無非是列強們對一頭皮包骨頭的瘦狗興趣不高。最明確的事實是，近代日本不但沒有像大清一般與英國在海上陸路大打出手，而且更沒有被八個最大的強盜聯合打劫的經歷。它最多不過是被列強口頭上嚇唬了一下而已。

在「明搶即公理」的近代資本主義世界上，日本的真正幸運，其實就在於它始終不是「被搶」的主要目標和對象。日本近代之所以能夠實行明治維新，並隨後具備了跟著列強去搶劫的資格，也不是因為日本特別善於見賢思齊，而是由於列強的縱容、利用和照應——說不好聽就是「蔑

視」。在西方列強眼裡，資源十分貧乏的日本，可搶性幾乎等於零，與其興師動眾搶它，還不如讓它去幫忙拎包更符合他們的利益。

因此，為什麼日本成功進行了維新，而中國的維新卻反覆失敗呢？這個問題當然不能從人種上找原因，因為這首先是兩者在列強環伺的19世紀的處境完全不同。所謂「西方衝擊」，這在日本與中國也完全是不同的概念。因為實際上，列強並沒有真正在武力上打擊日本，甚至二次世界大戰之前外國軍隊從來沒有開進過日本本土（儘管列強不是沒有這樣的「能力」）。而中國的情況完全不同，從1840年起，西方列強沒有哪個國家不到中國來撈一把的。連葡萄牙、西班牙、比利時、荷蘭也紛紛到中國來「淘金」。

從所謂「內因」來說，日本的明治維新向來被稱為是推翻和廢除幕府制度的社會大革命，標誌著日本傳統社會制度的根本改變。但是，這樣的說法雖然表面看起來有點道理，其實卻更多地掩蓋了明治維新的實質。因為首先，所有的社會制度，實際上都不可能被連根拔除，所謂「根本改變」其實都是說說而已。明治維新當然是以「倒幕」為旗幟，但是實際上，維新所形成的明治政府，其實還是更像一個「現代意義上的幕府」，只不過是「幕府」頭目換成了天皇，「大名」或守護換成了維新派人士，而「武士」換成了現代日本軍隊罷了。

所以學者韓毓海指出，明治維新對日本的真正意義是標誌著日本「傳統的」幕府制度，向「現代幕府制度」的轉化。至於它還叫不叫「幕府」，那某種程度上是個語言或者翻譯問題，並不是關鍵和實質。

19世紀60年代，西方的衝擊使得日本原有的幕府制度陷入了危機，聰明圓滑的最後一任江戶幕府，力圖協調國內外的矛盾和衝擊，但卻更為深刻地陷入了這些矛盾之中。一方面，江戶幕府壟斷了與英國的貿易，並從中漁利；而另一方面，它又鼓勵地方大名反抗洋夷，以此在洋人、大名、武士和天皇之間尋找平衡。但是，事實上江戶幕府卻恰恰被自己的自作聰明推向了滅亡。

首先，江戶幕府過高地估計了自己的經營才能和駕馭經濟的能力，——與在對英貿易中賺盡了便宜的中國「廣州公行」完全不同（後者生意上的成功，最後迫使英國不得不採用鴉片加大砲來開路），江戶幕府卻完全沒有做生意的才能，它壟斷的對英貿易的成績頗不理想，而貿易的逆差，則極大地威脅了日本經濟，加劇了本來就不富裕的日本社會的貧困，尤其是嚴重損害了下層武士的生活，從而使得日益貧困的武士成為強烈的排外主義者和反幕府的根本力量。

其次，江戶幕府鼓勵地方大名擁地自保，對抗洋人，這就不得不放權給地方大名，從而導致了薩摩和長州等地方大名勢力的膨脹，弱化了幕府的控制力量。實際上，大名的領地隨之迅速成為倒幕運動的策源地。

第三，19世紀60年代，洋人們甚至也開始對江戶幕府反覆無常的兩面派作風日益不耐煩，即開始懷疑它是否是個可以打交道的對象。而對於日益喪失生活利益的武士來說，幕府就是出賣日本利益的叛徒，根本不足以代表日本。江戶幕府陷入了合法性的危機，在這樣的情況下，「由誰來代表日本」，才成為社會危機的突破點。

在推翻幕府的倒幕運動中發揮關鍵作用的，是處於日本邊緣的兩個大名——薩摩（今鹿兒島）藩和長州（今山口縣）藩，因為他們有錢有勢有地盤。但是，最早提出徹底廢除幕府制度，而以天皇制度取而代之的，並不是地方大名，而是下層武士。推翻幕府有利於大名、武士雙方的地位提升，所以憑這一點他們就足以聯合起來。當討幕派的下層武士聚集在京都的天皇住所，要求「王政復古」的時候，長州和薩摩藩加入到倒幕運動中來，協助推翻了江戶幕府，將天皇從京都迎到江戶，改江戶為東京，開始了日本的明治維新。

而這時距天皇被架空為生不如死的京都木偶，時光已長達千年了。但是，這一次，明治天皇汲取了歷朝歷代被當作冷豬肉掛起來的深刻而慘痛的歷史教訓，而且，他已經準備好了反過來挾制軍事貴族集團和武士的強有力的武器，這當然就是西方列強。於是，天皇復位之後做的第一件大

事，就是立即承認了江戶幕府不敢承認的不平等條約，響亮地喊出了「西化」的口號，以換取西方列強對天皇制度的強有力的支持。正像他的孫子昭和天皇在二次世界大戰後積極主動地將沖繩送給美軍作為軍事基地，以換取美國保護他的皇位一樣。天皇透過死心塌地地當世界霸權的走狗，以保住自己在國內的政治地位，這一伎倆，其實才是明治天皇超越了歷代天皇的最偉大發明。

　　這實際上也就是近代日本天皇制的實質。

▲　東京俱樂部創辦人伊藤博文，也是明治時期著名的政治家

　　所以，天皇在明治維新之後選擇兩藩（薩摩、長州）而不是為其復位立下汗馬功勞的武士作為合作夥伴是必然的。兩藩作為軍事貴族集團，他們對於西洋的堅船利砲和近代軍事制度，有著軍人的天然敏感和震驚。何況，「強權即公理」，這本來就是日本歷史上所有軍事貴族集團的根本價值觀念：即只要對方比我強，就應該跟著他當奴才；只要你比我弱，那就應該騎在你頭上。這就是為什麼，兩藩積極地支持了天皇柔軟身段，向列強屈服的行為，而當不識時務的下層武士發現他們原來是被天皇欺騙了，再次發動起義的時候，他們卻立即遭到了天皇和兩藩嚴酷的鎮壓。

　　這也就是為什麼明治制度的主要制定者都來自鹿兒島（薩摩藩）與山口縣（長州藩），即來自兩藩及其子弟。一般而言，政府政策的制定者如伊藤博文、山縣有朋主要來自長州藩，而經濟財政政策的制定者如松方正義、西園寺公望等主要來自薩摩藩。階級基礎決定上層建築，而這也就是為什麼所謂「日本維新之父」和「啟蒙先驅」所制訂的一切現代化方案中，無不滲透著深刻的恃強凌弱、強權即公理的思想。從「脫亞論」到

「征韓論」，從「富國強兵」，「八荒一禦」無不如此。這一切都表明，所謂明治維新的「新思維」，在很大程度上，不過是披著西洋和現代化外衣的、日本固有的「軍事貴族意識形態」的再表述罷了。

於是，正是明治政府在西方列強的寬大、縱容和利用下，在一個改頭換面的軍事貴族集團的指揮下，日本在短短的時間內，以軍事暴力的手段吞併了朝鮮、台灣，發動了甲午戰爭和日俄戰爭，並在第一次世界大戰之後躋身世界列強，順利地跟上了「明搶」的世界潮流。這一切其實都是基於一個基本的事實：「強權即公理」其實是整個19世紀的世界潮流，而徹頭徹尾地恃強凌弱則是這個「亂世」的基本法則。

而這一點，恰恰與日本歷史上幕府的價值觀念和政治構想沒有什麼根本的矛盾。

但是，明治維新在「現代化」和「富強」的意義上，卻長期地被充分美化了，以至於它從日本的現代史中被孤立地脫離出來，而受到不加分析的謳歌。而且這絕不僅僅是說日本右派乃至日本在美化自己的歷史，而是說：在所謂「現代化的意識形態」主導下，整個19世紀以來的殘暴的歷史從來沒有被反省過。在這個意義上，美化和拒絕反省日本近代歷史的，當然一直就包括某些自詡為「精英」的中國人。特別是中國在20世紀80年代，明治維新被視為現代化改革的樣板，而被某些中國學者吹得神乎其神。這種「美化近代日本歷史」的內容，其實早已經被寫入了中國的教科書。篡改、歪曲和美化日本歷史的，從來不僅僅是日本右翼，當然也包括被蒙蔽了視線的中國學者，以至於對日本近代軍國主義的興起缺乏刨根問底的批判。

4. 日本，繼續製造亞洲叢林

　　前美國駐日本大使、著名日本研究專家賴肖爾曾經指出：美國在1945年二次世界大戰勝利後的一個最大成果是永久性地解除了日本的武裝。

　　說來很奇特，自從1991年冷戰結束後，特別是小布希政府上台以來，美國則是竭盡全力慫恿甚至敦促日本重整軍備。註13

　　以美國為首的盟國督促日本通過了和平憲法，放棄了戰爭權，這是二次世界大戰之後世界和平的一個福音。但美國放棄了這個主張，轉而支持日本重新武裝，其目的就是要把日本建成美國在西太平洋不沉的航空母艦，利用日本的武裝力量為美國的全球霸權效勞。

　　而日本政府則樂見美國人的轉變，開始積極配合，爭當美國人在亞洲的馬前卒。

　　日本人緊密配合美國的全球戰略除了有跟從的願望之外，也有自己的務實考量。那就是不願意放棄傳統的戰爭掠財手段。

▲ 小泉與布希
美國總統布希2005年11月16日在古城京都與日本首相小泉純一郎舉行會談。儘管本次會談的話題早已在各大媒體的意料之中，但在僅1小時15分的會談中，布希對小泉和美日同盟不吝溢美之辭，小泉則亦步亦趨、隨聲附和，雙方極盡相互吹捧之能事，如此「熱乎」卻是讓人大跌眼鏡

歷史事實已經確證，明治維新使日本人從中國攫取了台灣和琉球，還獲得了約3億兩白銀的賠款，日本還獲得了中國和朝鮮巨大的市場，這樣才造就了日本人近代的「經濟奇蹟」。

這裡不妨把日本人近代以來的發跡史做一番概論：

明治維新之前，日本經濟與中國經濟是無法相比的，儘管中國已經是帝國末世的夕陽殘照了。明治維新之後到甲午戰爭之前，也就是日本發動大規模的對外戰爭之前，日本依然是勒緊褲腰帶的經濟小國。當時已經貧困的中國，為北洋艦隊購置的大噸位軍艦也遠比日本多，軍艦的品質也比日本好。日本為了建立現代化海軍，舉國捐獻，連天皇也不例外。這種對比包含的其他意義在此暫且不論，只是須得明白這樣一個事實，甲午海戰之前，日本還只是個振翅革新的經濟窮國。如果日本人果然有如某些嘖嘖稱奇者們所豔羨的那般優秀，何以在2000多年中都沒有趕上來？維新變革數十年，比失敗了的中國戊戌變法更是徹底，為什麼依然在經濟上沒有趕上當時中國的老牛破車？戰後同樣幾十年，卻為什麼就那般優秀，非但遙遙將中國甩出，而且遙遙領先世界上絕大多數國家？連奠定世界工業文明基礎的歐洲國家也被拋在了後邊？

的確是奇蹟。數數那些生產力方面的重大發明，日本人可曾有過？蒸汽機、電、核動力，是日本人發明的嗎？鐵路火車、公路汽車、天上飛機、海上機動輪船，是日本人發明的嗎？現代冶煉技術、電話、電腦等，是日本人發明的嗎？（當然，不是說日本人沒有任何發明，比如活動的圓珠筆芯、各種改良型產品與技術、卡拉ＯＫ以及諸多遊戲軟體，都是日本人的發明。但這些都與如此生猛的經濟奇蹟幾乎沒有關係）如果推進生產力產生質變的這些發明都不是日本人所為，那就意味著，這個民族只能從正常周邊技術規律走工業道路，從正常的內外貿易活動走商業道路。可是如果那樣，會有日本國經濟上的生猛奇蹟嗎？

走正常發展道路的國家許許多多，誰也沒有達到如此奇蹟。答案還得從日本民族最酷愛的戰爭中去尋找。日本的第一個起飛，是甲午戰爭之

後依靠中國賠款的起飛。甲午戰爭失敗，日本勒逼中國賠款 3 億兩白銀（強勢貨幣）！3 億兩白銀是個什麼概念？有位專家算過帳，如果以年息 8%計算，到現在是 9696 億兩，折合美元達 10 萬億！想想現在的國民生產總值與外匯儲備是多少，就知道 10 萬億美元是一個多麼巨大的經濟能量！夕陽殘照的中華帝國被硬生生奪走了自己的大筆財富，如何能不陷於貧弱交加？正是這筆對當時日本來說猶如天文數字的巨大硬通貨，使日本一躍崛起，海軍、陸軍全面改觀。否則，僅憑甲午海戰時的裝備水準，如何能在 10 年之後對俄國發動戰爭？對俄國戰爭是在中國領土上進行的，戰勝之後，日本在東北又開始了大規模掠奪。這些被掠奪的資源、勞工以及不計其數的其他財富，更是無法用數字具體衡量的。

1904 年的日俄戰爭到 1930 年的「九·一八」事變，只有短短 26 年時間；到 1937 年全面侵華，只有短短 33 年時間。而從 1894 年的甲午海戰到 1937 年中日戰爭，最長也不過 43 年。如此短促的時間裡，日本人在做什麼？在發展經濟嗎？絕對不是。日本人在連續大戰，在全力以赴準備更大的戰爭。那麼，戰爭的經費資源從哪裡來的？日本人能魔法般地變出錢來嗎？其實謎底還不就是對中國和朝鮮的掠奪。

世界還是有一些共同法則的：戰時經濟從來不是任何一個國家的經濟高峰。正是從中國掠奪的財富，使日本有了第一個「起飛」，有了第二次世界大戰的資本。日本的第二次起飛，在第二次世界大戰之後，主要是在 1950 年之後。

這次起飛也不例外，是日本在第二次世界大戰中掠奪囤積的鉅額財富發揮了最根本的作用。整個二次世界大戰期間，日本人不但從中國全面掠奪，而且在整個東亞、南亞全面掠奪。日本在戰爭期間運回本土的資源、產品、珍寶以及無數的歷史文物與藝術品，是根本無法用數字計算價值的，是千億美元還是萬億美元，以精細自詡的日本人或許自己也說不清楚。更不要說，日本民族在此期間從大量勞工、戰俘在境外工廠礦山所進行的奴隸般苦役中掠奪了多少幾乎毫無成本的超值勞動？正是這些糧食與

▲ 1910年時的日本橫濱正金銀行北京支行
從1931年到1945年，日本軍國主義為了大肆掠奪亞洲的財富，日本的橫濱正金銀行、朝鮮銀行發行的紙幣和日本「軍用手票」大量湧入亞洲各國。這些銀行透過發行沒有數量限制的「紙幣」，從亞洲各國掠走的財富即達上千億美元

產品，養活了這個再也沒有多餘的耕田人口的島國。

二次世界大戰後期，日本的青少年全部進入戰爭訓練，幾乎沒有生產人口。美國的原子彈與美軍登陸，使當時的人們以為日本從此成了廢墟，要重新崛起是遙遙無期的。可是，歷史的合力竟莫名其妙的將日本掠奪的財富保留了下來。美國先是在占領日本後沒有觸動日本的「國家財富」，繼後又在韓戰之後正式扶植日本。日本又一次明目張膽地「起飛」了。不依靠國際援助，不依靠外國貸款，日本民族神奇地在20年之中成了世界七大強國之一，再過20年，居然又成了世界第二經濟強國。日本人第二次起飛的家底是從哪裡來的？中國人不應該淡忘，特別是中國人放棄當時高達500億美元的賠款，那對日本經濟起飛是多大的支持，這筆帳中國人不應當輕易抹去。

近年來，日本人一反戰後對歷史問題的緘默態度，開始大張旗鼓地為軍國主義翻案。其實這並不是日本人多麼熱衷於懷古，而是日本人切切實實感受到了近代軍國主義帶給他們的難以計數的好處。

如果說，西方國家在資本原始累積過程中，主要依靠壓榨本國窮苦階級和殖民地掠奪而成氣候，日本的經濟基礎則幾乎全部是靠掠奪累積的，是世界所有國家中最為血腥邪惡的資本。然而就是這樣一個邪惡血腥的資本經濟，居然也被許許多多的國家與「人民」當作優秀民族的典型來論證。這是日本人善於否認歷史的又一個傑作。

日本人並不善於反省歷史，但日本人卻精於計算利益。對於為當代日本人帶來巨大利益的軍國主義，要他們輕言放棄，恐怕不是一件輕而易舉的事情。

2000年8月15日，在日本石川縣，一個高12公尺，刻著「大東亞聖戰大碑」的戰爭紀念碑挺挺豎起。該紀念碑每

▲ 東京大空襲時，死傷慘重

個字都有一個人高，顯得宏偉壯觀。這座耗資1億日圓的紀念碑是由舊關東軍作戰參謀（現為當地一公司的老闆）以及日本的戰友會、遺族會的400個團體共同設立。發起建設這座碑的有關人士透露，要以此告訴日本後代：第二次世界大戰的出征並非錯誤。他們更揚言「大東亞戰爭」是一場解放亞洲的聖戰。

所謂的「大東亞戰爭」解放了亞洲是一個不需要辯駁的謊言，而對於日本人來說，戰爭帶來了日本經濟的起飛，則是斬釘截鐵的事實。

明治維新使日本從封建軍國主義轉變成為近代資本軍國主義，其侵略能力和掠奪能力空前增強。並且經由中日甲午戰爭的冒險取得了曠世未有的「成功」。這是軍國主義的勝利，卻是弱者的哀鳴。在弱肉強食的時代，中國就像一隻肥大而孱弱的綿羊，只能成為日本人狼吻的對象。

從20世紀30年代起，在第一次世界大戰中獲取了巨大利益的日本完成了帝國主義的過渡，成為法西斯政權。這一轉變被日本人稱為昭和維新。昭和維新與明治維新一樣，將軍國主義帶進了現代化，使日本成為世界排名前五位的軍事強國。為了實現日本人妄想了幾千年的「八紘一宇」的掠奪狂想，吞併中國就成為了必然的抉擇。

但中國人畢竟不愧是有5000年文明史和威武傳統的民族，在20世紀

▲ 被擊沉的日本「阿波丸」號運輸船

1942年，日本在太平洋上的戰事吃緊，美國海軍在洋面上巡邏，擊沉大量日本運輸船，比如，被擊沉的日本「阿波丸」號運輸輪竟裝有黃金40噸、白金12噸、工業金剛石15萬克拉。美軍的巡邏使得為數眾多的黃金等貴重物品無法通過海上運回日本。為了保護掠奪財富的安全，天皇命令「山百合會」迅速將這批財寶登記註冊，埋藏於菲律賓全境175處的「皇家藏寶點」

的抗日戰爭中，中國人以血肉為長城，誓死不當亡國奴，粉碎了日本人企圖鯨吞中國的企圖，迫使日本軍國主義的侵略計畫破滅。中國作為一個半殖民地半封建的國家，在全世界反法西斯戰爭中能夠與老牌的世界強國美國、蘇聯、英國和法國並列為世界五強，顯然不是浪得虛名，而是以極為巨大的代價換來的。

是戰爭財造就了日本的財富，而一旦不打仗，日本的未來前途將很慘澹。這一點被日本著名經濟學家森島通夫稱為日本盛衰轉換的規律。如果亞洲現在發生戰爭，美國為了維持其「美國武力維護和平」的政策，有可能借助日本的力量，日本積極回應美國的動員，又會積極、活躍、興奮起來。戰後的日本經濟的全部過程——實際上戰前的某些階段也如此——都是一種伴隨著戰爭的繁榮。在持續衰落的困境中，將不瞻前顧後，一味為戰爭效力，也不是出乎意料的事。假如沒有韓戰和越戰的話，日本絕不可能在如此短的時間之內獲得如此高速的發展，這是不爭的事實。註14

森島通夫還指出：日本自1886年至1945年的60年中，大約有一半

時間都是在進行宣而戰和不宣而戰的戰爭，其龐大的軍費開支是不言而喻的。這60年間，平均每年的軍費開支都超過國民生產總值的10%以上，其中後30年，每年都超過了12%。日本的工業水準好不容易實現重化學工業化，對於一個後進國家是值得稱道的極優秀成就，但是它以美國和英聯邦、荷蘭以至中國為對手，不惜同時開戰，完全是瘋狂的舉動。儘管如此，到最黑暗的十年以前，明治維新

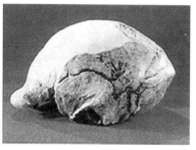

▲ 北京猿人頭蓋骨化石

對於中國非常關心的北京人頭蓋骨下落，「我可以對《聖經》發誓，這些化石（北京人頭蓋骨）和其他財寶一起被放在（日本）皇宮的地下室裡」。這是最新出版的中譯本著作《黃金武士》中引述美國相關人士對北京人頭蓋骨下落發表的評論

經歷了50年的努力，終於成功地完成了「富國強兵」的目標。

至此，日本奉行的社會達爾文主義的好處已經完全顯現出來。確實，戰爭每每勝利就能獲得大量的賠償、新的土地、巨大的經濟利益或廣闊的新市場。因而日本人相信戰爭是有利可圖的冒險。雖然造成眾多死難者、巨大戰費支出，但如此龐大的好戰體系仍能維持長久，是令人驚嘆的。更不可思議的是，國民中的資本家、經營者和工人體諒政府的意圖並給予充分的合作。

「戰後的日本似乎踏上了成功之路，其基礎是在戰爭期間完成的。」這就是森島通夫對於日本經濟成功的最後結論。註15

日本人基於自己的社會達爾文主義，認為強者欺負弱者，乃是天經地義的事情。

如果中國在與日本的競爭中，長期處於弱勢地位，那麼誰能擔保日本人的倭刀不會再次降臨到中國人的脖子上呢？

在日本，弱肉強食的意識形態還有沒有市場，人們可以參考一下日本文部省的教科書審查標準：

文部省審定社會科學方面的教科書有九條規矩，這裡不妨摘錄下來

以作「奇文共欣賞」之用：

1. 關於憲法第九條中放棄軍備和戰爭的問題，要補充說明國際形勢的變化；

2. 關於自衛隊違憲說，政府採取的是符合憲法的觀點，應當以「自衛隊法」為準；

3. 防衛費支出問題，不要僅僅看金額較多，還要指出，與已開發國家相比，與共產主義陣營相比，是根本不算多的；

4. 北方領土問題，應載明除國後、擇捉四島歸屬日本外，薩哈林島的一半也應作為有爭議地區；

5. 愛國心問題，應當說明這是國民必須有的覺悟。（在日本，愛國就是愛天皇及天皇的政府）；

6. 歷史觀點問題，政治以戰後為重點，經濟以高速增長時期為重點；

7. 帝國主義問題，利潤和剝削等詞太費解，不提更好；

8. 原子彈和原子能發電，《原子彈災害圖》過於悲慘，不適宜用。關於原子能發電，應強調能源的必要性和安全性。日本發展原子能是安全、必要的，其他國家則未必；

9. 權利和義務，多寫國民義務，少寫國民權利。

對於日本歷史上的罪過，審查官當然是要求避而不談，因此，就連迴避不了的侵略中國和朝鮮的歷史事實也改用「進入」一詞來掩蓋。對於國內問題，「神造國家說」是始終要強調的。

至於日本人對亞洲其他弱勢民族損害的真實態度，從日本政府的一名高官表述得最清楚：誰讓他們落後了，遭到侵略，活該！

在這樣思想的指導下，日本人與亞洲的未來關係不是可想而知了嗎？

《日本論》的作者戴季陶說：近代以來，日本出於種種目的，總是將中國擺在顯微鏡下反覆研究解剖了幾千遍，日積月累，把我們中國人琢磨

得日漸深入透徹——而其「長處」尤其表現在善於「從中國的內部（亂）出發瞭解中國」。

但相對而言，中國人對於日本人的琢磨和瞭解，還遠遠達不到這個程度。古人常說知彼知己、百戰不殆，而中國經常吃日本人的虧，恰恰就是由於對於日本人研究瞭解不夠所致。因此，重新認識日本人，重新換視角研究日本人，的確是今天中國人的當務之急。

究竟應當如何才能把日本人看得真切一些？那首先就必須像孫行者鑽

▲ 投降時的日軍

到鐵扇公主的肚皮裡一樣，從對象的內部去瞭解、認識它，尤其是要深入日本人內心中不願意袒露的陰暗部分去考察，在這一點上，中國人恰恰不能指望日本人甚至他們的美國盟友的研究成果。

因為當我們說日本右翼不肯正視、反省其歷史的陰暗時，我們自己其實也對日本的歷史特別是其中哪些是「陰暗面」不甚了了。於是，日本人的「不反省歷史」與中國人的「不瞭解日本人歷史」相遇，而構成了雙重的隔閡。這種隔閡也只有透過中國人對於日本人的「內在研究」才能得到逐步解決。

日本歷史學家溝口雄三道出了日本人的歷史觀：日本人缺乏歷史感。中國是一個有深沉歷史責任的民族，世界上像中國這樣有如此強烈的歷史責任感的民族並不多……中國人說到歷史，是白紙黑字記錄的事實，有一種非常確實、非常莊重的感覺。並不是所有的民族都像中國這樣，而在一般日本人的感覺中，歷史更多的是一種過去發生的事情，只是一種與現在沒有聯繫的、不確實的遙遠存在，是可以討論的，當然也是可以推翻

的。日本歷史中通常還包括神話、故事和傳說，這一事實就是日本人對歷史的遙遠感和不確定感的一個證明。日本人缺乏歷史感，特別是與中國人相比，他們有一種更為重視現在的傾向。從歷史上看，日本這個民族像是一個靈敏的雷達，敏銳地追蹤世界，社會變化快，但是沒有厚重感。

日本人固然缺乏歷史感，卻並非沒有歷史觀。日本人對中國歷史的研究之細密，考證之繁瑣，連中國人也會感到吃驚。尤其是日本人透過研究中國歷史找到了中國人的死穴——內耗。由內耗而內亂，由內亂而召外患，內亂加外患最後亡國。這就是中國王朝的覆滅規律，縱觀中國的二十四史，概莫如此。就憑這一點，就不能不佩服日本人的歷史眼光之毒，其對中國人弱點的分析不能不讓中國人嘆服。

那麼，中國人研究日本人，也同樣要從其內部入手，要找日本人的命門和死穴。這個命門和死穴也同樣存在於日本人自己的歷史結構當中——即從日本人的歷史上看，其自身內部的基本矛盾是什麼？這種矛盾如何鑄造了日本人的傳統？今天的日本社會內部又面臨著何種基本矛盾？這些矛盾的基本走向和可能性決定了日本人的未來方向。

只有這樣深入地「摸底」式地分析，才真正有利於中國人判斷日本人的弱點和根性。

沿著這一思路來看日本人，就很容易看出日本人解決自身問題的基本辦法——由於是島國，內部資源短缺，必然向外擴張，擴張引發戰爭，擴大侵略戰爭，由於戰爭失控，重新回到本土，準備下一次戰爭。

如果說中國人輸在內耗上，日本人則栽在外耗上。日本人骨子裡的侵略根性決定其只有在蒙受了致命的打擊後才會甘休。只有慘重的代價才能使日本人止步。

從歷史上看，正是因為日本內部的社會結構和社會矛盾與中國完全不同，才使得接受了不少中國文化的日本，必然地走上了與中國南轅北轍的道路，即中國堅定地走和平發展之路，透過內部整合解決危機；而日本則義無反顧走侵略擴張之路，透過對外掠奪滿足資源需求。從現實上看，

日本自近代以來之所以發動了一連串侵略戰爭，其實首先乃是為緩解和轉嫁其內部嚴重的社會矛盾和經濟危機使然。即對外侵略，也首先是由於其國內問題所決定、促發的。最後，所謂外因不過是條件，「內因」才是變化的基礎，換言之：今天的日本如何處理和應對其內部的社會經濟矛盾，實際上從根本上決定了中日關係的走向，中日之間問題的說到底，關鍵還是要看日本朋友們自我控制和治理內部危機的能力如何，即日本人能不能透過和平手段發展經濟，取代軍事擴張，走出歷史的循環。

第四章 野性部落

——日本人的民族心理分析

■日本民族的藝術可謂精巧絕倫，美輪美奐，其禮儀之繁雜，服務之精細，舉世無雙。但這些不能算是日本民族心理的本質。日本文明的根性仍然是島國部落文化，只不過加上了唐風歐雨的包裝罷了。日本民族在形成的過程中，把惡的能量充分地釋放，成為世界近代史上罕見的野蠻民族。日本民族是一種恥感文化，必須依靠外力的監督，一旦失去了外部的監督，就會無所不為。日本人的內心中沒有良心準則，只要自己的壞行為不被別人知道，就不必煩惱，自我懺悔只是徒增煩惱，而自首更是傻子才去幹的事情。日本社會中有不少慶祝幸運的儀式典禮，卻沒有贖罪的儀式。他們以他人的評價作為自己出牌的標準，當每個人都遵守相同的行為規則行動並相互支援時，日本人就會輕鬆愉快地做任何事情。如果當他們覺得做的事情正是讓天皇和國家滿意的事情，那麼他們就更加沒有顧忌了。日本人，是世界民族中的一朵「惡之花」。

1. 日本人的「惡之花」

日本人生活的日本列島，是一個長期與大陸文明隔絕的島國。因為這種特殊的地理環境，在日本一千多年的文明史上，日本民族從來沒有被外族武力征服過，這就使日本人保持了一種連貫的島國習性。由於日本列島資源貧乏，國土狹小，而人口眾多，人口與資源的矛盾便成為了困擾日本人的一個嚴峻的問題，如何解決人口與資源的矛盾，成為日本人祖祖輩輩必須思考的問題。

▲「能樂」劇的重要道具之一：魔鬼面具。演員們通常戴著這種面具表現宗教生活中的邪惡幽靈

日本人的發展，不外乎兩條路：一是透過貿易的方式實現和平的發展；二是透過戰爭手段實現財富的掠奪。這兩條路日本人基本上是交叉使用，但何者為主，何者為輔，日本人在不同的時期有不同的抉擇。

所謂日本病，按照學術界的分析，簡單地說，就是日本文明是一種憑藉惡的力量崛起的文明。惡，造就了日本人的成功，也孕育了他們的失敗。對日本人來說，「成功乃是其失敗之母」。如何看待過去的成功，也就是如何看待過去的「惡」，是當今日本人面向未來，必須面對的課題。對於世人來說，如何正視日本人的「惡」，如何綜合運用善、惡兩種力量駕馭這種「惡」勢力，也是確保世界和平的重大課題。

在中華先進文明的哺育下成長起來的日本人，透過與西方文明的雜交，在明治維新不到 40 年的時間內，便戰勝中國，挑戰西方，取得世界

帝國主義列強的地位，之後一發不可收拾，成為了亞洲霸主和世界最兇悍的法西斯主義軍事機器，然而在二次世界大戰中一敗塗地，不能發展軍隊的日本從經濟建設出發，用了不到 40 年的時間，就成為了世界排名第二的經濟強國和財富大國。

進入 21 世紀後，日本人一再提出要走「普通國家」道路，即成為與其經濟地位相匹配的政治大國和軍事大國，成為世界一流強國，這樣的角色定位對世界將意味著什麼？特別對於中國人和亞洲人來說，日本人會不會採取固有的手段再次「成功」，更是他們觀察的焦點。

如同猶太神話裡的死神面目具有截然不同的兩張臉一樣，很久以來，外國人心目中的日本人簡直就是雙面死神，一面是陰森森的骷髏，目光兇殘，揮舞著彎刀，血盆大口中嘶嘶吐著沾滿毒涎的信子——這是讓中國人和亞洲各國人們生靈塗炭、屍橫遍野的侵略怪獸；另一面是溫和端莊、文質彬彬、禮節多如牛毛、古樸而又溫順的日本君子，他們勤勞而又有創造力，他們頂著富士山，手持「日本製」，讓日式電器和汽車風靡全球，他們是世界新生活潮流和消費文化的引領者。

這截然相反的兩面，人們應該相信，哪一面是「立前」？哪一面是「本音」？[註17.18]

讓日本人在外國人面前露出自己的本音，是件極其困難的事情。即使是娶了日本太太的中國人，也常常哀嘆，他們很難看穿太太那張煞白的高深莫測的臉。

立前是日本人經過精心培訓後在外人面前精雕細琢刻意裝扮出來的形象，為了使立前具備迷惑人的魅力，日本人從裡到外都進行了刻意地裝飾，初見日本人的外國人，很容易喜歡上這個整潔、整齊、多禮、溫順的民族。

所以，日本人猶如變身人一樣，前一刻還是點頭哈腰、溫文爾雅的武士，頃刻間就變成了冷血、兇殘、拔刀相向的魔王。這種多變的迷幻表現，使日本人的本音更加神秘莫測。

日本人是一個熱衷於神化自己的種族。過去，他們透過杜撰歷史，把自己描繪成太陽女神的後裔，把天皇裝扮成「現世神」，把整個民族造就成了一個「神人民族」。二次世界大戰後，天皇的神話宣告解體，他們又刻意製造日本人優越論等新神話，把腰包鼓起來的日本人打扮成和平的天使，到處謀求世界對自己的好感。

▲ 穿和服的日本女性

得志時，日本人便驕橫不可一世，把自己的優越感無限放大，甚至作為侵略他國、凌辱他人的一種資本。

失意時，日本人便幽閉自卑，把自己的幽怨化成對他人的敵視和嫉恨，把自己裝扮成可憐兮兮的受害者。

日本人究竟會走向何方？他們的本來面目究竟是天使還是魔鬼？一旦其內心中的惡念沉渣泛起，世界又會是一幅什麼圖景？這些問題都需要人們從其歷史文化背景、宗教習俗教養乃至個人價值觀和世界觀中去仔細辨認。

近800年來，對日本人而言，生活就是戰爭，戰爭就是生活，戰略思想、戰術手法、戰法演練，已經是 800 年來日本人日常生活所必需的工具。今日之日本人，無論政治、經濟、商業、工業、文化，無處不在戰爭生活的應用範圍之內，即使是有意遠離戰爭，也在不自覺地應用各種戰法。所以，當代日本男人被稱為「穿西裝的武士」，日本女人則被稱為「穿和服的武士」。

2. 野性蠻橫的島國人

　　日本軍人為什麼會製造南京大屠殺？日本軍人為什麼會獸性地摧殘慰安婦？日本人為什麼對自己軍隊在外國的暴行視若無睹？日本人為什麼對右翼的聖戰思想一直戀戀不捨？

　　日本研究專家華永正在《日軍何以如此殘忍》一書中分析道：神道教是日本的國教，是日軍的精神支柱，也是日本統治者控制軍隊的重要手段。神道教沒有基督教、伊斯蘭教、佛教那種仁慈、寬忍和犧牲自我的精神，更沒有中國道家「無為」的思想，而是充滿著入世、擴張、利己和好鬥的教義。它的主要內容是：世界至尊之神為天照大神，所以，她應該實行「八紘一宇」（日本天皇詔書裡最喜歡的一句話，意思是宇宙八方盡在天皇掌握），統治全世界，神武天皇為神的「五世孫」，他在人間的使命是「征服東方，進行統治」，萬世一系的日本天皇是「現人神」，既是神道的最高祭司，又是日軍的大元帥。日本兵是「天孫民族」的代表，按神的意志去征服「劣等民族」。凡戰死者也都是「神」，被供奉進靖國神社和各地方的護國神社。

　　這一套法西斯主義的「種族優劣論」編造得荒誕離奇，登峰造極，卻在當時的日本大行其道，沒有人提出過什麼質疑。當時的日本兵就是認為自己是「神賦特權」進行征討殺戮，所以，即使是瘋狂殺人，也心安理得，毫不手軟。1941年耶誕節前夕，日軍竟在香港修道院用修女祭刀，便是一種「懲罰異教徒」的「愉快」。

　　值得注意的是，今天的日本，包括首相、大臣和議員在內的政界要員接二連三地參拜靖國神社和各地方的護國神社，很明顯，他們不僅是為

了追悼日軍的亡靈，而且也是在呼喚「神道教」的回歸，使之重新成為日本人「八紘一宇」的精神支柱。日本政界人士一直對外宣稱參拜靖國神社只是一種日本的傳統習俗，殊不知這一傳統習俗中既包含著日本人內心的「神國思想」、「征服野心」和「尚武傳統」，又是一種經過精密包裝的法西斯主義的精神，絕不可簡單地當作一種民間習俗輕輕帶過。

▲ 在「南京大屠殺」中兩個無辜的中國兒童成了孤兒。右面的女孩子茫然地向前望著，可能是盼她的父母來接她回家。左面的小姑娘驚懼地看著前面，不知發生了什麼事情。看到這幅催人淚下的照片，每位有血性的中國人都會激起對日本帝國主義的滿腔仇恨

對於日本神道教及其嬗變的過程，本書在後面將有更細密的探源。

說到日本人，就不能不談到武士道。武士道精神是一種行為習慣，與神道教互為表裡。換句話說，神道教是抽象的指導思想，武士道就是具體的行為指南。

日本武士道雜糅了神道教、中國儒學、禪學和道家的若干理論，又注入了日本土著民族的野蠻殺戮意識，完全失去了儒學、佛學和道教中原有的忠孝仁愛信義和平內容，變成了一門指導殺人的「行為藝術」。

▲ 圖為在南京大屠殺中，日軍見人就殺，連3歲的兒童也未能倖免於難

武士道指導日本武士視殺人為「友誼」。如「介錯」的規矩，就是武士可以切下切腹者的頭顱為其超生；「斬舍御免」，就是武士如果認為自己受辱，即可殺死對方，不受法律制裁。日本武士以「殺人」為職業，有「刀不虛出」的規矩，指武士拔刀後必須有斬獲才能入鞘等等。

　　武士道規定武士必須佩刀佩劍，練習劍道，最後當然要落實到殺人上，如果終其一身沒有斬獲，那不就白練功夫了嗎？

　　中國的劍道兼有健身、舞蹈和技擊三種意義，力戒「以武犯禁」、「欺負弱小」，日本的劍道只研習殺人的技巧，而且特別允許武士對平民試刀，與中國劍道的「俠義」精神大異其趣；中國武士主張戒女色，而日本武士則鼓勵玩弄女性，甚至允許性虐待；中國武士最重視的是武德，「好漢不打倒下的」，而日本武士則講究「斬劈」，愈是對方不抵抗和求饒，便愈要將對方劈死、斬殺才肯甘休。

　　所有的這些武士道的「傳統」，日軍在南京大屠殺中都有體現，他們展開的殺人競賽，「百人斬」，強姦婦女甚至老嫗幼女也不放過，並將失去抵抗的中國俘虜成批地砍殺，都表露了日本武士道的本來面目。

　　日本的傳統文化有其精緻細膩的美學價值，但其華美溫柔的外表下面，隱藏的是崇尚強者、欺壓弱者、尚武好戰的本性，這種雙重視角對審視日本傳統文化十分重要，否則很容易只看其表、不見其裡，被其絢麗迷人的包裝所迷惑。

　　對日本文化及其風俗習慣有深刻研究的克里瑞博士總結說：要想瞭解日本人的心理和行為，必須評估其幾個世紀以來軍事統治的影響，日本經濟、政治、社會和教育結構的發展，都反映出這種影響。延續了幾百年的武士統治透過武士階層升到了崇高的政治和道德地位，將武士階層的價值觀變成了整個社會的價值取向。註19

　　在日本，戰爭一向是屬於貴族的事情。這些家族相信自己是下列三種源流之一的後代：或者是神的後裔，或者是日本古代帝王的後代，或者是中國或朝鮮貴族的裔冑。皇族把自己自封為第一類，他們宣稱自己是太陽女神的後代，在神道教中擔當最高祭司的角色。其他貴族也以為自己與皇族有密切關係，並透過與中國和朝鮮結盟，使自己主宰著整個政權的軍備。

　　在日本人的古典神話中，劍是神給予皇族的賜禮，是國家的圖騰，

皇室的象徵。日本的製劍術至今包含
著許多神道的儀式。對劍和武力的崇
拜後來成為了武士道的精神支柱。

太陽女神後裔（皇族）的盟友，
在西元6世紀前後模仿中國建立了日

▲ 指揮官配掛於馬上所用之太刀，
華麗異常

本的民族國家大和國，但領土征戰持續進行，大和國對居住在日本列島上
的各個部族進行的征服戰爭從來沒有消停過。日本人本身的邊疆戰爭和征
服戰爭激發產生了一個單獨的軍人階級，他們是古代貴族的後代，但又有
自己各自的家族傳統和管轄權，這個軍人階級日益壯大，終於建立了中央
集權的軍人政府，這就是「幕府」的開始。

從1185年至1868年，先後有三個軍事政權主宰著日本的政治和軍
事、經濟。第一個幕府——鎌倉幕府和第二個幕府——室町幕府，這兩個
幕府都支持佛教禪宗，跟全由舊日貴族主持的原有佛教宗派分裂，從而使
佛教服膺於武力哲學。德川幕府則支持儒家哲學，企圖分化壓制佛教，進
一步強化集權思想。

克里瑞博士認為，明治時代和昭和時代建立的軍部，儘管與幕府名
字不同，但是性質沒有什麼區別，即軍事階層依然控制日本的政權。

所有的日本傳統都在昭和時代編成了法典。只有武士道例外。武士
道法規由某些途徑編入家規族規的情況是有的，但從來沒有由政府統一或
定稿。克里瑞博士認為，這是由於武士道當中含有各種詭計和伎倆，還有
日本人一向主張的「先發制人」的占先手法，這些兵法詭道被日本人視為
看家法寶，豈肯輕易示人？在日本的書店裡，充斥著各種權謀哲學的書
籍，教導人如何行詐術。尤其是日本「戰國時代」的織田信長、豐臣秀
吉、德川家康等人的傳記文學，更是長銷。織田信長被日本人稱為梟雄，
其人以殘忍好殺出名。豐臣秀吉綽號猴子，其人以裝腔作勢、善於偽裝出
名。德川家康心計很深，老謀深算，被稱為狐狸。這三個人的明爭暗鬥被
稱為日本版的「三國演義」，一直被日本人津津樂道。日本首相小泉純一

郎在政壇上陰騭兇狠，他自稱最崇拜的人就是織田信長，每天晚上都要讀他的傳記。

可以說，武士道就是日本人的權謀和兵法。與中國兵法大相逕庭的是，中國的兵法是可以堂堂正正向全世界公開的，因為中國人一向主張為正義而戰，出正義之師，列堂堂之陣，光明正大，打防守反擊，何必藏著掖著？而日本人的武士道則充滿著各種詭詐的陰謀，特別是主張偷襲和暗殺。只要條件許可，日本人就會像毒蛇一樣狠狠地咬你一口。在中日甲午戰爭時，日軍先出兵朝鮮，突襲清軍；在日俄戰爭時，日本海軍不宣而戰，首先砲擊俄國艦隊；在「九‧一八」事變、「一‧二八」事變及「七‧七」事變中也都是日軍蓄意挑起戰爭，首先向中國開火；在珍珠港戰役中，日軍更是精心偽裝，萬里奔襲，首先偷襲美國艦隊。日本武士道的「占先手法」不講究任何戰鬥規矩，只要對自己有利，就可以發起攻擊，無須顧及道義顏面，這也是研究武士道和日本人關係不可忽視的一個角度。

自中國傳入日本的佛教、禪宗和道教，日本武士從中吸取了忠誠、樸實、敬業、苦行、服從等精神，卻添加了日式的尚武、好戰、輕視生命、崇拜陰謀的傳統，鑄成了武士道這種世界上獨一無二的生活方式。中國的和平文化為何在日本變成了侵略文化，這種變異的內在原因值得中國人深思和警惕。

在中國，儒教、道教和佛教一致主張仁慈普愛、重文輕武、尊重生命、中庸無為、天人合一，而在日本卻變成了主張輕蔑同胞、尚武棄文、厭棄生命、詭秘陰暗、侵占成性的武士哲學，同一棵樹上結出截然不同的果子，這是亞洲的不幸還是造化的安排？

一位參與過侵華戰爭的日本女兵回憶說，她在 14 歲的時候，被徵召參加了毒氣製造，雖然當時並不知道自己參與製造的是毒氣，但這些年，她還是感到自己對受害者負有責任。她把自己當時的經歷畫了出來，做成畫冊出版，警醒世人。「當時學校就教育我們，日本是一個神的國家，做

什麼都一定能贏，打仗也是如此，因為是正義的，所以一定會贏。在古代，蒙古曾經侵略日本，但是他們在海上遇到了颱風，風非常大，於是船翻了，士兵們最後都葬身海底。這是我們在歷史課上學到的，正因為日本是神的國家，所以神才颳起了大風，造成了這樣的結果。當時的教育是國家主義教育，它否定人性和個人主義，培養的是只遵從命令的人，而我們就成為了國家發動戰爭的後備軍。」

▲日本裕仁天皇

「日本戰前的教科書，都是先講日本有優秀的文化，做一個鋪墊，然後又講日本是神的國家，日本那麼多島嶼都是一個個神化身變成島，日本的天皇都是神的後代，書上會列出一個天皇的後代，天皇的神的體系表，從天上什麼什麼神，到最早的天皇就是神武天皇，神武天皇往後又是怎麼一代代傳下來的。這個早期東西，本來是一個神話傳說，卻把它當成一個歷史史實教給後代子孫。先是優秀的文化，又是神，給你印上一個烙印，深深的烙印：認為日本最優秀。最優秀就有資格領導亞洲，因為亞洲受到西方列強的侵略了，要抵抗，誰能領導亞洲，就是我日本能領導，因為我們優秀。」

日本老兵回憶，他們從小就被灌輸這樣的意識：日本和日本國民都是非常優秀，而中國人是劣等民族，殺了劣等民族的人，你的靈魂就會得到拯救，所以一定要殺，也因此我們就很坦然地去殺人了。

在這樣的教育背景下，年輕的士兵們滿懷著為天皇效忠，為國家效

力的自豪感，理直氣壯地走上了侵略的道路，而他們的親人，也懷著同樣的自豪感，把他們送上殺人與被殺的戰場。

克里瑞特別指出，日軍為什麼不假思索就能夠殺人，是因為好殺精神深入骨髓。日本在過去的幾百年內一直處於血腥內戰，又經過了800年的軍事統治，軍事生活已經融入文化當中了。

第二次世界大戰後，日本人採用了「手中無劍，心中有劍」的心劍戰術。此時的日本人，手中的劍已經被美國人收繳了，但心劍戰術卻成功地使美國人的劍為日本人所用。幾十年間，日本卸下了沉重的軍費負擔，讓美國人廉價為其看家護院，從而集中財力發展經濟，一躍成為世界最富、外匯存底最多的國家，而美國則成為世界最大的債務國，日本人成為了美國政府的債主，從經濟上，來了個主僕易位。這不正是心劍戰術的妙處嗎？

日本人這種手中無劍、心中有劍的高明戰法，應該歸功於日本人浸淫了幾百年的武士道訓練。這位經濟上崛起的武士下一步將劍指何方，讓世界上每一個人都屏息以待，因為日本人是一個極難對付的劍客集團，無論誰招惹了他們，都是很棘手的。

3. 沒有原則的日本人

日本人最大的特點就是沒有特點。

日本人行為準則的核心是相對性，即從來不是從一個絕對的價值標準去判斷一個人的好與壞、對與錯。

對於什麼是正義、什麼是非正義？什麼是善的，什麼是惡的？什麼是對的，什麼是錯的？諸如此類的問題，日本人很少去想，也很感到頭疼。他們通常把這樣的問題交給上級去想，交給天皇去考慮。只要上級說了什麼是對的，那就是標準。只要強者說了什麼是善的，那麼什麼就是善的。日本人不習慣去考慮這些抽象的問題，他們主要是從人與人之間的關係、力量與力量之間的對比去判斷對錯，然後附和權威就可以了。

日本沒有類似於基督教「十戒」這樣的信條，也不像中國人那樣相信正義的力量，日本人沒有彼岸世界，不相信因果報應這樣的概念，他們認為，無論是好人還是壞人，死後通通成佛升天，所以，生前作孽，與死後的成佛沒有什麼關係。良心這個概念，在中國人倫理中占有極其重要的地位，良心就是忠於自己內心的

▲ 日僑開的飯店，在抗戰勝利後打出新招牌。真會見風使舵！

感受，使靈魂得到安寧。而日本人不理會這一套，什麼心安理得，什麼良心譴責，通通都沒有。在他們看來，良心是一個抽象的東西，只要不影響人際關係的秩序，良心是否安寧，並不重要。

作家余傑曾到日本採訪一位侵華老兵。這位老兵是一位栽培盆景的行家，把所有的盆栽照顧得無微不至，家裡也被拾掇得一塵不染。談及他當年侵華的戰爭經歷，他極其平靜地說：我記不清在中國強姦過多少婦女，反正一有機會就強姦中國女人。他還坦率地回憶起在南京強姦一名13歲的中國女孩的經過，如何像老鷹抓小雞一樣抓到那個受害的女孩，強姦完了又如何將其殺害等等。這名老兵在講述這些暴行時非常平靜，毫無羞愧和懺悔之意，也沒有一點情感的波動。他的老伴在旁邊聽著，也沒有絲毫的驚訝和不安，她和氣地向客人打著招呼。這就是日本人的良心觀。

日本人的道德體系也屬於相對主義，它是針對具體的關係而不是強調抽象的原則。在日本社會裡，並沒有一套普遍的倫理標準，卻有全世界最複雜繁瑣的具體行為規則。日語中有複雜的敬語，就是其表現之一。

面對不同的人，日本人隨時準備了兩張面孔，對上級和權威，他需要極其客氣；面對藩屬和下級，則表現得傲慢而嚴厲。如果生活中有了一貫的標準與價值，日本人反而會無所適從。

日本人總是很坦然地否認其發動的是罪惡的戰爭。因為他們對惡的認知也是相對的。在日本的佛教中，甚至還有視殺人為超度善舉的觀念。當日本武士殺人時，拔出刀來的武士會鄭重其事地默念：畜生，為你超度吧！如此詭譎的道德思想，焉能結出善的果實？

由於沒有絕對的道德觀念，也沒信仰追求，所以也就沒有道德負擔，沒有精神痛苦。前一天還在和敵人進行自殺式攻擊，第二天就舉著鮮花迎接敵人占領本土，這在世界上恐怕沒有第二個民族做得出來，而日本人卻做得那麼自然。因為在他們看來，道德標準已經被自己悄悄改變了。

包括中國人在內的世界其他人民都很難理解，如岸信介之流，曾經

是東條英機的副手，是甲級戰犯，親
自參與過日本對華侵略決策和太平洋
戰爭的陰謀，卻奇蹟般在二次世界大
戰後繼續當選為首相，昔日的仇美
派，一夜之間又變成了親美份子，而
日本人卻習以為常。要是在德國，像
岸信介這樣的戰犯，能夠少坐幾年牢
就該謝天謝地了。

據美國學者葉先揚記載：老上海
人都知道「伊藤先生」這個稱呼，伊
藤是日本的大姓，就像中國的老張老
李一樣。20 世紀二、三十年代的上
海，有很多日本人在經商，在那些日
本店鋪裡，日本人對中國顧客真像對
待上帝一樣，熱情、禮貌、周到細
緻，因此，老上海人說到「伊藤先
生」，那心裡感覺是暖烘烘的。可
是，「一・二八」事變日軍攻入上海
的第二天，這些「伊藤先生」卻都變
了臉，他們拿刀砍殺中國人的兇殘，
比日本軍人還血腥。

▲ 被強姦後殺害的婦女
當我們再次看到這些災難的鏡頭，禁不住熱
血上湧。我們中國人是絕對做不出這種滅絕
人性的事，也做不到以這樣的方式以血還
血，以牙還牙。但相信每一個有血性的中國
人都能夠記住，也不會忘記這段歷史

這就是不受宗教和意識形態控制
的日本人的個性。

受儒家思想或者平等思想影響的
中國人，最看重自己的人格，出賣人
格和尊嚴，最為中國人所不恥。而日本人不受這個束縛，他們內心中沒有
韁繩，只要自己的壞行為不被別人知道，就不必煩惱，自我懺悔只是徒增

煩惱，而自首更是傻子才去幹的事情。日本社會中有不少慶祝幸運的儀式典禮，卻沒有贖罪的儀式。他們以他人的評價作為自己出牌的標準，當每個人都遵守相同的行為規則行動並相互支持時，日本人就會輕鬆愉快地幹任何事情。如果當他們覺得做的事情正是讓天皇和國家滿意的事情，那麼他們就更加毫無顧忌了。

日本戰敗後，因為美國的庇護和國際上對其監督的放鬆，日本人很快就遺忘了自己曾經犯下的罪行，大家都覺得這沒什麼了，責任都被時間帶走了，現在該是輕裝上陣的時候了。如果沒有外來的強大壓力，讓日本人深刻懺悔和反省，那將是一件極其困難的事情。

美國露絲·本尼迪克特在她的名著《菊花與劍》一書中提出，日本人的行為模式屬於「恥感文化」，而西方文化背景的人屬於「罪感文化」。前者的行為要靠外部的約束力來監督，人們的行為是根據別人的態度來決定的。後者則主要依靠內省和反省，靠內心中的信仰原則來自我約束。

恥感文化發展到了極致，就是日本武士道拚命鼓吹的「死亡哲學」，即死亡本身就是精神的勝利，一個人最體面的事情就是從容迎接死亡。日本武士的切腹儀式讓世人震驚，這種切腹儀式要求武士先把肚子剖開再往內深挖，露出五臟六腑，待到血流乾淨才倒斃。通常的情況下，切腹者在三、四個小時內都不會死去，還得配備一個助手，在切腹者無法結束生命時，幫助他把頭顱砍下來。所以，血淋淋的切腹儀式就是一種自我摧殘的酷刑，它要表現的就是武士道宣揚的武士「無畏」的精神。

在戰爭中，日本兵的軍人手冊上會有這樣的指示：最後一顆子彈要留給自己。戰爭中的日軍行列裡沒有設置一支正規的衛生救護部隊，日軍潰退時，常常開槍射殺傷員，或讓傷患自殺。日本人確實是一個經常在尋找捐軀目標的民族，有時候為國家，有時候為天皇，有時候為公司，有時候為情人，總之，為了自己避免受恥辱，就去選擇消滅自我。在日本，由於公司破產，老闆自殺的不在少數。情人們如果難成眷屬，也喜歡選擇手牽手一起跳海殉情。在日本的農村，農民一旦在約定的時間內還不了債

務，也會選擇自殺，以避免失去信用。

　　恥感文化把日本人的不投降主義推向了極端。在日本，過去只有戰鬥到死或者自殺才能保全名譽。萬一被俘，就會名譽掃地，不僅如此，連整個家族都要蒙羞。被俘後的生命，就等同於死去，甚至比死去還糟糕，所以，一些日本傷兵在被俘後還會選擇自殺。美軍攻占塞班島時，4萬多名日軍覆滅，島上還有萬餘名日本平民，日軍則強迫這些平民自殺，母親殺死孩子後自殺，老人們則相互他殺或自殺，數以千計的人選擇了集體跳崖。

　　就是這樣一個極端重視恥辱感和榮譽感的民族，卻是曾經對世界人民犯下了滔天的罪行。日本人的整體表現經常在國際關係中讓其他國家的人民感到不安。因為他們的行為實在太難以捉摸了。20世紀60年代初，美國的副國務卿喬治‧鮑爾曾以「誰也不知道日本人什麼時候發瘋」為理由，堅決反對日本人大規模重新武裝。此話也許有點偏激，但確實沒有哪個國家的國民性，會像日本人這樣令人難以捉摸和無法預測。

　　經濟上崛起的日本人已經讓美國人和歐洲人嘗到了步步緊逼的苦頭，而重新武裝起來的日本自衛隊，其裝備水準已經達到世界一流，誰又能知道，這支日本「皇軍」的後裔什麼時候發飆呢？

　　如果不盯緊日本人的一舉一動，誰也不知道日本人什麼時候翻臉。許多中國人主張對日本人的劣行既往不咎，對歷史問題一筆帶過，其實是對日本人本性的一種不瞭解。不徹底清算其歷史罪行，對其重新武裝的趨勢不予警惕，最終將成為日本人的陪葬品，到那個時候，就追悔莫及了。

4. 看不見個體的日本人

櫻花是日本的國花，日本人對櫻花的喜愛達到了癡狂的程度。不少人把櫻花視為是日本人的象徵。作家王文遠在《櫻花與祭》一文中對日本人的國民性有這樣的描述：

櫻花是日本的國花，日本人自古以來就對它倍加喜愛。

櫻花的花瓣非常小。將一朵櫻花採下來實在是微不足道，但千萬朵櫻花連成一片，匯成花的海洋，那場面就蔚為壯觀，絢麗多姿了。這正是日本社會的形象寫照。

櫻花的顏色相當單調，盛開時一片粉紅。賞花者沒有人會去那數不清的花簇中，辨別哪朵更豔更美。櫻花所體現的是整體美。

櫻花樹幹粗壯，而每朵花卻十分弱小嬌嫩，每一朵花與它所依託的樹幹形成強烈的反差，這也是日本社會組織結構的絕妙寫照。

就像櫻花一樣，日本人的每一個個體是微不足道的，被淹沒在人群的海洋當中，很不起眼。日本人也非常忌諱出頭露面，日本有句諺語：出頭的釘子先挨敲。彰顯個性被認為是很危險的事情。

日本人一生下來，在襁褓裡就開始學習如何適應他人，如何順從社會的秩序。日本人最害怕的就是自己與其他人不一樣，總是千方百計地證明自己與大家是一樣的。只有置身於某一集團或者潮流當中時，日本人才會心安理得，才能得到別人的尊重。只有將自己全部融入到集團中，他們才能找到自我的位置和價值。

日本人的這種極為強烈的趨同心理和從眾心理，使得日本社會具有很強的均質性和凝聚力，這是日本國民性一個讓人羨慕的地方。但是，一

且潮流或者權威引導的方向出現了錯誤，那麼這種如同狂潮一樣淹沒一切的破壞力也是驚人的。

前新加坡駐日本大使李炯才先生指出：日本人的弊病就在於他們一旦開始做某事，就不知道什麼時候停止。

的確如此，日本人一旦形成了某種潮流，就會像大洋中的風暴一樣，夾裹著一切力量，橫掃過來，不管願不願意，都會被脅持進來，誰也無法阻擋，誰也無可奈何。

中國著名作家林語堂先生，曾經專門談及日本人的這種從眾心理產生的原因以及可怕的後果，他說：日本突躍為世界強國，不是無因可尋的。團結、紀律、組織適應（也可以說是模仿）、尚武以及刻苦，這些都是他們偉大的特質……但是缺少合理精神、柔和習氣，與批評自由，這也是現代日本的危險所在之處。日本用鵝步走上了強國的前伍，但是故意延緩時日去做鵝步，是極其疲乏的事情；不假思索去永做鵝步，是極其危險的事。

「日本無疑地走上前伍。我覺得她所以走上前伍，是但憑她的強大性格，而不加以深思熟慮所致。明治維新是行著鵝步的程序，使日本轉變成為一個近代國家。這明顯的例證，表明以現代工業科學製造的武器，放在一個緊密微小的島國手中，加上該國固有的封建式的尚武忠君的精神，會發生一個什麼樣的結果。」林語堂先生對於日本人的這種

集團主義的狂熱情緒的利弊得失的分析可謂很到位。

日本人集團的整體感和認同感，形成了一個相對封閉的世界，很容易產生強烈的孤立感和極端的排他性。

這種孤立和排他又進一步強化了集團的整體性。日本人在處理民族內部人際關係的高度細膩的技巧，反而成為了他們與外部世界打交道的障礙，這也促使他們更加內向。美國作家約翰・南森描述說：在中國居住的外國學生表示，中國人歡迎並且讚賞他們學習漢語。歐洲人對別國人學習他們的語言也持肯定的態度。美國人認為外國人說美語很正常。但日本人不是這樣，他們不希望外國人精通日語，日本人認為，日語是日本人的密碼，當然只有日本人才能掌握。表面上看，日本國也鼓勵外國人學日語，但到了日本，外國人說一口地道的日語，那就會招致日本人的反感和敵意。所以，保險的方法是說英語，或者故意說搞錯的日語。

世界上可能沒有任何一個民族像日本人那樣強調自己的獨特性。他們一會兒強調自己的血型獨特，一會兒又強調自己的特殊性是因為會用筷子，但中國人和朝鮮人用筷子的水準比日本人毫不遜色。現在最流行的觀點是日本人說日語，但是，日語是由漢字和片假名還有英語單詞組成的，談不上是自己的專利。精通日本文化的蔣百里指出：日本的文化，如果抽掉中國的儒教和道教、印度的佛教，還有歐洲和美國的文化，基本上已所剩無幾。可是，日本人依然倔強地強調自己是獨一無二的。

過分地強調自己集團的獨特性固然強化了集團的團結，容易形成合力。但也會造成集體無意識，使每個人都推卸自己的責任。

如果一個人偷偷摸摸地幹壞事，一般人會膽怯心虛，會有罪惡感；但是，如果與他人共同做壞事，不僅人多勢壯，還可形成一種集體無意識。在日本軍國主義的鼓吹下，不僅個體殺人成了習慣，而且殺人愈多，手段愈殘忍，不僅不會有負罪感，還會成為別人心目中的英雄。這時候，一個人的天性、良知等等，就會被集體無意識泯滅，集團認可的任何事情都幹得出來。有人笑談，在日本人當中，只要長官說一加一等於三，

保證所有的下屬都會毫不遲疑地說那確實等於三。這就是日本人的集體無意識。在日本的公司裡，員工與老闆吃飯，員工絕對不會先點菜，等到老闆點完了，他們保證會複製老闆的菜單，而不管自己愛不愛吃。

在日本，黑社會組織一直猖獗，這些組織都有一條行規，就是要入會，就先得一起去做壞事。只有大家都做了壞事，組織才能「團結」。

同樣，因為是集團性行為，既有「上級命令」，又有大家都彼此彼此的習慣，這就形成了一種「無責任集團」。幹壞事的時候沒有犯罪感，幹完之後也無須負責。這樣的集團意識，確實讓外國人難以理解，但那又是日本人的特性。加藤週一在〈日本社會文化的基本特徵〉一文中談到了日本人的「戰爭責任」意識：

在15年的侵略戰爭中，作為個人，日本人認為沒有哪個人是戰爭責任者，即大家都有錯。戰爭責任由全體日本國民承擔，不是由領導人承擔。所謂「一億總懺悔」，就是說無論是香煙鋪的老闆娘還是東條首相，都有一億分之一的責任。一億分之一的責任，事實上就等於零，即變得沒有責任。大家都有責任，幾乎就等同於沒有責任。

香煙鋪的老闆娘還是東條首相，都有一億分之一的責任，這就是日本人對戰爭責任的認知。這種集體無意識的思維方式造就的就是日式的集團意識：在有利可圖時，人人爭先恐後，個個如狼似虎；在承擔責任時，人人微不足道，個個沒有過錯。

這就是不講個體的日本人。

5. 日本人需要改惡

如前所述，日本近一千年來的發展歷史，基本上走的是一種武力掠奪的道路。日本人嘗到了武力的好處，也吃足了武力的苦頭。

第二次世界大戰的戰敗，逼迫日本走上文治的道路，即透過和平的手段發展經濟，謀取自己的利益。

從1945年到2005年，日本基本上走了60年的文治道路，並充分享受到了和平道路帶來的巨大利益。

但21世紀，日本人究竟要走文治之路還是武治之路，仍舊是懸而未決。

日本人是一個很難捉摸的民族，目前，國內主張和平發展道路的力量依然存在，但他們能否主宰日本人在21世紀的走向，依然是個未知數。

歷史有其特殊的慣性，沒有常性的日本人，如果說有一種一以貫之的常性，那就是日本人對利益的絕對追求。不管是和平談判也罷，戰爭掠奪也罷，日本人對於利益的追逐永遠也不會疲倦。

趨利避害是人的天性之一，無可厚非。但中國人自古以來就有義利之別，中國人崇尚捨生取義，「君子愛財，取之有道」。基督教文明崇尚精神的價值，把信仰的堅定性和純潔性放在了第一位。但日本人沒有這些意識形態和宗教信仰的羈絆，只要有利可圖，什麼信條都可以棄之一旁。

著名美國學者葉先揚在〈日本文化與「神的國家」〉一文中指出：

日本人的實用主義，是一種「不講原則」的靈活性、「不講道德」的適應性以及攪拌機式的大雜燴的文明，對他們來說，實用即是目的，其他

一切都是手段。

日本從各方面都被看成是一個自私自利的國家，只顧自己眼前的經濟利益，對其他國家的經濟需要漠不關心，對世界上的非經濟問題毫無興趣，日本人被斥為「經濟動物」。

因為眼前的利益是唯一的標準，所以不存在對過去

▲ 用岩石和白砂布置而成的龍安寺庭園。這是日本禪宗對大自然之領悟形式的最好闡釋

的行為負責任的問題，所以沒有「反省」、「懺悔」這麼一說，懺悔只能增加自己現在的煩惱，於利益有損無益。反省只是少數日本人的特殊心理，它與集團實用主義的民族思維定式不能相容。除非反省能使日本人獲得巨大的現實利益，或者不反省就會蒙受巨大的直接損失。

雖然世界上對日本人一片指責之聲，但他們照樣我行我素，因為這種行為模式太行之有效了，過去和現在都給他們帶來了無窮的好處和利益。

日本人在21世紀將會轉向什麼方向？日本人下一步想幹什麼？這著實是一個連他們自己也弄不明白的問題。

但是，幾乎可以肯定的是，他們集體性的利己主義不會改變，因為利益始終是他們導航的工具，而且只有集團性的利己主義才能幫助他們謀求最大的利益。

新加坡日本研究學者李炯才指出：日本人總體來說都是好的跟從者；他們服從，不善於思考，必須等待號令告訴他們幹什麼，他們才行動。他們從不吸取歷史教訓，年輕一代只知道野蠻的美國人在廣島投下了原子彈，卻不暸解自己的前輩在第二次世界大戰中的殘暴行徑；他們只接受表面價值的簡單陳述，因為沒有人教他們審時度勢。

　　「日本人過去一直是危險的，以後也還會是危險的，在加強與世界競爭霸權的過程中，他們不知道自己將被引向何處和在何處收場。」李炯才，這位在日本擔任了五年大使、並出使過八個國家的資深外交家對日本人的未來走向憂心忡忡。

　　日本人真正可怕的不是他們之中的少數右翼份子拒絕反省歷史、繼續參拜靖國神社和修改教科書等等，而在於高度一致的國家主義思想和嗜血成性的國際競爭策略。有著強大的軍事和經濟機器的日本人，一旦指揮航向的舵手出了偏差，帶給世界的將是難以估量的災難。

　　美國政治家布熱津斯基在《大棋局》一書中提示日本人：日本的中心角色不應該是扮演美國在遠東不沉的航空母艦，也不應該是美國在亞洲的主要軍事夥伴，更不適宜有心在亞洲地區爭雄。

　　但基於日本民族的歷史文化、社會道德和個人價值觀來看，日本人恐怕不容易聽得進這樣的忠告。

　　日本人的國民性有著與生俱來的缺陷。近代帝國主義和殖民主義與日本的封建軍國主義結合更是生下來一個日本法西斯怪胎，但我們仍然不能放棄療救的努力。

　　勿以善小而不為，勿以惡小而為之。與其聽任和平的曙光被黑暗吞噬，不如撥開烏雲，在黑暗中燃起希望。為了亞洲和世界和平的未來，顯然包括每個中國人在內的世界人民，都不應該放棄挽救和平的努力。

　　中國政府願意放棄鉅額的戰爭賠款，其目的無非是為了喚醒日本人民，激發起自我療救的決心。曾經擔任過日中經濟貿易中心名譽會長、新世紀日中民間論壇會會長的木村一三先生回憶了毛澤東主席和周恩來總理的那段決策過程：1972年日中兩國恢復了邦交。可是，中國沒有向日本索取一分錢的戰爭賠款，中國為什麼不要戰爭賠款呢？當時，我直接從周恩來那裡聽說，這件事是由毛澤東和周恩來親自決定的。周恩來對我說，發動戰爭的是日本一部分軍國主義者，絕大多數日本人民是戰爭的受害者，他們與中國人民是一樣的，戰爭賠款是作為稅金從受害者日本人民那

裡徵收來的，並不是軍國主義者交的稅。戰爭賠款的金額當時是 500 億美元，相當於現在的 1200 億美元。如果中國索取了如此鉅額的賠款，日本人民將會吃大苦頭。因為在甲午戰爭中，中國不僅被日本強占了台灣，同時被索取了相當於當時日本三年半國家財政預算收入的賠款。由於那筆賠款，中國人民吃盡了苦頭，所以，中國不想讓日本人民也去吃那種苦頭。周恩來說，中國不向日本索取一分錢的賠款，是出於對日本人民永久友好的願望，友好是用金錢買不到的，讓我們維持徹底的友好吧。[註20]

30 多年過去了，中日之間保持了基本和平友好的局面，這從很大程度上是以毛澤東、周恩來為代表的中國人的仁愛和慈悲換取來的。唯其如此，身為中國人，才更加知道和平的可貴。

日本人對自己過去的罪行，很少進行真正的懺悔，一些右翼份子甚至百般歪曲歷史，企圖把歷史洗刷得乾乾淨淨。對日本人來說，重要的並不是讓他們改變得更善良，而是如何改變他們的惡的心理和文化，不要繼續走惡的路子。惡之花，固然美麗，卻畢竟是邪惡的藝術。

第五章 島國根性

——日本的國家戰略分析

■解決資源與人口的矛盾，爭取一塊安定的土地，始終是日本人世世代代的目標。日本民族希望拓展自己的生存空間，本來無可厚非，但日本的軍國主義政府企圖透過霸道的手段巧取豪奪，則不僅違背人類文明之通則，也與歷史進步的潮流背道而馳。而今日本政府仍然不思悔改，意圖故伎重施，恐怕難逃全盤皆輸的命運。美國政治家潘恩說：讓島國統治一個大陸，是不符合常識的。日本的島國根性不僅侷限了其思維，而且注定了其結局。

1. 人人爭強的民族

日本國土資源匱乏，礦產資源尤其短缺。正是在這樣惡劣的生存環境中，古代的日本人（嚴格意義上來說，日本列島沒有原生的居民，都是移民，而且日本列島直到近代才統一成日本國，為了表述方便，在此都通稱為日本人，只在特定情況下區分），產生了強烈的、近乎歇斯底里的危機感。自古以來，日本人就流傳著「日本島沉沒」、「日本人沉溺太平洋」等恐怖預言，日本人每天都處在朝不保夕的狀態。這種深重的危機感催生了日本民族強烈的危機意識。

所以，日本民族的性格中自始至終貫穿著一根主線，那就是由強烈的危機感促成的「強者意識」，即在殘酷的現實世界中，要生存便要不斷變強，成為強者，無論是個人還是集團，都要拚命成為強者。只有自身的強大才是具有決定性的，一切都應由實力來說話。除了讓實力說話，日本人不理會其他遊戲規則。

強者意識是瞭解日本民族的一條主線，而受強者意識的影響形成了許多衍生的觀點和態度，如在日本人心中沒有絕對的善惡標準，也沒有絕對的正義和邪惡的分別，只有強弱、等級、貴賤

▲ 日本藝伎

之別等等。總之，透過力量的對比，日本人很快就能建立起規則——要麼我聽你的，要麼你聽我的，沒有平等協商的餘地。

強者有權支配弱者，決定弱者的生死，而弱者必須尊重服從強者。同時，強弱也是可以改變的，弱者應當以頑強的精神忍受一切屈辱向強者學習，不斷透過修行來提升自己的實力，最終透過向強者挑戰來重新證明自己。而一旦戰勝了對方，則雙方的地位則立即要生改變，原來的強者要立即臣服於如今的新主子。很多中國人對日本人的兩張臉大惑不解：他們對強者百般柔順，甚至不惜奴顏婢膝；對弱者則肆意欺辱，甚至恨不得掘墓鞭屍。其由來其實也正在於此。

日本人只崇敬和服從強者，而不會憐憫弱者。但日本人同樣尊敬那些透過頑強的意志和不屈的奮鬥，甚至不惜犧牲性命和其他一切而試圖挑戰強者的「弱者」，或者從某種意義上說，他們奉行的是強力意志哲學，尊重和服從不服輸、拚到底的「強者」。日本人奉行「纏鬥」精神，為了挑戰強者，他們可以吃一切苦頭，忍受一切屈辱，使盡一切辦法，用盡一切手段，直到徹底失敗才會放棄。日本戰爭中的「肉彈戰術」、「『神風』特攻隊」、「自殺式潛艇」等等戰法，都是源於這種「纏鬥」精神。如果與日本人對陣，不徹底摧毀其戰鬥意志，就會留下無窮無盡

的後患。

　　日本人理解的強者，不僅是指力量上的強者，也包括經濟、文化等其他方面，特別是指本人擅長的方面，只有在其本人擅長的方面超越他，才能獲得其真心的尊重。日本人很早就有一種自命不凡的精神，一千多年來連續不斷地接受「神國教育」和「軍國主義教育」，使他們內心中自認為無與倫比、高人一等。如果不能在他們自認為別人無法企及的「強項」上擊敗他們，他們內心中的優越感就無法動搖。在第二次世界大戰後，日本人自認為除了美國人，他們在戰鬥中沒有對手。所以，許多留在中國的日本戰俘拒不認罪。抗美援朝的勝利消息傳來，日本戰俘們震驚了，在他們看來武功可以與「上帝」相比的麥克阿瑟將軍居然被中國人民志願軍打了個鼻青臉腫，從這以後，他們服罪了，並徹底做了悔罪。

　　中國學者張立在〈日本民族「強者意識」釋析〉一文中指出：日本人從特定意義上說，是一種單細胞的精神動物，一旦形成某種信念便會固執甚至偏執地奉行下去，他們是偏執者生存哲學的執行者，同時也會為了自己的信念而做出外人特別是其他民族難以理解的事情來。比如，日本人為什麼拒不謝罪，日本人為什麼以殺戮弱者為榮，日本人為什麼看不起亞洲人，日本人為什麼堅持「軍國主義的殘夢」等等，都可以從他們的「強者意識」中找到合理的解釋。

　　強者為王，強者就意味著主宰，強者就代表著權威，強者就是虐待弱者的本錢，如此等等，就是日本人價值觀的核心。弱者服從強者，弱者無條件忍耐強者的橫暴，弱者如果不能成為強者就意味著滅亡，如此等等，就是日本人生存觀的體現。世界上的人只分為兩種——強者和弱者，強者生存，弱者淘汰，這就是日本人延續了上千年的固有觀念。靠實力說話，憑強力生存，就是日本人的世界觀。所以，深刻地總結了日本軍國主義罪惡的周恩來總理曾經感嘆：與帝國主義打交道，光憑實力不行，但與帝國主義打好交道，沒有實力還真的不行。

　　落後就要挨打，落後就意味著淘汰，落後就意味著被開除球籍。這

是現代中國人在遭受了以日本軍國主義為代表的一百多年的欺凌之後得出的刻骨銘心的教訓。實際上，也是一個積貧積弱的民族在與一個信奉「強者哲學」的霸權主義民族打交道後得出的無可質疑的真理。

要改變日本人已經形成的信念，靠那些倫理道德感化和言辭的規勸是難以奏效的，必須徹底從力量上戰勝或從信念上粉碎他們，向他們證明你是更強者，然後才能讓他們接受你的信念和要求。

要瞭解日本人的本性，就必須從瞭解他們的強者意識和強權哲學開始。

《菊花與劍》中對日本人的民族性格做了這樣的描述：

「日本人生性極其好鬥而又非常溫和，黷武而又愛美，倨傲自尊而又彬彬有禮，冥頑不化而又柔弱善變，順服而又不願意受人擺佈，忠貞而又易於背叛，勇敢而又怯懦，保守而又十分歡迎新的生活方式。」

這段話後來成為許多日本研究專家爭相引用的經典描述。

其實，這段針對日本人的雙重性格的描述基本上可以以「強者」意識來解釋。

日本人生性好鬥是因為希望透過不斷地戰鬥來提升自己的實力和鍛鍊自己的勇氣，使自己的強者地位得到認同，在日本，不千方百計透過戰鬥成為強者，就意味著這一輩子永遠只能被強者奴役。

日本人的溫和，只是對強者的溫和，絕大部分情況下是因為其處於弱者地位或者是被強者征服後不得不表現出來的恭順和欽佩。

日本人窮兵黷武是傳統，在這個島國上自始至終存在著無休無止的爭鬥，日本人終其一生都在進行著征服與反征服的爭鬥，不是外鬥就是內鬥，實在沒有假想敵，也要弄個派系爭鬥。

日本人愛好藝術和美是為了平息內心當中噴湧的血氣，終其一生的戰鬥和鬥爭（日本人稱為一生懸命），必須要依靠某種宗教、藝術來平復內心的情緒，愛美只是為了緩和內心的情緒，而不是為了人類的和平。

日本人的冥頑不化、忠貞、順從和保守也是因為其遇到了強者，或

者接受了強者的信念，不得不遵從和馴服，否則就會面臨毫不寬容地懲罰。

同時，日本人柔弱善變、容易背叛和十分歡迎新的生活方式，也是由於他們被強者征服後，原先的信念便在失敗面前產生動搖，甚至逆轉，而他們一旦重新確立了新的信

▲ 靖國神社

念，便很快能從迷惘中解脫出來，非常虔誠地向強者學習。當然，服從和學習強者的目的還是為了成為強者，並夢想著有朝一日取而代之。

日本人的順從是對征服他們的強者而言的，一旦對手不能成為他們信服的強者，這種順從便是一種詐術（日本人稱為忍術），其目的是為了麻痺對手，將其殲滅。

不甘任人擺佈也是因為日本人始終認為自己應當是強者，在遭遇到更強者時產生試圖向其挑戰甚至超越對方的強烈願望，這種頑強的搏殺精神為他們成為下一輪的強者提供了動力。

此外，日本人還有許多其他民族難以理解的矛盾性格和矛盾行為，究其實質，也可以用「危機意識」來分析解釋。

日本是一個四面環海的島國，陸地面積大約為37‧8萬平方公里，全境由1萬多個大小島嶼組成，與中國的雲南省面積相當，日本國土中山地、丘陵約占總面積的80％左右，平原面積不到20％。日本列島地處環太平洋火山地震帶，地震頻繁，每天三級以上地震平均有四次，大大小小的地震每年要發生1萬多次。境內火山爆發劇烈，有380多座活火山，占世界上活火山的1/10，境內25％以上的面積可以被火山噴出物覆蓋。

為了生存和繁衍，古代的日本人不得不使自己變強，為此，他們不

得不緊密地團結起來，從而在非常惡劣的自然環境中生存下去。因而日本
人的團隊意識特別強，因為為了對抗嚴酷的大自然，團隊的力量總是強於
個人，這便是日本人的「強者意識」的起源。

　　日本國內島嶼分散，交通不便，為形成各自為政的割據力量提供了
天然的屏障。而且日本人部族來源分散，部落之間差別很大。為了各自部
族的生存，各部族又不得不相互廝殺，每個人都必須具有衝鋒陷陣的能
力。所以，日本人在漫長的歷史進程中都處於自殺和相互殘殺、諸侯割據
的狀態，每個部族都應當成為強者，每個部族成員也應當具有獨當一面的
武士。直到西元 11 世紀前，日本列島還有 100 多個大小國家，之後才初
步統一，但北海道仍舊沒有歸服。所以，日本人尚武之風盛行，每個人都
不能不為保全自己而戰。

　　在日本列島正式形成之前，日本這塊土地上就已經有居民居住繁
衍。日本列島逐漸游離亞洲大陸後，海水淹沒了日本海峽，外族文明很難
進入，因此生產力長期滯後，從而使這種強烈的強者生存意識逐步強化。
由於日本四面環海，居住在海島上的人們如果不團結，就沒有其他逃生出
路，這種團結意識，是惡劣的海島條件逼出來的。

　　西元 2 世紀以後，中國進入了漢朝的鼎盛時期，亞洲大陸先進文明開
始大規模地進入日本列島，隨著移民的遷入，日本列島的生產力條件大大
提高，社會階級分化加劇，各部族軍事首領的戰爭形態也日益激烈，導致
了日本列島的部族大混戰。在此期間出現了一個邪馬台國，這個國家位於
日本九州和本州，對日本人此後的歷史文化產生了巨大的影響，許多日
本民族的精神和風俗在這個國家得以奠定成形，「邪馬台」是漢語的音
譯，在日語中的意思就是「大和」，而日本民族自稱大和民族，二者之間
的傳承關係可見一斑。

　　邪馬台國形成了日本原始文明的雛形，支配著日本民族後來的本土
信仰和日常習俗。在邪馬台國，其政治制度是建立在嚴格的社會等級之上
的，人群被劃分為貴族（大人）、平民（下戶）、奴隸（牲口和奴婢）幾

個等級，政治權力在以國王為中心的貴族中按等級分配。邪馬台國以及在此基礎上形成的大和國都奉行嚴格的等級制度，這種等級制度在日本人心中形成了極其牢固的等級思想。

對內，日本人把人們分成天皇、貴族、武士、農民和商人、賤民等若干等級。對外，日本人則把日本人理所當然地排在了地球人的第一等，以下依次是歐美人、中國人、朝鮮人、蠻夷人等等。這種等級觀念在大和國建立後更加強化。

由於四面環海的日本列島很少受到外族的入侵，只有蒙古人在忽必烈大帝的統率下曾經試圖占領日本，但強大的蒙古軍隊兩次都被日本人稱為「神風」的颱風吹滅而未能如願。因而很少有與大和統治者不同的思想觀念輸入日本，從而使日本人的民族性格中保持了相當的一貫性和純潔性。由於強者為王的等級思想不斷地鞏固，日本歷史很少有平民起義，更鮮有推翻貴族統治的貧民暴動，在絕大多數日本人心中，當時的貴族就是強者，對他們尊重是天經地義的。因此，日本的政權一直比較鞏固，而統治階層為了自身的利益，也不斷地刻意強化等級觀念和強者意識，甚至把天皇家族神化，將之比擬為「太陽神」，使得強者蹂躪弱者的等級觀念在日本人心中更加不可動搖。

可以說，日本人的「強者為王」的意識在其接近 2000 年的歷史中不斷地得到強化和鞏固，以致二次世界大戰之後日本的民主化改造步履維艱，軍國主義思想和天皇崇拜意識揮之不去，這都與這種年深日久的文化積習緊密相關。

2. 千年謀華為爭強

在世界上任何一種正常的宗教和文明當中，知恩圖報都是一種起碼的準則。

中國文化是日本文化的源頭，在明治維新以前，日本人是吮吸著中國文化的奶水長大的，但這位被中國先人奶大的「養子」，卻在一直處心積慮地琢磨如何反噬自己的「奶娘」。

從歷史記載日本人的第一階段起，就是一部恩將仇報、乃至以叛賣和凌辱恩人為樂趣的歷史。這在人類歷史上是一個罕見的範例。

這些看起來很違背人類常理的國民性，卻如此真實地擺在了人們的

▲ 在東京北面崎嶇不平、雲霧遮蓋的山上，當地三浦神社的神職人員們硬是將原先認為不能耕種的土地開墾成了一片菜園

面前，這也確實是對人類良知的一種折磨。但我們不妨從瞭解日本人的本源開始。

要瞭解日本人，就得從瞭解日本獨特的地理和歷史開始。

可以說，日本人是世界上最不幸的民族之一，其所處的地理條件和資源環境使它最有可能成為地球上一個被遺忘的角落。

日本資源極端匱乏，其陸地上除了盛產木材以外，基本上沒有什麼可用的能源。日本本島65％以

▲ 在把陡峭的山坡開闢成耕地後，一戶農民在小坡的田裡插秧，每塊梯田間只有用梯子才能上下

上是山地，不利於農耕。在狹窄的日本島上，只有20％的田地適合於耕作，而且每塊耕地平均面積不超過2.5英畝。日本還是世界上自然災害最頻繁最嚴重的地方之一，颱風、地震、海嘯、火山爆發以及洪水暴雪，一樣也沒少。在日本列島周圍，每天3級以上的地震平均就有四次，日本國內共有活火山83座，占世界活火山總數的1/10，而且日本1/4的國土被火山噴出物覆蓋著。日本國內沒有大江大河，不具備產生原始文明的條件。更可怕的是，日本自古以來就屬於人口密度最高的地區，貧瘠又狹窄的島嶼上，又必須承載著這麼多的人口。如果讓日本人株守孤島，沒有外援，那麼，這個地方遲早就會變成一個死島。

打開世界地圖，人們很容易發現，日本位於亞洲的最東面，太平洋的西北角。在大約1萬5千年前，日本列島仍舊與亞洲大陸相連，此後，

日本各地發生海進，出現了日本海，先後形成了朝鮮海峽、津輕海峽、宗谷海峽等。從此，日本逐漸脫離大陸。到距今1萬年前，成為今天的日本列島。

從日本往東，是浩瀚無垠的太平洋。從日本往北，是荒涼的西伯利亞。從日本往南，是太平洋最深的馬里亞納海溝。以上三面，都決定了日本人被上帝安排在一個與世隔絕的絕望境地。

可是，仁慈的造物主在它的西面，安排了一個最慷慨仁慈的鄰居，那就是世界上最古老繁榮的文明古國——中國。而且更有意思的是，日本離中國之間的海運直線距離為450英里，越過40英里的日本海峽，通過朝鮮半島陸路來華也不過500公里。這樣一個地理環境的安排使日本處於一個絕佳的自衛地位。首先，中國人要跨海襲擊日本，450英里的海運距離是一個大陸民族難以輕鬆逾越的。而從陸路進攻日本列島，不但要越過崎嶇的朝鮮山脈，還要徵集越過日本海峽的海軍，這也是冷兵器時代很難實現的。而這樣的地理位置對日本人則極為有利，當需要襲擊中國大陸時，淺淺的日本海峽對於人人熟悉海潮的日本人來說，易如反掌。而一旦戰爭失利，撤回本土就意味著安全，因為中國人從來就是大陸民族。當然，造物主的安排更加偏向於日本人的是，日本人一甦醒就趕上了中國歷史上最光輝燦爛的漢唐時代。對文明繁盛期的中國來說，關照日本人不僅不在話下，而且還被認為是一種國際義務。

▲ 明治時代的日本農村兒童

中華文明自有文字記載的歷史就已經有了5000多年，從中華文明進入成熟期的漢朝開始，日本文明才在世界文明史上第一次露出了身影。世界上用文字記載日本人歷史的不是日本

人自己，而是中國人。

在東漢時期的史書中，已經有關於倭人的紀錄，大約是說，在朝鮮附近的大海上，有倭人居住，那裡的人身材矮小，所以稱為倭人。倭，就是矮小的意思。當時的日本，還處於刀耕火種的蠻荒時代。

從中國的三國時期開始，中國人就開始接受日本人的朝貢，愛面子的中國人在被朝貢之後，當然回饋的是豐厚的贈禮。日本吃的糧食——水稻，日本人穿的衣服——麻布，日本人祭祀用的祭器——銅器，包括日本人後來用來砍中國人頭顱使用的軍刀——倭刀，都是中國人慷慨捐贈的。當時處於母系社會的日本一開始就能與當時世界上最先進的文明國家打交道，不能不說是一種幸運。

從東漢到魏晉南北朝直至隋朝的6個世紀中，來自中國的慷慨贈禮哺育出了日本歷史上第一個像樣的王國——大和國，這就是今天日本國的前身。此時的日本人，依然沒有自己的文字，西元285年，朝鮮人王仁從朝鮮半島來到日本，向大和國國王（此時大和國的首領稱為大王）獻上了中國的書籍《論語》十卷和《千字文》一卷，這是有歷史記載的日本人從中國人這裡學習文字的最早的紀錄。此後，日本皇室開始正式學習漢字。

學會了文字的日本人給中國恩師回饋的第一篇文書卻不是感謝信，而是挑戰書。西元607年，日本的攝政王——聖德太子派遣特使小野妹子出使隋朝，這封國書的題頭詞是這樣寫的：日出處之國之天皇致日落處之國之天子之書。中國的歷史書上寫的是：日出處天子致書，日沒處天子無恙……按照這個版本，日本的國王覺得與中國的皇帝是平起平坐的，都是身為天子，但日本國比中國高出一等，畢竟日本國處於日出之處，代表著上升的勢頭，而中國則是日落之處，代表著沒落的態勢。而按照日本史書的記載，日本的國王此時已經由大王改稱天皇，乃是天底下最高的稱謂了，而中國的皇帝則不過個天子而已。天皇和天子，在輩分上高出好幾個等級呢。這次文字挑釁的詳情不必細說，總之，弄得隋朝皇帝很不高興，隋煬帝發了脾氣，但對日本人慷慨慣了的中國人依舊做出了高姿態——

一照樣派遣使者回訪日本，而且還派送了大量禮品和文化用品。

在第一封國書裡吃了大虧的隋朝人並沒有提高警惕，在聖德太子書寫的第二封國書中，日本人毫不客氣地把中國皇帝降了格，這封國書劈頭寫道：東天皇敬白西皇帝。此時的日本國王已經毫不謙遜地以天皇自居了，但被降了格的隋朝皇帝照樣寬宏大量地接受了國書，還欣然答應培養日本來的八位留學生，這些留學生在後來的大化改新中發揮了核心作用。

大化革新的直接目的當然是為了維護天皇的權威，但利用大化革新的機會加緊軍事準備，以便挑戰朝鮮乃至中國也是另一層實際的考量。

大化革新的指導思想就是學習中國唐朝的政治和軍事制度，加強中央集權，提升日本的國力。

西元645年，日本正式開始了效仿中國隋唐體制的大化革新。但是，在大化革新剛剛取得成效的西元663年，日本人就迫不及待地向自己的恩人朝鮮和恩師中國舉起了倭刀。

西元663年，中國唐朝高宗龍朔三年，日本天智天皇起傾國之兵攻打新羅，意欲趁朝鮮半島混戰的機會攻入朝鮮，威脅唐朝的藩屬國新羅。同年8月，日本軍在朝鮮的白村江與唐朝和新羅的聯軍交戰，日軍慘敗。

白村江之戰是中國軍隊第一次大規模的抗日戰爭，奠定了此後接近一千年的東亞政治格局，對中日雙方都具有深遠的歷史影響和借鑑意義。這場戰爭是日本人對自己的恩人恩將仇報的一次大表演，其來龍去脈值得仔細分析。

西元594年，朝鮮半島的高句麗、百濟、新羅開始向隋朝朝貢。日本也於608年向隋朝派遣使節。622年，唐朝與高句麗、百濟、新羅建立冊封關係。7世紀中葉，朝鮮半島紛爭升高。655年，高句麗與百濟聯合進攻新羅，新羅向唐朝求援。660年，唐高宗派大將率水陸聯軍13萬前往救援，大敗百濟，俘獲其國王。同年9、10月間，百濟遺臣兩次遣使日本朝廷，請求援助，並要求送還在日本作人質的豐璋王子。大化革新後的日本，開始由農奴制向封建制轉化。為了轉移國內守舊勢力的鋒芒和人民

群眾的不滿，也為了擴大在朝鮮半島的影響，日本人遂藉機出兵朝鮮半島。於是，朝鮮半島的糾紛擴大為東亞地區的國際爭端。

661年正月（農曆，下同），日本齊明女皇和中大兄皇子（後來的天智天皇，668年即位）親赴九州，欲統兵渡海西征，但齊明女皇因旅途勞頓，於當年7月病死，出征計畫被迫推延。8月，中大兄皇子監國，令先遣部隊及輜重渡海。9月，5000日軍護送百濟豐璋王子歸國即位。662年正月，日本向百濟贈送大批物資。同年5月，日本將軍率舟師170艘增援。日本本土則「修繕兵甲、各具船舶、儲設軍糧」，隨時準備渡海作戰。663年3月，日本又增兵2萬3千人，唐朝也任命右威衛將軍孫仁師為熊津道行軍總管，統舟7000進駐熊津城（今韓國公州）。5、6月間，百濟君臣之間發生嚴重內訌，實力銳減。唐軍與新羅軍隊趁機調兵遣將，於8月13日包圍了百濟王所在的周留城（今韓國扶安）。至此，慘烈的白村江海戰拉開序幕。

663年8月17日，唐將劉仁願、孫仁師與新羅王率陸軍團團圍住周留城。唐將劉仁軌、杜爽與百濟降將扶餘隆則帶領戰船170艘列陣白村江口。8月27日，日本援軍萬餘人，分乘戰船千艘，與唐朝水軍不期而遇。《三國史記》中描述道：「此時倭國船兵，來助百濟。倭船千艘，停在白沙。百濟精騎，岸上守船。新羅驍騎，為漢前鋒，先破岸陣。」翌日，日軍諸將與百濟王商討對策。他們依仗兵力優勢，妄言「我等爭先，彼應自退」，遂未加整頓部署，便「率亂伍中軍之卒，進打大唐堅陣之軍」。結果，唐軍「左右夾船繞戰」，巧施包抄合擊之術，致使日軍「赴水溺死者眾，艫舳不得迴旋」。《舊唐書・劉仁軌傳》史載：「仁軌遇倭兵於白江之口，四戰捷，焚其舟四百艘。煙焰漲天，海水皆赤。」戰後，百濟豐璋王逃亡高句麗，殘軍盡皆投降，百濟復國化為泡影。

白村江戰役，基本上決定了當時東亞地區的政治格局。百濟滅亡後，667年，唐朝和新羅聯軍乘機進攻，翌年攻陷平壤，存在705年之久的高句麗滅亡。

▲豐臣秀吉（1536－1598）雖然出身低微，但是野心卻是出奇的大。早在1578年，他就說過：「圖朝鮮，窺視中華，此乃臣之夙志。」

日本國內並不支持豐臣秀吉的侵朝戰爭，農民抗租，軍隊譁變，使得豐臣秀吉憂憤成疾。1598年8月5日，63歲的豐臣秀吉死去。死前，他把5歲的兒子豐臣秀賴交託給心腹大臣五大老，希望他們輔佐幼子繼位，並吟詠了一首哀傷的和歌：

「吾似朝霞降人世，來去匆匆瞬即逝。大孤巍巍氣勢盛，亦如夢中虛幻姿。」真是「人之將死其言也善，鳥之將亡其鳴也哀」。就這樣，這位日本早年的侵略者帶著無窮的遺憾死去了。當年年底，日軍全部撤出朝鮮，這就是第二次侵朝的「慶長之役」。

豐臣秀吉的侵朝戰爭雖然失敗，但是給朝鮮帶來巨大的損害，其影響一直持續很長時間。同時這次戰爭也耗盡了中國的國力，加速了明朝的崩潰。

　　白村江之戰的慘敗，也促使日本退守本土，900餘年（至1592年豐臣秀吉侵略朝鮮）間未敢再大規模入侵朝鮮半島。白村江戰敗後，日本中大兄皇子深恐唐朝與新羅軍隊進攻日本本土，於是從664年起，花費鉅

資，先後構建了四道防線。其中，日本在九州的太宰府建「水城」。它實際上是一座用於防禦的土壩，壩長 1.2 公里，底部寬 80 公尺，高十幾公尺，外側是一條 5 公尺深的水溝。為了保險，667 年，日本將都城從飛鳥遷至近江大津宮。但是，唐朝和新羅的軍隊並沒有乘勝進軍日本本土。

白村江交戰，是日本與唐朝的一次直接較量，它確立了唐朝在東亞地區的中心地位。面對強盛的大唐帝國，戰爭的慘痛教訓，促使天智天皇不得不重新審視自己的對外政策。於是，日本及時修正對外政策，恢復了與唐朝的國交，開始積極選派遣唐使，全方位地學習唐朝的政治、經濟和文化。

白村江之戰是接受了唐朝先進文化哺育的日本人第一次對自己恩主的大規模反撲，反映了這位大唐門生的真實意圖。由此可見，反噬恩主並不是現代日本軍國主義的創造，而是其文化基因的固有成分。

而唐朝的外交政策再一次體現了中國人的寬宏大量。此後，大唐帝國不僅沒有懲罰日本人，反而以更加慷慨的姿態資助日本的發展。在白村江戰役之前，日本已經派遣過四次遣唐使。但史實證明，白村江戰役後，日本派出遣唐使的頻率、使團規模和影響力都遠遠超過戰爭之前。最具典型意義的第七次至第十次（669－733 年）遣唐使，使團規模較大，一般為四條船，五、六百人，約是戰前的兩、三倍。這一時期中日間的文化和經濟交流也最為興盛，彪炳史冊者甚多。遣唐使作為日本朝廷派遣的國使，政治上發展與唐朝的睦鄰關係，經濟上交換宮廷貴族需求的珍貴物產，文化上積極吸取唐代豐富的典章制度，推動日本社會進入了一個新的發展階段。

大化革新奠定了日本封建文化的基礎，由大化革新後確定的國家制度，在此之後，直到明治維新才發生根本性改變。由大化革新引起的白村江之戰，一方面教訓了日本人，弱小的日本要與中國拚高下，無異於以卵擊石，只有實力才是爭取國際利益的標準。另一方面又刺激了日本人，唐朝對侵朝的日本既往不咎，使日本人意識到有機可乘，恩將仇報之矛早晚

▲ 清政府和日本簽訂《馬關條約》時的情景。日方的代表是伊藤博文首相和陸奧宗光外相。中國代表是直隸督兼北洋大臣李鴻章和他的兒子李經方

能洞穿以德報怨之盾。日本人把擊破恩人的機會鎖定到了下一次。

唐朝的中國人是日本人的師傅，而且長期在世界上處於最強者的位置。要證明自己的強者地位，就必須打敗中國人。在日本人看來，只有擊敗中國唐朝，才能證明自己青出於藍，也只有征服中國人，日本人的神國地位才能得到確認。在以後很長的時間裡，日本人都是把唐朝視為挑戰的對象，中國被稱為唐域，中國人被稱為唐人。

自唐朝衰亡後，中國出現了五代十國的混亂局面，國勢趨於衰弱，日本就很少再派遣遣唐使來朝貢了，日本人的強者意識使他們只認同強者的國度，對於弱勢國家，他們根本沒有興趣。

但日本人學習強者的目的當然是向昔日的強者挑戰，甚至試圖取而代之。

在白村江之戰被打敗後的日本人在此之後對唐朝更加恭順，彷彿什麼不愉快的事情都沒有發生過一樣。不過，挑戰大唐的意願沒有任何改變，此後的日本人，特別注意學習唐朝的軍事。據學者張立等考證，「日本從此特別注意對中國軍事技術和兵法的引進，到西元9世紀時，日本朝

廷已收藏中國兵法近30種，當時中國將領案頭的常見兵書已應有盡有。」

日本人一直在等待向中國挑戰的機會，這個機會直到明朝萬曆年間終於來臨了。當時的日本統治者豐臣秀吉在國內掃蕩諸侯、一統群雄後，就立即決定取道朝鮮，征伐中國。豐臣秀吉在軍前宣誓：「要在有生之年，誓將唐之領土納入我之版圖。」此時的明王朝儘管朝政腐敗，但餘威尚存。在第一次侵朝戰爭中，豐臣秀吉的部隊被明朝和朝鮮的聯軍使用的新式火器打了個暈頭轉向，損失過半。五年過後，仍不甘心的日軍再次入朝，又被中朝的聯合水軍擊潰，再加上國內反對勢力作亂，豐臣秀吉在氣急敗壞中病死，日本的這輪挑戰無功而返。

滿清入關後，清朝國力鼎盛，日本人在200年間未敢輕舉妄動。但清朝道光之後，國力急轉直下，終於在1840年的鴉片戰爭中被英國人打敗，中國進入了半殖民地半封建社會。中國在兩次鴉片戰爭中的失敗，既讓日本人看到了歐洲列強侵略的恐怖性，又讓他們看到了新一輪挑戰中國人的機會終於來了。明治維新後（1868年）的第三年，日本國力剛剛有所上升，國內的武士階層就迫不及待地提出要征服朝鮮（三韓）。明治六年，日軍開始侵略台灣，明治八年，日本人強迫中國的藩屬國琉球與清朝解除冊封關係，明治十二年，日本公然吞併琉球，改名沖繩縣。至1895年，日本人在中日甲午戰爭中徹底擊敗清朝，徹底改變了近2000年來的力量對比。

甲午海戰前夕，日本人面對著中國這個近一千年來的強勁對手，做了最全面的動員和最壞的準備。1893年，日本明治天皇宣佈在六年內，皇室每年向海軍捐助30萬元，文武百官各自捐獻10%的薪餉。日本皇太后向海軍捐出了自己的首飾以充軍費。天皇決定，每天只吃一頓飯，以節省開支資助海軍。在日本國內，掀起了全民支持海軍打清朝的狂潮，連小學生做遊戲也不忘「一定要擊敗定遠艦」（定遠艦是清朝海軍最大的軍艦）。開戰之時，日本天皇將都城臨時遷往廣島，親自指揮決戰，並下令建造灘頭陣地，以防止日軍失利後清軍的反撲。而相比之下，腐敗昏庸的清朝政府

正在忙著集舉國之力為慈禧太后慶祝 60 歲生日，原來用於海軍購買艦艇的經費竟然被挪用給了慈禧太后修建養老的頤和園。至此，挑戰者與被挑戰者的勝負結果已經顯而易見。

在甲午戰爭中挑戰成功的日本人立即換上了強者的面孔，對弱者中國人極盡蔑視侮辱之能事。對中國人的稱呼也由「中華」改成了極富侮辱性的「支那人」，稱呼中國人為「支那人」還算是客氣的，後來乾脆誣衊中國人為「支那豬」。

甲午戰爭的勝利和《馬關條約》的簽訂，使日本人的強者意識空前膨脹，此後吞併中國和朝鮮，侵占亞洲，稱霸世界很快成為日本軍事強人的目標。

3. 拓展朝鮮的千年夢想

在當今日本生活定居的朝鮮人大約有 80 萬人，他們被稱為在日朝鮮人。不過，由於朝鮮半島如今分成朝鮮民主主義共和國和大韓民國兩部分，所以，在南韓出生的人有時也被稱為「在日韓國人」。（本文為了表述方便，把生活在朝鮮半島的朝鮮民族，通稱為朝鮮人）

朝鮮人大量定居於日本起因於日本的殖民政策。這些人在日本落下腳來，一部分是因為原來的家園被日本人燒了，一部分是被日本軍當作勞工強行押送來日的。如今，他們的後代連同姓名和國籍也都日本化了。

在日的朝鮮人，不管有多大才能，也不管「日化」到什麼程度，只要一查出來原籍朝鮮，就別想在日本的大公司任職，也別想當公務員和教師，甚至不能在公共住宅區居住。有很多朝鮮人只能做著煉廢鐵或塑膠加工等工作，所以，日本強加給了朝鮮人一個綽號「朝鮮髒人」。

一些在日朝鮮人後裔不堪凌辱，竟選擇自殺的絕路。

日本人的學校從不講授其先輩在朝鮮人中犯下的罪孽，更不可能教授朝鮮人對日本人的恩德。只要是朝鮮人，使用朝鮮名字是很自然的，但是，他們在日

▲ 在侵朝戰爭期間，日軍將領們在商討對策

本不敢使用本民族的姓名。原因很清楚，只要你是朝鮮人，就意味著被日本人鄙視。這就是日本人對朝鮮恩人的「真實態度」。

如果說中國人是日本人文化上的恩師的話，朝鮮人則是日本人生活上的恩人。

朝鮮半島是距日本列島最近的地區，自古以來，朝鮮人就是中國文化向日本輸出的最重要橋樑。

日本人吃的主食——水稻，就是朝鮮人跨過對馬海峽送過去的。日本人需要的最先進的生產工具——無論是石器、陶器、青銅器還是鐵器，都是中國人發明後假道朝鮮送入日本的。

古代的日本人只能住在土洞裡，其土木建築技術是朝鮮人傳授的。日本歷史記載，5世紀後半期，新羅送來了一個叫豬名部真根的木匠，雄略天皇命令他建造房屋，他使用中國人的規矩和準繩，把中國的建築樣式第一次正式傳授到了日本。日本天皇的陵墓也是擁有中國技術的朝鮮人設計建造的。

直到中國的三國時代，日本人仍舊沒有自己的服裝。當時的日本人，沒有針、剪，穿得很不成樣式，《魏志·倭人傳》記載，日本的男子「其衣橫幅，但結束相連，略無縫」；日本的女子「作衣如單被，穿其中央，貫頭衣之」。而且男子無論大小，都「黥面紋身，以朱丹塗其身」。這就說明此時的日本人還沒有衣服，男人身上像纏了個麻袋，女人身上像背了床單被，而且渾身刺滿了圖騰物，他們還處於原始人部落社會的狀態。

西元283年，朝鮮半島的百濟首次向日本人送去了縫衣的女工，這是日本歷史上第一次大規模地接受縫衣技術。

同年，一群自稱是秦始皇後代的部族人也從百濟進入日本，給日本人帶去了養蠶和紡織技術，這是日本首次大規模地接受紡織技術工人。

日本最早的製革術、繪畫術、曆法、醫藥、文學和儒學，乃至後來的全部文化教育事業，都是以朝鮮人作為使者傳入日本的。

　　從衣食住行到文化經濟和政治宗教，日本社會的各個方面，都是透過比他們先進的朝鮮人引進或者傳授的。說古代朝鮮人撫養了古代日本人，是一點也不為過的。

　　但是，對於這位無微不至關懷了自己的恩人，日本人從來不是抱著知恩圖報的心態來對待，而是極盡侵凌侮辱之能事。有文字記載的 1000 多年的日本歷史，就是一部對朝鮮民族實施侵略、殺戮和凌辱的歷史。

　　大和國大約興起於西元 3 世紀末，在西元 4 世紀末到 5 世紀初基本上統一了日本的除北海道以外的大部分地區。但新興的大和國在立國之初，就將征伐朝鮮作為自己的目標。西元 4 世紀中葉，大和國即開始策劃進攻朝鮮，西元 4 世紀 60 年代，大和國終於攻入朝鮮半島，征服了今朝鮮半島廣尚南道地區，建立任那地方政權，並設立「日本府」對朝鮮人進行殖民統治，朝鮮半島上的百濟國被迫成為日本的朝貢國。

　　西元 4 世紀末，大和朝廷隨著國勢的增強，更加加緊了對朝鮮人的殖民掠奪。據高句麗好太王碑記載，倭（指大和國）於西元 391 年渡海擊破百濟、新羅，迫使其國人成為臣民。西元 399 年，倭寇大舉進攻新羅，「倭軍遍佈新羅國境」，直到西元 404 年，倭軍才被高句麗打敗。

　　立國之初，即以侵凌朝鮮恩人為快事，在日本人自己的歷史記載中更為露骨。

　　日本最早的史書就有關於早期日本人企圖欺凌朝鮮的記載。早在西元 200 年的時候，日本有文字記載的最早的統治者神功皇后就以「毅然」侵略朝鮮而世世代代受到日本人的崇拜。

　　《新編日本王室史話》這樣記載：神功皇后不僅「容貌秀麗」，而且「聰明睿智」。她的丈夫仲哀天皇死後，她為了穩定軍心，決定封鎖消息，秘不發喪。她一改仲哀天皇攻打熊襲（據說是當時日本列島上一個叫狗奴國的地方），決定西向出征朝鮮半島，西元 232 年，倭人圍攻新羅都城金城。新羅王親自率兵迎戰，才將倭人打退。但是，神功皇后沒有白來，倭人掠奪了大量的金銀財寶和圖書，班師回國。

從此之後，每當日本人想要攻打朝鮮人的時候，總是要先把這位神功皇后的「功業」重新炫耀一番，以激勵那些繼承神功皇后「事業」的子孫們。由此可見，即使打不贏，也要掠奪搜刮一番，這早就是日本人的老傳統了。

神功皇后的子孫們從她的「事業」中嘗到了甜頭，此後，掠奪朝鮮人便成為了日本人的一項基本國策。到西元5世紀的時候，經常渡海侵掠朝鮮半島的日本人，在朝鮮半島南部建立了一個「任那」殖民政權，並以此為基地，大肆搶掠朝鮮人的財富。西元530年左右，日本人終於從朝鮮人那裡獲得了其夢寐以求的先進技術——百濟國同意向其貢獻五經博士、易博士、曆博士、醫博士、藥劑師、樂工、僧侶等高級知識份子，對促進日本文化的進步，趕上當時世界最先進水準發揮了至關重要的作用。

西元552年10月，百濟國又向日本大和國貢獻了一尊釋迦牟尼的鎦金佛像和若干經卷，從此佛教傳入日本。

儘管朝鮮人源源不斷地為日本人提供財富和技術，日本天皇卻並不滿足，繼續增兵擴大對朝鮮的占領，無奈技不如人，西元563年，日本人被新羅軍隊趕出了朝鮮半島。日本人長達半個多世紀的侵朝戰爭才算告一段落。西元571年，多次策劃攻打新羅的欽明天皇一病不起，臨終前仍然念念不忘攻占朝鮮半島。貪欲未曾滿足的日本人又開始了長達一個世紀的戰爭策劃。最終在西元663年，日本軍隊在白村江戰役中被唐朝和新羅的聯軍徹底擊敗。

著名日本學者森島通夫先生認為，白村江之戰的失敗是日本歷史上天皇集團的中大兄皇子決策失誤導致最嚴重的失敗，足以與第二次世界大戰中導致日本慘敗的東條失敗相提並論。但是，更具有諷刺意味的是，正如東條的失敗出乎意料地迎來戰後的文化繁榮一樣，中大兄皇子的失敗，大量的朝鮮政治家、學者、僧侶和藝術家離開百濟來到日本，正如二次世界大戰後美國的占領軍一樣，為日本的文化發展作出了很大的貢獻。

在日本歷史上，對鄰邦的侵略戰爭絕大部分在軍事上都失敗了，但

在財富掠奪上卻都取得了出人意料的收穫。難怪日本人對凌辱鄰邦抱有濃厚的興趣。1905年，覬覦了朝鮮一千多年之久的日本人，終於吞併了朝鮮。但日本人並不滿足，而是要繼續吞併中國，進軍印度，最後功敗垂成。

　　侵略失敗了，並不記取教訓，反而變本加厲，捲土重來，這是日本對外戰爭歷史的具體寫照。有人歸結於是日本人的尚武精神導致的惡果，孰不知在日本人的文化傳統中，靠侵略鄰邦發財、以凌辱他人為樂是相輔相成的。戰敗了，沙揚娜拉——沒什麼了不起。比起戰敗的損失，戰爭掠取的財富要多得多。向來就精於計算的日本人並不是傻瓜，既然侵凌他人能夠帶來可觀的收益，對這樣的買賣何樂而不為呢？

　　近代日本軍國主義份子每當手頭拮据的時候，就想拿攻擊朝鮮發話，這種決策模式並不是偶然的，在其統治階層的政治傳統中，早就提供了很好的教材。

4. 爭雄於世界

    日本位於亞洲的最東端，在地理大發現之前，日本人從來沒有機會與西方人來往。日本真正開始與西歐國家打交道是從向葡萄牙人學習火槍技術開始的，那時，中國已經進入了明朝末年。此後，荷蘭人來到了東亞，侵占了台灣，進入琉球和日本，日本人才真正開始接觸西方的近代科學技術。荷蘭人的先進技術讓日本下層的知識份子大開眼界，而政府則視為「奇技淫巧」，對荷蘭人在日本的活動加以嚴格限制。其後，沙皇俄國、英國和法國等相繼十幾次叩關，也未能啄開幕府鎖國的鐵鑰。

    1853 年 7 月發生的「黑船事件」標誌著日本與西方全面接觸的開始。美國冒險家佩里准將突然率領艦隊來到東京灣，他的艦隊塗著黑漆，被日本人稱為黑船，一番武力恫嚇後，日本幕府驚慌失措，被迫簽訂了《日美和親條約》，此後，歐洲列強陸續來到，按照同等優惠條件逼迫日本簽訂了一連串不平等條約。

    被西方的堅船利砲打醒了的日本人再次迸發了強者意識：第一，就是老老實實向西方列強學習，恭順地執行各項不平等條約；第二，就是臥薪嘗膽準備向西方挑戰，成為與西方列強平起平坐的霸權主義國家。

    1871 年，明治天皇政府向歐美各國派出了規模龐大的訪問團，這種訪問團的性質就類似於古代的遣唐使，開始全面學習西方列強的先進文明。

    日本的訪問團廣泛地考察了西方各國的文化和政治，經過認真權衡後，決定模仿德國的法律制度和陸軍制度，英國的君主立憲和海軍制度，法國的教育制度和刑法制度，並廣泛採納英國、美國和德國的軍事和工業

技術，此後，日本開始了狂熱地追隨西方的道路。

　　在西方列強面前，日本人還是弱者，他們渴望與西方列強交好，透過討好列強，分一杯羹，但遭到了列強的恥笑和漠視。早在 19 世紀 50 年代，日本人曾經一廂情願地希望與沙俄交好，還肉麻地把並不被英法尊重的俄國尊稱為「世界希望的中心」，結果被沙俄無情地趕出了門外。此後，日本人又耗費鉅資按照西方人的生活標準在東京建造了鹿鳴館。鹿鳴館完全按照西方人的情趣建設，裡邊吃西餐，穿西服，理分髮，跳交際舞，蓋洋樓。歐式風範風靡一時，這種處心積慮討好西方人的做法贏得的仍舊是西方列強的訕笑，英國和法國反而加緊了對日本人的掠奪。

　　在中日甲午戰爭中豪賭成功的日本人的強者意識再一次噴發，他們決心與沙俄在東北亞決一雌雄。 1904 年，日俄戰爭爆發，日本集中全國的力量投入了這場大戰。在戰爭中，日本人採取

▲ 明治天皇像
19世紀70後代中期，反對維新措施的來自兩方面的人，一是失意的武士，他們糾集對農業政策不滿的農民，多次舉行叛亂。二是受西方思潮影響的民權主義者，他們要求立憲、開國會，一切大政要取決於民意。在這些輿論的壓力下，明治天皇支持民眾的要求，依照西方實現現代化。在「文化、開化」的旗幟下，大力介紹西方文化，從思想一直到建築、衣著

「肉彈戰術」，讓第一次在戰爭中使用新式機關槍的沙俄部隊為之膽寒，血流成河的日軍終於取得了在中國東北的「殖民權力」，原先輕視日本人的沙俄政府垮台。

　　在日俄戰爭中，英國人為了遏制沙俄在中國的勢力，與日本人結成了同盟，並為日本人提供了大量的軍事情報援助。但得勢後的日本人比沙

俄更加貪婪，竟然制定了獨霸中國的策略。日本政府密謀與袁世凱簽訂「二十一條」失敗後，日本人與英美在亞洲的利益衝突愈來愈大，原來教唆日本人走帝國主義和殖民道路的洋教頭——英美兩國，逐漸成為了日本人挑戰的下一個對象。

利用侵略戰爭發橫財，利用殖民地開拓市場，利用不平等條約爭取霸權地位，這些招數本來都是英國人和美國人等教授給日本人的，在中日甲午戰爭和侵朝戰爭以及日俄戰爭中，英美也一直站在日本人一邊。在第一次世界大戰中，日本人還從協約國那裡攫取到了德國在中國的權利。但羽翼豐滿之後的日本人覺得向他們的第二任老師挑戰的時刻已經到了。

1922年，在華盛頓簽訂的《限制海軍軍備條約》本來是帝國主義列強瓜分世界的一個分贓條約，該條約規定，英美日法義的海軍總噸位按5：5：3：2：2的比例配備。在這個協議中，日本的海軍已經被確認世界第3位的水準。對於這位新興的帝國主義者來說，傳統的列強已經很客氣了，但日本人覺得這如同蒙受了奇恥大辱，下決心要甩開這個協議的羈絆，放手開創自己的海軍霸業。

▲ 鹿鳴館時代，身著華麗洋裝的上流社會婦女正閒雅地在梅花盛開的梅園遊園

從20世紀20年代起，日本人對英美人的怨恨情緒日益增加，將他們原先頂禮膜拜的英美稱為「鬼畜英美」，終於在1941年12月7日，日本人發動了偷襲珍珠港戰役，同日，日本人正式向英美宣戰。

隨著第二次世界大戰的慘敗，日本人意識到了美英等國的強大，自己與帝國主義的新霸主美國相比，差距甚大，於是對美國人的瘋狂仇視又變成了極端崇

拜。美國人原來對占領日本本土做了最壞的估計，甚至準備犧牲100萬人，因為在二次世界大戰中頑固的日本武士道給他們的印象太深刻了。但是，踏上日本本土的美國大兵非但沒有遭遇報復，反而到處是舉著歡迎旗的日本人。日本人非但沒有為死去的同胞復仇，反而把仇敵當成了神明來崇拜。狠狠掃了天皇面子的麥克阿瑟將軍，居然在日本人中的威望如日中天，日本政客爭相以與美國人攀上關係為榮，日本學者以能說英語為學問的最高標準，日本政府公職人員言必稱占領軍的「最高指示」，甚至不少日本少女以獻身美國大兵為榮。

日本人用了1000多年的時間挑戰中國師傅，終於確立了自己的亞洲第一把交椅的位置。

日本人用了100年的時間挑戰西方特別是歐洲列強，終於確立了自己世界列強的霸權主義的位置。

從20世紀60年代開始，日本開始登上了世界國民生產總值第二位的寶座。

但日本人的強者意識非但沒有減弱，反而更加強烈了。那麼，日本人下一輪的挑戰對象又會是誰呢？

▲ 1945年9月20日，裕仁天皇會見盟軍最高司令官麥克阿瑟將軍

5. 正常國家＝霸權國家

20世紀80年代是日本戰後政治發展史上一個很重要的階段。這一時期的日本，在經濟上已經牢牢地占據了世界一流強國的位置，國民生產總值位居世界第二位，相當於美國的2/3，西德的一倍，中國的五倍，而平均國民生產總值已經超過美國，是世界上最富裕的國家之一。

富裕起來的日本人自然開始籌畫其新的國家發展戰略。這一輪國家發展戰略，簡單地概括，就是「日本不僅要成為世界經濟大國，還要成為世界政治大國」。

1982年11月，中曾根出任日本首相後，馬上提出了日本要做世界政治大國的口號。1983年，日本發表《外交藍皮書》，強調把「日本迄今以經濟為中心的作用，擴展到政治方面去」，「開展符合國力和國情的自主積極外交」。

日本人面向21世紀的挑戰目標被中曾根解釋得非常清楚，「我們日本人已經來到了這樣的轉捩點，即面向21世紀，在日本人一致同意的前提下，大膽觸動過去意見紛紜或迴避觸及的問題，重新形成統一的看法，以促進日本作為一個國家和民族在世界上堂堂正正地前進。」

中曾根首相在這裡說的敢於大膽觸動過去意見紛紜或迴避觸及的問題，其實就是他們要挑戰的對象。這些敏感的「意見紛紜或迴避觸及」的問題其實主要有三個：

1、日本人對於二次世界大戰失敗是否心悅誠服地服罪和反省。

2、日本人能否正視自己軍國主義和霸權主義的歷史錯誤，力戒重犯。

▲ 中曾根康弘是日本當代有代表性的思想家，在日本政界有很大影響。生於1918年5月27日，日本群馬縣高崎市人。1941年東京帝國大學法學院畢業後入內務省工作。1947年第一次當選眾議院議員。1959年任科學技術廳長官。1967年11月任運輸大臣。1970年1月任防衛廳長官。1972年7月任通產大臣兼科學技術廳長官。1980年任行政管理廳長官。1982年11月至1987年11月任自民黨總裁和日本政府首相。2001年2月至2002年4月任亞洲論壇主席。2004年1月任亞太議會論壇名譽主席。2004年6月25日，他所著的《自省錄》一書出版，該書對日本政治和國際關係發表了系統的看法

3、日本人能否跳出等級觀念和強者心態，平等友善地對待世界各國人民。

本來，第二次世界大戰發表的《波茨坦公告》以及戰後的戰犯審判，已經對日本的侵略戰爭做出了公正嚴肅的歷史結論，日本戰後通過的《和平憲法》不允許日本擁有軍隊和戰爭權，已經對日本的軍國主義和霸權主義錯誤進行了法律的規範，日本人頑固堅持的等級觀念和征服世界的狂妄野心也已經在第二次世界大戰中碰了個頭破血流。但這些世界歷史和世界人民已經公認的結論如今居然要成為「大膽觸及」的挑戰對象，而這恰恰就是日本人21世紀真正要挑戰的對象。

全世界人看起來很正常、理所當然的事情，卻要成為日本人挑戰的對象，這看起來似乎不合常理，而這些不合常理的念頭在許多日本人看來，似乎又是再正常不過的事情，這恰恰是日本的傳統文化習俗的影響造成的。不深入地分析日本人的強者意識產生的社會背景，就很難理解他們的挑戰心態。

《菊花與劍》中指出：正如對國內問題的看法一樣，日本人對國際關係的全部問題也都是用等級制度這種觀念來看待的。在過去的十年間（指1945年前的十年間），他們把自己描繪成已經高踞國際等級制的金字塔的頂端，現在，這種地位已經被西方各國所取代，但他們對現狀的接受，

仍然深植於等級制觀念。

冷戰結束後，日本人的這種文化心理沒有改變，而且更加嚴重了。所謂日本民族優越論的重新泛起，就代表了這種思想傾向。此外，無論是日本人宣揚的「以日美歐三極主導國際新秩序」，還是所謂的「世界和平新秩序」，都是為了使日本人在整個國際社會中處於支配和主導的位置。日本從20世紀60年代開始謀求成為安理會常任理事國，企圖在聯合國最重要安全事務中發揮主導作用，同樣也是這種成為強者的文化心理在作祟。

《當代日本人》的作者、美國前駐日大使賴肖兒曾經指出：日本人有時聲稱他們區別於其他國家的獨特感，與其優越感和自卑感沒有關係，但在日本這樣一個強調等級意識的社會裡，這種辯解讓人難以接受。在今天的日本人當中，他們大部分是主張平等的，但經常可以聽到「日本第一」、「世界第一」這類說法。如果他們不將日本第一這類觀念用在國際關係上，分出較高級的、或較低級的國家的話，那才怪呢！

日本人在自己編寫的指導日本21世紀國家發展戰略的重要文獻《90年代日本的課題》一書中，對自己反覆強調的平等國家關係做了自我否定，該書指出：漫不經心地沉湎於「國際化」是危險的，不應對所謂的「國際化」抱有過度的幻想。其原因在於「國際化」的實質是文明的交往，這兒肯定伴隨著強大的文明與弱小的文明的對峙關係。在平等關係上的「國際化」是不存在的。

實際上，日本人反覆標榜國際和平與平等，在骨子裡，很多人根本就不相信這一套。他們的如意算盤是，先設法擠進安理會常任理事國的行列再說，至於能不能公正地處理國際關係，那就看符不符合日本人作為世界強者的利益了。

如果說強大的經濟力量是日本提出「國際新秩序」的物質支撐力，那麼，日本民族文化中的崇尚強者、信奉弱肉強食哲學的精神特質則是其精神推動力。

日本要成為「政治大國」，其理念的實質就是對這種強者哲學，特別是強者主宰弱者的國際秩序觀的迷戀。

至於日本人中的一部分人，總是抱著皇國史觀不放，為軍國主義和戰爭罪犯招魂等等，都與這種迷信強者的豺狼哲學思想有直接的關聯。

魯迅先生說：羊與狼講道理，總是很費勁的事情。

信奉強者哲學的日本人，當處於羊的位置時，是很少有反抗舉動的。但一旦成為了狼，其兇殘的面目就暴露無遺了。

日本人從近代以來，與中國等亞洲國家一樣，都是飽受了西方列強殖民主義和帝國主義的欺凌，按理說，

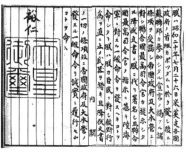

▲波茨坦公告發表

波茨坦公告全稱《中美英三國促令日本投降之波茨坦公告》，也叫《波茨坦宣言》。中、美、英三國於1945年7月26日在波茨坦會議過程中發表。蘇聯在同年8月8日正式加入。主要內容：1．盟國對日作戰直到它停止抵抗為止，日本政府應立即宣佈無條件投降；2．《開羅宣言》的條件必須實施，日本的主權必將限於本州、北海道、九州、四國及盟國所決定的其他小島之內；3．日本軍隊要完成解除武裝，日本軍國主義必須永久剷除；4．日本戰犯將交付審判，阻止日本人民民主的所有障礙必須消除；5．不准日本保有可供重新武裝的工業等

他們對帝國主義和殖民主義的那一套是很反感的。然而，他們卻走上了反動的道路。

有「日本近代化教父」之稱的吉田松陰在1855年日本與美國、俄國締結不平等條約後，在獄中還為天皇出謀劃策：講和既定，不可背約，而應蓄養國力，「征服易取之朝鮮、滿洲和中國，在貿易上失之於俄美者，以滿洲和朝鮮之土地補償之。」這一「侵略弱者補償論」後來被明治政府奉為基本國策，也奠定了日本在數十年後致力於侵略朝鮮、中國東北乃至全中國的思想根源。

吉田松陰的「侵略弱者補償論」的核心就是對強者屈服，對弱者欺凌，透過弱者對更弱者的欺凌使自己成為強者。這就是後來日本走上帝國主義道路的基本思路。

　　《菊花與劍》一書中指出：日本人對內是菊花風情，人與人之間講究和諧，相互尊重，每個人都會「擺正位置」，對老祖宗流傳下來的貴賤等級和權威分層傳統「像呼吸一樣自然地接受和認同」；而對外則是利劍風格，霸道且充滿進攻性，自認為日本精神比西方的自由和民主更高明。他們無條件地一致對外，且不管對付人的手段是否道德。

　　在日本沒有真正恢復元氣之前，日本人不會輕易地覷覦以美國為首超級大國的地位，但日本人在依附美國卵翼的背後，未嘗沒有動過取而代之的想法，畢竟對於日本人來說——「日本人才是最好的」這個觀念是根深蒂固的。

　　著名國際政治學家薛君度教授指出：日本的興起，最初是得到了以英國為首的西方國家的支持的。20世紀初，英國支持日本主要是對付俄國，日本海軍拜英國為師。太平洋戰爭開始，日本把英美在太平洋的海軍打得落花流水。二次大戰後，美國扶植日本，最初是為了對付蘇聯和中國，將來恐怕會自食其果。註21

6. 孤注一擲的島國戰略

中國是一個幅員遼闊的國家，20世紀30年代日本侵略中國時，以其幾十年的精心策劃和傾國之兵，先後攻陷了中國的東北、華北、北平和南京，但中國沒有被擊垮，其中一個重要原因是中國有廣袤的領土，尤其是中國遼闊的腹地為中國軍隊的迴旋提供了巨大的舞台。而且中國不僅腹地廣闊，還有眾多險要的地形可以據守。

與中國遼闊的腹地相比，日本則幾乎沒有什麼腹地可言。日本是一個狹長的由四個大島及一些小島組成的島國。任何一個陸地離海洋的直線距離都不超過60公里，幾乎相當於一個遠程大砲的射程。

日本人的悲哀，就在於上帝給了它大國的人口和充當大國的強烈民族意志，但沒有賦予它大國的領土。

日本的自然資源乏善可陳，山地太多，平原太少，火山太多，礦藏太少，還有頻繁光顧的颱風和地震。在日本，最長的河流才300公里，而在中國，隨便哪條溪流也比這個長。可以想像，日本列島在戰略上如何受制於其狹長淺陋的地理環境。_{註22}

日本的情況與英國很相似。但

▲ 日本貴族生活

是英國人透過「地理大發現」，經由一批探險家把多餘的人口移民到了廣闊的澳大利亞、美國和加拿大等地，改變了人地矛盾過於尖銳的狀況。但日本人卻選擇了向鄰國要土地和資源這條道路。

自然環境必然影響國民意識。所謂「島國根性」，最主要的就是「危機意識」和「侵略意識」，危機意識催發了侵略意識，侵略失敗加劇了國家危機。時刻縈繞在日本人心頭的危機意識，已經成為這個島國國民的潛意識，日本人的好戰，也源於此。

中國人口眾多，但平均資源除淡水等項目外，比日本要好一些。而且中國有近300萬海里的海洋資源未曾得到很好的利用，廣闊的西部地區仍有極大的開發潛力。與資源節約已經幾近極限的日本相比，中國人只要執行嚴格的節約方針，資源危機是可以緩解的。

據媒體報導，美國國家科學院院長布魯斯‧阿伯茨博士，在接受《時代》雜誌記者採訪時曾指出：經過了2004年末的印尼大地震，亞洲－太平洋板塊正在變得越發脆弱，地震和海嘯也將越發活躍。尤其是亞洲東部的日本列島已經處在了一個隨時可能塌陷的『漏斗』之上。

世界上最深的海溝是馬里亞納海溝（平均深度8000公尺，距離日本列島最近遠不過200公里），由於受到亞洲大陸板塊的推壓和太平洋板塊後退的原因，正在以每年10公分的速度向東北方向，即太平洋－日本列島一線擴張。這次大地震後，科學家觀測到海溝又進一步加快了東擴的步伐。處在太平洋和亞洲兩大板塊交界的日本列島無疑已經身處在這個世界上最深的

日本大阪城

漏斗邊緣！如果再遇到一、兩次印尼一樣的海底地震的話，很可能除了南部的琉球群島以外，日本列島都將面臨滅頂之災，滑入大海溝。

這樣的恐怖預言對日本人來說，等於是沒頂之災。雖然這樣的預言在日本已經流行過若干個不同的版本，但對日本人來說，敦促其政府多與鄰交好、少與鄰結怨仍然是必要的。

當前日本人的財富累積已經接近極限，想要百尺竿頭，更進一步簡直難於上青天。日本遭遇十幾年來的持續經濟不景氣，固然有國際經濟形勢變化的因素，也是日本經濟盛極而衰的必然反映。加上主要工業資源價格上漲，對日本經濟復甦都帶來種種不祥之兆。

當前日本的形勢，頗與 20 世紀 20 年代的日本經濟危機相似。日本人依靠侵占中國東北和發動對華戰爭擺脫了經濟危機。而今之計，急於擺脫經濟困難的日本人，會不會故伎重施呢？

島國環境誕生的島國根性，使日本人中產生了一種過分強烈的自我認同感。這就使得日本人斷然決然把人類分成「我們」和「他們」兩類，除了日本人，就是非日本人。這是一種現代島國部落心態。即使日本人從

中國和西方引進了大量的政治經濟制度、文化藝術和宗教形態，也不能從根本上改變日本人的這種心態。

這種內外有別的觀念雖然有利於形成日本民族最純淨的單一性，催生一種強大的民族凝聚力，但這種性格發揮到了極致，也會養成孤傲、冷漠和自私的民族性格。從本質上講，島國根性就是一種不願意對世界和其他國家負責的狹隘的小集團主義。

正是因為一個比較孤立的地理位置，日本人在1945年之前從來沒有被其他民族武裝征服過。這與世界上其他主要民族相比，是獨一無二的。尤其是強大的蒙古兵團在日本海峽折戟沉沙，更是強化了日本人自以為不可戰勝的意識。文化學家阮煒指出：「這種情形的一個嚴重後果，是日本人那種只能勝不能敗、只能贏不能輸的民族心態。或許這種心態導致了日本教科書上所稱日本軍人的英勇，這在一定條件下可能是優點。在很大程度上，日本正是憑藉這種民族性格才取得經濟成功的。但在另外一些情況下，這又是一個嚴重的缺點。」註24

日本人這種只能勝不能敗的民族性格，使日本民族缺乏一種深刻的宏觀思維，更缺乏一種以柔克剛的政治智慧。往往只知道前進，不知道後退，只知道贏利，不知道人和，只知道本集團利益，而不顧及他人的感受。

太平洋戰爭快結束時，日本人戰敗的形勢已經很清楚了，但日本軍部依然強令沖繩島上的士兵負隅頑抗。日本人繼續實行「一億玉碎」和「本土決戰」。這是美國人決定使用原子彈的直接原因。因為不這麼做，美軍的傷亡將很慘重。

日本人的只能勝不能敗的剛硬心態幾乎招致了滅族之禍。

在國際關係中，這種心態也是日本人表現出孤傲、冷淡的一個重要原因。在外國人心目中，日本人在與其他民族打交道時循規蹈矩、冷漠生硬。相形之下，中國人和朝鮮人倒是熱情洋溢，活潑開朗。這些都在一定程度上解釋了日本人雖然取得了輝煌的經濟成就，卻難以與鄰居相處。日

本民族的經濟成就雖然受世人所羨慕，但日本人卻很難獲得其他民族的愛戴和尊敬。

就經濟實力而言，日本人完全能充當一個世界領導者，但堅持其島國心態，則很難發揮其政治影響力。如果日本人固執地要在亞洲取勝，其擴張的能量倒是不能低估的。

第六章　另類種族

——日本的國民狀態分析

■自明治維新以來，日本人先是脫亞入歐，後又與列強反目，接著實行脫亞入美，與美國霸權主義的戰車綁在一起，均未能實現民族的自覺自立。日本民族至今身分不明，定位不清，乃是造成日本人國民心態危機的主要原因。解除日本人內心中的困惑，既依賴於日本政府改弦更張，重返亞洲大家庭，又依賴於日本國民袪除虛幻的民族優越感，與亞洲人民平等相處。如果日本人能夠改過從善，則其前途尚大有可觀。倘若一意孤行，則有萬劫不復之虞。

1. 蝙蝠民族的身分困惑

日本是亞洲最西化的
國家，自明治維新以來，
「脫亞入歐」成為日本近
代化的標誌。但日本又是
一個地道的亞洲國家，其
地理位置和文化傳統都決
定其難以脫離亞洲。

由於國家定位不明，
近代以來，日本人的民族
定位也遇到了極大的困
難。日本著名文學家大江
健三郎深邃地指出了日本

▲ 腳穿日和下馱、手撐蝙蝠傘的日本女人

人遭遇的身分困惑：日本的現代化，被定性為一味地向西歐模仿。然而，
日本卻位於亞洲，日本人也在堅定、持續地守護著傳統文化。曖昧的進
程，使得日本人在亞洲扮演了侵略者的角色。而面向西歐全方位開放的現
代日本文化，卻並沒有因此而得到西歐的理解，或者至少可以說，理解被
滯後了，遺留下陰暗的一面。在亞洲，不僅在政治方面，就是在社會和文
化方面，日本也越發處於孤立的境地。

在亞洲，日本人可能是最孤立的，因為任何其他亞洲民族都無法將
其引為同類，當然，日本人自己也不屑與亞洲民族（他們曾稱為「野蠻民
族」）並列。在歐美民族中，日本人是唯一的亞洲戶口，縱使日本人都能

把皮膚漂白成白種人，日本列島也不可能漂移到歐洲和美洲，所以，西方民族也難以接受日本人這個外來戶。

就這樣，日本人幾乎成為了一個「蝙蝠民族」，鳥類視之為獸類，獸類視之為鳥類。在亞洲，日本人被稱為西方俱樂部成員，在歐美，日本人又被稱為「刷不白的黃猴子」（沙皇亞歷山大二世語）。

實際上，日本人的孤立感還不僅止於此，日本人還具有一種特殊的「神國身分」，即日本民族是天照大神的子孫，是「萬世一系」的天皇的裔親，日本民族向來就是獨一無二的。

所以，日本民族從近代以來，圍繞著這三個身分——亞洲人、歐美人、「神國人」糾纏不清，三種身分此消彼長，此起彼伏，使得日本人處於一種極大的身分危機當中。而且，每當社會危機降臨時，這種民族身分危機也會加劇。20世紀90年代之後，日本人陷入了戰後以來最大的民族認同危機當中。美國學者約翰‧南森準確地指出了這一點：

20世紀7、80年代，日本經濟繁榮，所以身分不是問題。那時候，人們有著安穩的工作，勤奮工作就能換來富裕的生活。總體來說，日本人能夠感到，他們正在參與並且享受國家致力於經濟發展所帶來的益處，而美國的生活方式則為他們樹立了物質豐裕的榜樣。

1990年以來，繁榮的經濟突然崩潰，隨著經濟進一步衰退，信心、尊嚴甚至目的感都被侵蝕了，安全感受到威脅，政界領袖仍然無法對危機做出有效反應，更糟糕的是，他們對於道德上的破滅更是無能為力。齊心協力的幻想、有所歸屬的幻想，統統都破滅了。剩下來的是令人極度不安的空虛，而這種空虛感再次使人們迫切地要求有確定的身分。日本的新民族主義正體現了這種需求，也是對這種需求所做出的回應。

第二次世界大戰的慘敗，使日本人一直引以為自豪的亞洲盟主、神國子孫的身分化為泡影，而戰後跟隨美國的國家戰略，日本經濟再次崛起，創造了日本奇蹟，日本人從經濟奇蹟中找到了作為歐美俱樂部成員的自豪感。但自1990年代以來的經濟衰退，又使得日本人感到幻滅——一

▲ 二戰結束後，日本置於美國的佔領之下。圖為一群在歌舞廳尋歡作樂的美國軍官。戰後日本人民生活極度困頓，在爭奪生活資源時，美國無疑成了最大的顧客，大大小小的商店、娛樂場所開張，都是要做美國人的生意，美軍似乎一夜之間由死敵變成腰纏萬貫的大老闆

是原來引以為自豪的與歐美並駕齊驅的身分看來深為可疑，日本與美國的經濟差距愈拉愈大，與歐盟的團結與進取的國際形象相比，日本更是無法媲美；二是原來自己很瞧不起的亞洲國家如今卻正在創造亞洲經濟奇蹟，過去被日本人視為小兒科的亞洲四小龍率先起飛，在世界經濟舞台上與日本開始直接競爭，亞洲的兩個長期酣睡的巨人中國與印度，而今正在奮起直追，尤其是中國，已經持續了 20 年的高速經濟增長，年增長率達到 9.5％，與日本人當年創造的奇蹟紀錄相比，毫不遜色，且中國依靠和平發展實現民族振興，與日本人大發戰爭財的路數完全不同。

幻滅的日本人盼望新的精神指引，而新民族主義就這樣應運而生了。那麼，新民族主義究竟包含些什麼東西？

約翰‧南森指出：日本的新民族主義者試圖透過重新獲得純粹的、未經玷污的日本精神，從而重新獲得目標和尊嚴。他們所說的「日本精

神」曾經存在於日本的傳統當中，存在於日本被迫打開國門、轉向西方之前，因此現在必須到傳統中去重新挖掘。他們認為必須重新認同 KOKKA——即所謂的「國體」，這個國體意義含混，有時候翻譯成「國家體制」，但最好翻譯成「民族本質」或者甚至是「神祕的日本體」。

然而，「民族本質」中體現的「日本精神」究竟是什麼呢？是什麼樣的民族傳統構成了新民族主義者呼籲的情感中心呢？他們的觀點不可避免地要重視皇室、皇家文化和天皇本人。強調國家的純潔和權力，就意味著把天皇理想化為日本民族特性的載體和源泉。這種思維就是要在皇家傳統（和天皇本人）上附加一個其本身並不存在的喻體。民族主義者心目中所想像和奉行的天皇只是一個幻想；包含日本精神的民族傳統實際上只是一個幻象，一個給人安慰的虛構。

實際上，日本人新一輪的民族身分認同危機是日本社會危機的一個總爆發的標誌。在這輪危機中，日本社會各階層的表現各不一樣，其思路也五花八門。

日本民族能不能擺脫這一輪危機，其動因也要從各階層的表現中去尋找。換句話說，要觀察日本民族的嬗變趨勢，就得從社會各階層的表現中去尋找線索。

2. 土氣的執政黨

日本是個很洋氣的發達國家，怎麼會冒出一個「土頭土腦」的執政黨呢？

這還得從日本戰後的政黨制度說起。根據日本的法律，日本的議院實行選區制度，即議員由選區選舉。總理由在議會中占優勢的多數黨黨魁擔任。

日本戰後組建了許多的政黨，但最主要的還是自民黨。

日本有一個名詞「55年體制」，什麼意思呢？1955年以後，日本政壇形成了兩大黨派，一派是主要執政黨的自民黨，一派是主要反對黨的社會黨，直到1993年在惡名昭章的政壇黑手小澤一郎的策劃下，羽田孜率羽田派從自民黨分裂，宮澤喜一內閣垮台才結束了，日本政壇這一局面。經過細川護熙內閣、羽田孜內閣以後，自民黨又和前敵社會黨聯合，組成以社會黨委員長村山富市為首的內閣，到橋本龍太郎又把總理的寶座奪了回來，經小淵惠三、森喜朗一直到現在的小泉純一郎，又還是自民黨執政，還是「55年體制」的延續。

可以說，日本戰後幾乎是一黨執政，自民黨自1955年起一直是執政

▲ 日本新生代政治家：小泉純一郎
自民黨領導著世界上最先進的國家，卻是世界上一個有名的派系最多、醜聞不斷的政黨。這個政黨自成立起，從來就沒有間斷過爭權奪利的鬥爭，而且絕大部分重要決策又都是在歌館伎院做出的，這也堪稱這個黨的一大特色。喜歡在世界上最見不得人的地方，以黑金的形式做決策，這不僅是自民黨的特色，也是日本政治家的嗜好。而號稱民主國家的日本國民對這些現象卻見怪不怪，很少有提出批評抗議的。懦弱的國民自然使政客更加有恃無恐，為所欲為。這也是日本人多災多難的一個人為因素

黨，雖然在1993年後短暫地淪為在野黨，但很快就恢復了元氣。所以，日本在可預見的未來由自民黨一黨獨統的局面不會有太大的改變。

為什麼說自民黨「土」呢？自民黨的土，主要體現在兩方面：一是自民黨的價值觀比較保守。二是自民黨占有了農村的選民。

衡量日本各政黨是否「保守」的標準主要看兩點：是否青睞過去的天皇制？是否同意修改和平憲法，主張獨立建軍？

而自民黨的黨綱恰恰是對這兩條都認同。過去曾經飄揚在被侵略國家土地上的國旗——「日之丸旗」，在戰後被和平人士深惡痛絕，卻被自民黨操縱的議會再次定為國旗。歌頌君主制千秋萬代的所謂國歌——《君之代》在被日本人淡忘了幾十年後，也被自民黨操控的議會再次定為國歌。

自民黨一直是主張修改和平憲法，恢復日本的戰爭權的，強大的自衛隊也是在自民黨手裡武裝起來的。

自民黨能夠長期當選執政，其實也反映了日本民眾總體的政治取向。

自民黨不僅在政治態度上比較貼近大多數，在操控選民方面也最有實力。自民黨的政治主張最符合財團的口味，所以，在籌措競選經費方面，自民黨具有其他黨派無法比擬的優勢。同時，自民黨很懂得「農村包圍城市」的道理，以強力「維護農民利益」而獲得了農村選區最多的選票支持。

根據日本政壇的遊戲規則，想當總理，就必須先成為議員。當議員的時間長了，才能擔任大臣。大臣做得久了，才有可能登上首相的寶座。這就要求各議員千方百計維護自己的領地，確保自己選區的選民對自己的「忠誠」。

這樣一來，鄉下人的優勢就出來了。城裡人腦子靈活，喜新厭舊。今兒個喜歡張三，明天說不定就覺得李四長得更秀氣。如果看誰都不順眼的話，那這次選舉就不去了，您的選區如果是在城裡的話，下次您還能不

▲ 2005年9月12日，日本第44屆眾議院選舉絕大部分選票已經開出，執政的自民黨以281
席獲得選舉成功，小泉純一郎再次被選為日本首相。圖為2005年10月30日，日本首相小
泉純一郎來到位於茨城縣的自衛隊空軍基地參加典禮

能選上，說實話把握不太大。而鄉下人呢？村長一聲令下，全村的選民衝
著管他是二流還是三流的人物就去了，老婆的話不聽可以，村長的話豈能
不聽？這樣一來那個管他是什麼樣的人物也就當選了。那位議員一當選，
就得想方設法地為他的選區弄點油水來，大家有錢賺。下次再選，自然還
是他，就這樣，四、五屆議員一當，就有資格當首相了。所以看一下日本
的大臣、總理的出身，幾乎全是哪個犄角旮旯的。田中角榮是新瀉的，中
曾根是群馬的，竹下登是島根的，小泉純一郎是橫須賀的，全是些個兔子
不拉屎的山溝溝裡出來的。註27

　　自從山溝溝裡出了首相後，這些窮山村現在就不一樣了，別提有多
漂亮了。因為首相總有機會拉來資金項目答謝鄉親們呀。哪怕是橋本龍太
郎，小泉純一郎這些二世祖，從小生活在大城市，還是要經常回老家看
看，那是他的地盤，將來還是要指著那兒吃飯的。

　　自民黨的選民基礎是農村人口和建築業，自民黨的主要當家人也都
是靠農民兄弟的幫忙才爬上來的，就該給農民兄弟回報不是？所以日本政
府的一項頑固的政策之一就是「不准一粒大米進口」，哪怕是老美的大米

也不行，和老美鬧起貿易摩擦起來，其他地方有商量，牽涉到農產品就沒得商量。

日本除去戰後最初那幾年，因為鬧飢荒，從美國進口了大米。後來就只有一年從國外進口了大宗大米。政府從農民手裡高價買進大米，平價在市場上銷售。然後從國際市場上平價買進小麥和其他農產品，高價在市場上出售，用來補貼大米的虧損。如今日本的大米價格是國際市場的 5 倍，但日本政府還是不敢開這個口子，因為一旦農民兄弟發火了，誰也吃不完兜著走。

還有就是自民黨的議員變著法子在老家大興土木，因為他們的另外一個大樁腳就是建築工人。在日本鄉下，人們常常可以看到莫名其妙的體育館、博物館什麼的，透過到處蓋房子，一是回報鄉親，二是給建築工人找工作做，一舉兩得。在日本的鄉村，有一個不到300人的村莊，村民平均年齡都超過了70歲，還硬建了一座可以進行世界級比賽

▲ 小泉在保鑣的簇擁下前去參拜靖國神社。

重新獲選後的小泉純一郎。2005年10月17日，不顧日本國內外輿論的強烈反對，再次參拜了供奉有甲級戰犯牌位的靖國神社。這是小泉2001年4月就任首相以來第5次參拜靖國神社。中國外交部發表聲明，嚴厲譴責小泉純一郎再次參拜靖國神社

的體育館。幹嘛要建呢？建館立項能有財政投資，建好了還可以向政府要維護費，日本農民的收入中，土木費用和務農費用差不多，有些地方土木所占比重還要高一些。經常聽到有人在抱怨說，在北海道的高速公路上除狗熊以外沒其他活物在上面奔跑。這就是自民黨議員的傑作。

自民黨議員長期兩頭跑，一是到東京開會、社交，爭取露臉的機會。二是回自己的老家，與村長們套關係，撈人情資本。

有人說，日本是個工業國家，政治卻是被農村操縱。從某種程度上來說，自民黨的土，也反映了日本政壇日益保守內向的趨勢。

自民黨如此，其他政黨也八九不離十。所以，「舉國右傾」不是偶然的。

自民黨領導著世界上最先進的國家，卻是世界上一個有名的派系最多、醜聞不斷的政黨。這個政黨自成立起，向來就沒有間斷過爭權奪利的鬥爭，而且絕大部分重要決策又都是在歌館伎院做出的，這也堪稱該黨的一大特色。喜歡在世界上最見不得人的地方，以黑金的形式做決策，這不僅是自民黨的特色，也是日本政客的嗜好。而號稱民主國家的日本國民對這些現象卻見怪不怪，很少有提出批評抗議的。懦弱的國民自然使政客們更加有恃無恐，為所欲為。這也是日本人多災多難的一個人為因素。

3. 主宰日本的「鐵三角」

日本政壇上有句流行語：鐵打的官僚，流水的首相。

就是說，日本的主要政黨自民黨內派系林立，內部就像一窩螃蟹，每一輪傾軋鬥爭後雖然推舉出了一名首相，但也為下一輪鬥爭埋下了伏筆。在日本戰後，能任滿3年的首相屈指可數。而官僚體系就不一樣了，這裡實行的是嚴格論資排輩的「終身制」。日本的公務員一旦撈到了烏紗帽，就等於坐上了鐵交椅。只要沒有重大瀆職行為，就能按部就班地往上爬，一直幹到退休為止。

日本首相具有組閣的權力，但只能任命各部的部長，而不能撤換各部的副部長（日本稱為次長）。至於司局級幹部和處級幹部，就更是雷打不動了。所以，儘管日本內閣首相和部長經常像走馬燈一般地變換，而整個行政官僚體系卻巋然不動，任憑政治風雲如何變化，官僚們該怎麼幹還怎麼幹。所以，日本政府權力名義上掌握在首相和內閣手裡，實際上掌握權力的乃是職業官僚。

可以說，日本政府事實上控制在高級公務員們手裡。更準確地說，是控制在一小批東京大學畢業的精英官僚手裡。日本的政府機關雇員分為職員和公務員，每種又分為地方人員和國家人員。國家公務員分初級公務員和高級公務員，每年高級國家公務員只招考300多人，其中東京大學出身的能考上70％，最多時能占到90％以上，近幾年這種東大壟斷行為受到輿論嚴厲批評，來自其他學校畢業的人考上的比例也隨之高了起來。但是其他學校畢業生光考上是沒用的，不是東大畢業，考上高級公務員也爬不上去。日本政府各省局長以上任免名單都要登報公佈的，想從每天報紙

▲ 東京皇宮
日本皇室現居住在皇居東御苑內，這裡雖地處熱鬧喧嘩的東京都市，但卻是一處難得的
安靜之地。實際上，整個皇宮原是江戶時代幕府將軍德川家康的宮城——舊江戶城的遺
址。目前由皇居東御苑、皇居外苑和皇居前廣場三部分組成，日本人都習慣地將它們稱
為「皇居」。現在皇居前廣場和皇居外苑，已經全部對外開放，松木林立，綠草茵茵

第二版的任免名單裡面找出一個不是東大畢業的人可真不容易。

　　這些高級公務員從處長做起，爬向公務員的頂峰——事務次官。大
臣和政務長官都是政治家，也就是議員，隨著內閣的更迭和改組，他們不
得不更換走人，而事務次官等高級公務員是不調換的。在實際工作中，大
臣和政務長官都是外行，只能拿著公務員們為他們準備好的講稿去國會答
辯，而且經常屁股還沒坐熱，就得走人。可是，這些機關裡的高級公務員
們卻是真正的專家，他們在這個衙門裡至少拚搏了一、二十年，還有什麼
不熟悉的？而且日本的公務員管理嚴格、程式規範，職業水準名列世界前
茅。前幾年歐美一提起日本的國際競爭力，第一條就是日本的公務員制
度，但現在也暴露出不少弊端，日本民間提出了不少公務員制度改革的方

案。但日本的「官本位」傳統根深蒂固，一時間要動搖它談何容易？

日本經濟高速成長期時，有所謂「政官財三位一體」的說法。

在日本，最著名的一本小說就叫《源氏物語》，其在日本的影響力可以與《紅樓夢》對中國人的影響相提並論。在《源氏物語》中，有一個主角叫光源氏，此人身為朝廷首輔大臣，卻很少過問政事，而是把權力交給下屬去辦理，自己則沉迷於風花雪月。光源氏既沒有興趣處理政事，也沒有能力做出決策，可是卻把人際關係調配得一團和氣。就是這麼一個無為而治的政治人物，卻是日本領導人的偶像。

日本的政治家不願意也沒能力專注於行政業務，而將主要精力用在人際關係上，這就使得政治家與企業家之間的交往十分頻繁。企業家看中了政治家的權威和影響力，政治家交際和競選需要金錢又看中了企業家，這就使兩者之間自然而然地具有結盟關係。

企業家與政治家交往的目的當然是為了賺錢，而國家的經濟政策又是由政治家制定的，由政府官僚來實行的。因此，企業家自然希望將政府官僚納入自己的殼中。而企業家直接與政府官僚交際是有很多法律風險的，但如果有政治家帶隊，則政府官員外出交際就成為了一種「工作需要」，這就好辦了。因此，政治家、企業家和政府官僚之間就很自然地形成了盟友關係。

在日本，招待文化之豐富只有中國才能與之抗衡。1994 年，日本各大企業所花費的招待費，即交際費用就高達 55000 億日圓，而這已經比1992 年的 80000 億日圓節約了不少呢。日本企業的交際費用總額是美國的 3 倍、德國的 16 倍，日本人平均交際費用則是美國的 5 倍、德國的 6倍，日本企業一年的交際開支究竟是多少，其實誰也算不清。

日本的政治家、企業家和政府官員透過密切交際而形成了一種鐵三角式的密切關係。這種關係當然容易滋生腐敗和黑金政治，這也是日本政壇醜聞不斷、權錢交易根深蒂固的一個原因。但是，由於自明治維新以來，日本將侵略和掠奪作為基本國策，在對外擴張和殖民問題上，政治

家、企業家和官員乃至國民的利益取向是一致的，所以，日本形成了政、官、財三位一體的國家體制，各方齊心協力向外掠奪財富，取得了驚人的效益。

▲ 東京皇宮外景

雖然日本人在第二次世界大戰中戰敗，但掠奪來的財富沒有被追回，而且在韓戰之後，原來被查處的軍國主義政治家和官員又很快官復原職，過去的財閥搖身一變，又成了股份公司。三者都是酒相好，這次自然重歸於好，成了一支更加默契十足的隊伍。

日本的政治家和官員為了餵肥大企業，全神貫注地關注著企業的發展；大企業為了答謝政府和政治家的關心，自然拚盡全力進行發展。因此，日本經濟復甦的速度遠超過了所有人的預計。

在維護日本企業的經濟利益和保護民族產業上，「鐵三角」形成了鐵板一塊。他們對進口產品進行了各種苛刻的限制，阻止進口。對出口產品，日本政府則身先士卒，為企業打前鋒，掃除障礙。為了提升企業的競爭力，日本政府直接為企業提供技術、進行技術指導和產業規劃，企業只要按照政府的指令辦事就可以了。尤其在協調產業整體競爭力方面，政府出面當總管，能夠有效避免打亂仗、競相壓價的局面。日本的官商結盟是如此緊密，連日本的太上皇美國也無可奈何。在國際經濟競爭中，外國企業實際上面對整個日本國家的競爭，這種競爭不是一個數量級的較量，所以，日本企業大獲全勝並不讓人吃驚。

　　近年來，由於日本政治動盪，使得「鐵三角」關係出現了某種鬆動，但是，在國際競爭中，誰想瓦解這種聯盟都是難以想像的。

　　不過，日本官僚體系不僅權威性強，而且實惠太多，使得日本的行政體系出現了嚴重的官僚主義，操控日本人命運的官僚們，為了保住自己的權力，對於任何改革都抱著消極抵制的態度。日本人要恢復自由競爭的活力，也不是一件簡單的事情，過去經濟發展的原動力，如今卻成為了阻力，因為一致對外進行掠奪擴張的時代已經一去不復返了。日本政壇普遍流行的懷舊情緒，就是懷念過去的「黃金美夢」時代。但這樣的美夢還能再重現嗎？

4. 埋頭苦幹的「公司人」

日本的「公司人」制度一直受到世界的重視。這種公司制度是以終身雇用制、論資排輩制和低工資制組合在一起的特殊企業制度。

公司以終身雇用的辦法換取員工對企業的忠誠,員工則以賣命效力來回報企業的厚愛;

公司推行嚴格的論資排輩制度,

▲日本勞動基準監督署日前對2萬多家企業不向職工支付所定加班費、讓職工「無償加班」的行為進行了勸導。近2004年一年,日本全國共有約20300家企業讓職工「無償加班」,沒有向他們支付加班費。據厚生勞動省警告:「無償加班有可能導致過勞死或過勞自殺。」

保障了企業內部管理的穩定,使人人都能各安其位,避免了是非和傾軋,保障了企業基業的穩定交接。員工遵守論資排輩制度,可以安心做好本職工作,沒有私心雜念,而且有樂觀的預期。

低薪資制度是對企業所有的人員而言的,這種類似於平均主義的分配辦法使得企業管理層不能自肥,企業的後續發展具有後勁。員工支持低薪資制度,是為了企業的長久發展,他們自願犧牲短期利益,換取企業的

永續發展。

　　中國的民營企業平均壽命不到3年，而日本的企業界的主體卻是一大批百年老店。這顯然與日本特殊的企業制度和企業文化有莫大的關係。

　　大部分日本人一生中只有一次選擇職業的機會，就是大學畢業的時候。一旦被某公司錄用，便會終身為之服務。在日本，經常跳槽的人會受到社會的冷遇，基本上被認為是腦筋不正常或者水準低下才會走這條路。

　　然而，日本公司人的敬業精神不是與生俱來的，而是企業制度革新的效果。據記載，在1920年前後，日本的勞動者的跳槽率曾經是世界上最高的。當時，日本因為在第一次世界大戰中站對了邊，奪取了德國在華的權益，並且趁歐洲列強無暇東顧的時候，大舉吞食亞洲市場，海外訂單如同雪片般飛來，日本國內的工廠加班加點也滿足不了需求，所有的工廠都急缺人手。在這個時候，原來在農村務農的大批鄉下人進城打工，這些人是日本工人的主要來源。

　　在日本農村，老大是要繼承家業的，他們不會進城打工，老二、老三進城後，一旦待遇差、或者工作環境不好，也可以隨時返鄉。而雇主們鑑於這些打工者沒有常性，也不願意給予他們穩定的待遇，而是隨意剋扣工人的工資，這樣，勞資關係極為不穩定。

　　就在這個時候，日本出了一位劃時代的企業家，他就是松下幸之助（1894－1989）。這位松下先生開了家電氣公司，他看到勞資關係不穩定，給企業發展帶來了很大影響，就下決心改革傳統的企業制度。他的辦法十分簡單，就是把公司辦成一個家庭。每名工人都是家庭成員，公司根據資歷（主要是年齡）確定每位職員在這個大家庭中的地位。廠長作為一家之主，要對全家負責，職工作為家庭成員，自然不能隨便脫離。正如父親不能把兒子開除一樣，作為父親的廠長不能開除員工，職員作為兒女，自然也得孝敬父親，為整個家庭終身效力。就這樣，終身雇用制和年功序列制（論資排輩制）就在松下的電氣公司率先確立了。1930年，日本遭遇了嚴重的經濟危機，所有的公司都在裁員，只有松下的公司沒有解雇一

▲ 日本商業精神化身——松下幸之助

名員工。松下模式從此震驚了整個日本。

松下模式在1955年後在日本被廣泛採納，從此風靡全國。

松下模式非常重視提高職工的待遇，但是，日本又是世界上儲蓄率最高的國家之一，在已開發國家中名列第一。這又是為什麼呢？

如前所述，松下模式把公司辦成了一個家庭。家庭成員共同創造的財富自然都交予家長管理。為了家庭未來的開銷，家長自然要存錢。日本的公司人也是這樣，員工首先是不願意拿過高的薪水，哪有兒女為父親幹活要高價的道理？就是領到薪水後，員工也不願意多消費，而是自覺地把薪水返還給老闆，由公司統一管理。就這樣，日本的公司愈滾愈大，大家庭的家底也日益雄厚起來。

日本的公司既是員工的工作單位，也是職工的家庭，實際上就成為職工生活的全部。公司照顧著員工的一生，員工也徹底為公司奉獻一切。這種獨特的雇用制度，激發了日本公司的團隊精神，從而創造了世界上最高的勞動效率，這是日本成為世界上第二大經濟強國的重要原因。

日本的公司制度很像中國早期的計劃經濟時期的「大鍋飯制度」，但卻沒有大鍋飯養懶漢的弊端，這又是一個日本奇蹟。促使日本的公司人賣命效力的背後動因，又還得從日本的一位武士道教師石田梅岩說起。

石田梅岩（1685－1744），日本江戶幕府時代的思想家。石田生活的時代，正是日本武士道廣泛確立規範的時代。江戶幕府豢養了大批武士，把武士的吃穿住行都包辦了下來。而吃上了大鍋飯的武士自然就產生了惰性，開始過做一天和尚撞一天鐘的生活。江戶幕府對此十分憂慮。石田趁機提出了一套解決問題的思想。

第六章
另類種族

石田本人出身於一個貧困的家庭，8歲的時候就在一個小店鋪裡做學徒，開始謀生。他業餘時間修習武士道功課，企圖晉身到武士階層。他遇到了著名的禪師小栗了雲，並拜其為師，此後他悟出了一套禪理，簡單地說，就是人生在世，只問耕耘，莫問收穫。人生價值，就在於忘我的勞動中。石田主張，勤勞是美德，勞動不僅僅是為了獲得收入，更是個人修身養性的需要。只有勤勞的人，才能得道。所以，即使沒有報酬，人為了修行，也要拚命勞動。人勞動愈多，修行的成果就愈大。

石田的思想自然被幕府政權視為寶貝，不遺餘力予以推廣。這樣，日本人逐漸形成了一種社會風尚：勞動就是一切，賦閑就是罪過。工作成為日本人的一種宗教性的行動，即使沒有人督促，日本人也會拚命找事做。因為在他們看來，人生的價值就在於工作當中。日本社會出現嚴重的過勞死的問題，固然與公司安排的超負荷的工作量有關，但與日本人的人生觀也有關係。因為在大部分的時候，日本人是沒事也要找事做的。說起勤奮精神，恐怕世界上沒有一個國家可以與日本人相比。

日本的國民生產總值居世界第二，是個富裕的國家，這是人盡皆知的。去日本前聽人說日本人生活十分樸素，「吃得少、做得多」。到日本訪問時就留意觀察。

日本人在餐館裡吃飯一般多採取「定食」的方式，與我們的套餐類似。即使是高級餐廳的日餐一般也是這種形式。一份「定食」種類並不少，高級的「定食」往往有十幾種菜，但每種數量卻少得可憐，有的菜竟是一顆青梅或一塊雞蛋大小的沒油沒鹽的生豆腐。東京的「吉野家」比北京「吉野家」一份「定食」的數量要少的多———比茶杯大一點的一小碗米飯，剛剛鋪滿盤底的一小碟涮牛肉片，一小碗醬湯，外加一小撮醬菜，這就是日本一個中年男子的午餐，真有些不可思議。問起一些在日多年的中國留學生，他們回答：這用咱們中國話說叫「常帶三分飢與寒」，是日本文化的一種特色。一個富裕起來的民族，竟然還能保持如此的儉樸。這種儉樸難道不比日本經濟的富裕和強大更有力量嗎？！

　　近年來，以好萊塢為代表的娛樂文化大舉進入日本，美國的生活方式成為日本青少年追逐的對象。年輕一代的日本公司人開始對其前輩的工蜂式的工作方式感到不滿，日本年輕人的敬業精神開始退潮，享受和奢侈思想開始在日本社會抬頭，日本公司人的人力資本開始提高。日本人玩命精神的下跌，這是日本經濟制度變化的一個重要訊號，也是日本企業界最感到痛心疾首的問題。

　　人生於憂患，死於安樂。尤其對於像日本這樣資源短缺型的國家，除了拚命硬幹，沒有出路。盲目地追逐好萊塢式的生活方式，日本人想要長久保住世界經濟亞軍的地位，將愈來愈困難。

5. 幽閉而狂誕的日本男人

　　1995年，日本神戶發生了大地震，造成市區6000多人喪生。地震之後，曾經出現了一幕使中國留學生很為震驚的事。那就是地震後清理現場，將所有死者屍體集中在一起火化。這個場面令人非常恐懼、悲哀。在一堆廢墟前穿著黑色西服、套裝的死者家屬肅靜無聲地站立著。他們面對著被地震壓死的親人沒有一滴眼淚。男人正視前方，看著廢墟中的屍體，面無表情；女人低垂著頭，拿著手絹默默地擦著淚。面對如此慘不忍睹的場面，竟然沒有一個人嚎啕大哭。

　　第二天，所有的中國留學生都在議論著電視上播出的這個鏡頭。大家不約而同感慨地說：「真沒想到，死了那麼多人，他們竟不流淚。如果

▲ 空襲後一片狼藉，無辜的老百姓站在路旁不知所措的樣子

是在中國，就會有人痛哭流涕，有人捶胸頓足。」其實並不是日本男人不懂得悲傷，人性都是一樣的。他們內心深處是悲哀的，但是，他們的悲哀不能流露在表面，這就是日本男人的幽閉精神。

剛到日本，經常聽到日本人常說的一句口語：「嘎茫」，這句話的意思是「忍耐」。日本以前有「非理法權天」的說法，所以在戰爭中特種部隊的司令官特別欣賞這個說法，特意將這句話印在隊旗上。

「非理法權天」中的「非」是無禮、「理」是道理。「法」是法式、「權」是

▲ 消防演習

權利、「天」是天道。而這五個字的意思是：非禮服從有理，有理服從法，法服從權，權服從天意，這在德川時代是武家的戒律。在現代日本社會也是這樣的，基本上沒有改變，日本男人的心裡還殘留著武家的戒律，這是權威性的傳統理論。要忍受你不能忍受的一切。忍是日本男人的精神，忍就要服從，服從一切，服從上司，服從家長，服從天意，服從命令。要服從就得忍受、忍耐。自古以來，日本男人長期形成了這種觀念。

由於這種精神也使人與人之間的溫情逐步減少。在戰爭中人性逐漸減少，使每個人覺得活著和死去的人一樣。一位日本士兵躲在廁所裡，含著淚給自己的母親寫信。他說在山本上司的壓制下，他的生活和死人差不多。而這種忍耐到一定時候發洩出來，那就變成了野蠻的獸性。

在戰爭中日本士兵服從上司的武士道精神，忍耐到一定時候，野性發作，就變成了瘋狂的殺人工具。

日本這個彈丸之國，經歷了許多天災人禍：關東大地震、東京爆

炸、廣島原子彈、火山爆發、神戶大地震，這個國家生活在一個火山上。所以日本人有很深的宿命論：人要服從天意，一切聽從命運的安排，要學會忍耐。

他們認為忍耐是一種最高的美德，忍耐貧困、忍耐不幸、忍耐情欲。忍耐也有一定好處，就是敢於面對現實，敢於挑戰。他們認為只有忍耐才能做到心平氣和，做到快樂。有了這種忍耐的精神，才能有豐厚的物質。在物質條件缺乏不足的時候，精神就變成第一位的東西——所謂幸福就在你心裡，那就是日本男人的精神幸福論。

但是，日本男人只是白天忍耐，晚上就變得歇斯底里起來，一掃白天低沉陰鬱的神色，在酒精和女人身上開始發洩自己的能量。在日本的流行歌曲中常有〈人生的旅途〉等這種歌曲，很受日本男人的歡迎。他們認為人生旅途很艱難，旅途的悲哀也就是人生的悲哀。在這些歌中離別、不幸、辛苦是這些歌的主題思想。他們常常一醉方休，或者找女人出氣，將這些忍耐之情發洩出來，第二天再繼續他們的人生之路。

從日本的流行歌中，我們可以看到戰後普遍用的名詞中用「淚」很多。形容詞除了「可愛」以外，「悲傷的」、「寂寞的」、「懷念的」用得很多。這是日本人的不幸感心理的表現，是日本人獨特的傳統心理。

日本男人的色欲大概是世界一流的。日軍在南京大屠殺中大規模地強姦中國婦女是由他們侵略本性所決定的，也與日本男性的獸性膨脹有很大關係。日軍採用臭名昭著的慰安婦制度即是為了解決侵略者的性飢渴，而至今一些日本政客還在為這種獸性辯護，則說明了一些日本男人在控制獸欲方面沒有取得很大進展。

世界上大概沒有一個國家的男人，在自己要下地獄時，還不忘記淫

穢地姦污婦女的，但日本就有。

日本出版的《關東大震災》中記載：1923 年 9 月 1 日，午前 11 點 58 分 44 秒，伊豆的海底發生強烈的地震。首先是東京被服廠大火燃燒，滿目焦土，燒死了 3 萬多人。天空中瀰漫著濃濃的大煙和被旋風吹起來的人，從大火中逃出來的和被火燒著的人，像雨點似落在江中。由於有人造謠說是朝鮮人放的火，結果自警團、消防隊一天殺害幾百名朝鮮人，在幾天的地震中幾萬朝鮮人被殺。他們殺人手段殘忍，將人吊在

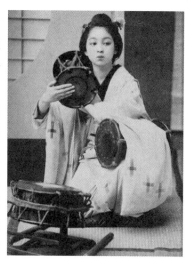

▲ 日本藝伎

電車上挖眼睛、鼻子。姦殺了朝鮮婦人後將她們兩足分開，將劍棒插入其中——這就是一些日本男人野獸般的性欲。事後政府辯解說，因為地震使部分日本人喪失了理智而發生這種事件。

古人言：人之將死，其言也善。為什麼日本男人大難來臨還會有與眾不同的獸性？

一位在日多年的中國女人，和日本男人結婚多年，老公很老了，還在外面不斷地找女人。她分析說，日本男人的這種心態與眾不同。她說，連幾萬年前的原始人就開始取火燒食，可是現在日本人還喜歡吃生魚片。他們過的是最現代化的生活，吃的是最原始的東西，所以他們經常表現出動物般強烈的性欲。日本男人的色欲看來恐怕要生命遺傳專家來解釋了。

一位長期留學日本的中國作家林惠子觀察到了日本男人的色情方面的各種怪異表現：

我剛到日本時，聽日本人評論有魅力的男人叫「依路喔哆考」。當他們把這個字寫在紙上時，我很吃驚，這是漢字的「色男」兩字，只是讀音不一樣。我對他們說：「在中國哪個男人被說成『色男』，肯定不是好

男人。」日本人不理解地說：「我們很羨慕英俊、有魅力能吸引女人的男人，難道長得像醜八怪、呆板的男人才是好男人嗎？」我啞口無言。

日本男人不掩飾自己的「好色」，看到漂亮的女人，並不忌諱很殷勤討好地說：「妳真漂亮，我非常喜歡妳。」

一個好色的日本獨身男人在初中時就有了性經驗，一直到40歲和近百個女人發生關係。他不忌諱地說：「這和吃飯一樣，是人的一種需求。20年有近百個女人也不多，一個月4個女人，一年48個；十年就480個。當然不是每天都換一個女人，有兩、三年和同一位女人保持關係，和她分手後，我就到外邊去玩。全世界都一樣，除了男人外就是女人。」

有一次，我問一位好色的日本男人：「你能記住幾個女人？」他回答說：「沒有幾個，一位是初中時的情人，還有幾位喜歡的，在外面玩的女人都忘了。」我不可思議地搖搖頭說：「你應該記住她們，因為你和她們有著不尋常的關係。」

他也不可思議地反問我：「你能記住十幾年來，每天吃什麼菜嗎？」我目瞪口呆。但是他說：「有一次在新宿店裡，他們給我找了一位從菲律賓來的小女孩，她是被黑社會買過來的。看她的模樣和我女兒差不多，我怎麼能和她發生關係，看她很可憐，給了錢就叫她走了。」

我笑著說：「你心很好，不是飢不擇食。」他故作生氣，又很正經地說：「我堂堂東大畢業，是有修養的男人，可不是禽獸，但我喜歡女人。」說起女人，他滔滔不絕：「有一次，我喝醉了酒到了旅館，一覺睡到天亮，那位召來的老女人也和我睡到天亮。結果早上我什麼也沒幹，就匆匆上班去了，但是我付了錢。其實她們這種職業不應該被蔑視，她們沒有其他知識、專長，為了生活只好走這條路。」

日本男人認為妓女是一種職業，能使男人得到性的快樂。

日本許多男人為玩女人而傾家蕩產。有一次，我在日本飯店看見一位很老實、埋頭苦幹的料理師。在閒談中他告訴我說：「我以前有三、四家各種各樣的店，可是我很喜歡女人，財產都被我玩光了，只好到這裡來

打工。」他才 40 多歲。

　　我看他很可憐，就說：「如果你能剩一點錢，不至於落到這個地步。」

　　他笑了笑說：「我不後悔，因為我玩樂過。現在年紀大了，沒有年輕時的狂熱衝動，所以也安分守己了。現在每月拿 40 萬日幣就夠我用了。」他認為年輕好色是他生活中的一個樂趣。

▲ 援交已然成為風氣

　　戰後的日本人受到了美國人的影響，認為強壯的身體才能支配精神。有生命力的肉體主義，才有不滅的精神。美國在《人物評論》和《當代名士傳》雜誌的前面文章中會先寫這類人物：某某身高多少？體重多少？什麼顏色的頭髮和眼睛？他們認為肉體和體力是唯一物質的東西，是最真實的，而肉體的本質就是性。隨著戰後掀起的「性的解放」，許多雜誌、報紙等傳播媒體對性大力宣傳，所以使當代日本男人對性不忌諱，很開放。現在如果一個日本男人

▲ 貌似天真的小女孩竟會是援交妹

認為自己沒有了性欲，他的精神必定也隨之而消沉下去。

　　雖然日本男人在外邊玩得不亦樂乎，但是他們一般能將家庭維持得很好。他們每月將生活費交給妻子，自己留一些必要的費用。有錢的日本人也養情婦，在外邊租一套房子和她們住，並給一定的生活費，但是他不會輕易離婚和情人結婚的。日本電視台曾在路上對男人隨機進行調查，有

50%以上的日本男人毫不隱瞞地說，他們在外邊玩過女人或有情人。日本男人不忌諱談色，更不會談色而變色。

沒有到過日本的人都以為日本人很聰明，因為日本經濟遙遙領先，日本先進的電器商品佈滿全世界每一個角落。但是日本經濟的高速發展並不是因為日本人很聰明，而是在一百年前日本政府為了富國強民就放棄了鎖國政策，實現明治維新，引進了歐美式的政治和先進技術。戰後日本選擇了一條「輕軍備，重經濟」的路線，在美國的軍事保護下，經過了近60年不懈的努力，才趕上了歐美。

在日本，常常是一個聰明人領著99個「笨拙的傻瓜」在拚命地苦幹。99個「傻瓜」沒有創新精神，但有實幹精神。一位旅日多年的朋友說，以前的日本農民用一寸的小鋤頭，彎著腰在鏟地。後來看到中國農民用長鋤頭，才恍然大悟將鋤頭改成長鋤頭，日本人才站立起來鏟地。

誰是領導笨拙的日本人聰明人呢？他們是戰前的經濟支配者和戰後崛起的新財團企業家們，他們是聰明的日本男人，操縱著日本的經濟命脈大權。

日本的舊貴族、舊財閥、名門家系階層共有47家。在戰前發了大財、戰後創建聞名的大蒼賓館的大蒼家族，戰前建立安田金融王國的安田家族，日本最大的綜合財閥支配者三井家。在日本明治、大正、昭和三個年代中占日本經濟第二大主流的三菱財閥，有富國強兵、從事西方貿易開始成為「一大陶器業企業集團」的森樹家族等。

笨拙的日本人在這些出類拔萃的聰明人的帶領下，一年當十年爭分奪秒地努力。只要上面決定的事，下面的日本人就按部就班地工作，不敢越雷池一步，更不敢提什麼建議。只要上面政策對了，大家齊心協力，有什麼事不能做好的呢？

日本每家大公司都有新產品開發室，不斷研究開發新產品。100個人中只要一個聰明人的才智發揮得淋漓盡致，他像一位軍事指揮家，其他人齊心協力、衝鋒陷陣，就沒有打不贏的勝仗。有99個聽話的日本人才有

今天的日本，所以日本人的笨拙從某種程度上來說，也是日本特定社會發展的產物。

「我曾經在一家消防隊的大食堂裡做過，到了中午大家都排著長隊買飯，可是裡面幾位工作人員汗流浹背，一次次小跑步地跑到上司已放在遠處的菜盆去盛菜，他不會將遠處的菜盆端近一些。當我將菜盆換到他的面前，他不但沒有謝我，還責備我說，這是上司放好的，不要動！我說外面大家等著很急。他很認真地說，那也沒有辦法。真是不可思議，多麼呆板的日本人。」林惠子回憶說。註29

▲ 這就是現代日本的性文化

在日本公司，如果你太出眾了，想出人頭地就會受到大家的排擠，不受歡迎。剛到日本公司的中國人，他們都想表現自己的能力，工作很賣力。可是他們初露鋒芒的工作態度引起了同事們的嫉妒。那些日本人常常惡作劇，將他們的文件偷偷地藏起來，寫檢舉信給老闆等。所以剛到日本公司工作的中國人，要做到「君子之才華玉韞珠藏，不可使人易知」。要人云亦云，和他們一起大

合唱，有時要「混」在一起，日本人才會接受你。

連世界著名的日本發明家奇才中松義郎在日本也是牆內開花，牆外香。中松義郎是國際創造學者，創造發明了 3000 件以上的產品，其中的

1093 件占世界第一位，被紐約世界發明家協會連續 15 次評為世界第一記
錄。中松義郎原來在三井物產公司上班，他五歲就發明了「模型飛行機重
心安定裝置」。後來離開三井公司在東京成立自己的事務所，專事科研，
開發新產品。在美國他的聲譽很高，被美國發明協會認定為世界近代傑出
的六名科學家之一。但是他將專利賣給了美國，在日本得不到日本上層財
政界人士的讚賞，因為在他們看來，雖然他是天才，但他是個人英雄主
義。而為數不多聰明的日本人有一套管理笨拙的日本人的方法。

　　一位白手起家有經營頭腦的老闆，他旗下有幾千名職工，經營幾萬
個品種小商品的批發。按理說這種公司面臨的競爭力很強，誰掌握了批發
管道就能發財。這位老闆所以能夠成為屈指可數日本財經界知名的批發
商，他的訣竅是：凡有重要的客人和工作，從不帶秘書去，他親自接見和
決定，所以公司的關係網都掌握在他手裡。他就是一個絕頂聰明的日本
人，而下面部門的經理都是實幹型的、笨拙的日本人。他將工作指令傳達
給下屬部門的總管，不讓每個部門總管有橫向的直接聯繫。當下屬部門不
滿意另一部門的工作時，向他告狀或彙報，他總是靜靜地聽，因為當下面
的人互相向他告發他人時，他便掌握了他們每一個人的工作情況。在沒有
重大的工作差錯情況下，他從不譴責下屬總管，所以職員都認為老闆很親
切。為什麼他不用精明的下屬總管？因為如果兩、三個部門的總管都很精
明，那麼他們會聯合起來拆他的台。

　　日本是個犯罪率比較低的國家。它不像美國那樣經常發生槍殺、暴
力。即使午夜 12 點婦女在街上行走，也不用擔心會發生什麼危險。除了
黑社會之間的內訌外，日本男人的犯罪多數不是爆發性的，而是躲在角落
裡進行隱藏性的稀奇古怪的犯罪。

　　前幾年，發生了一件震撼日本的犯罪事件。一年中在一個地段連續
出現女孩子失蹤事件，她們大約都在五、六歲左右。最後，警視廳發現她
們都被殺害了，殺害的手段非常兇殘，將屍體包起來放在人家的門口，上
面寫著一些搞不清的字。這個事件調查了很久，破案後竟發現兇手是位

30多歲的男子；這名男子平時一點也看不出兇暴樣，還是大學的高材生，他在一家電腦公司上班。但是鄰居表示他似乎 沒有什麼朋友，平時不太與人交往，性情很孤僻。誰也沒有想到那麼一位老實的年輕人會這樣殺人。他把拐誘來的五、六歲女孩子關到自己家的地下室裡，地下室像一個實驗室，他把孩子殺害後錄影、解剖、欣賞，然後再扔出去。

前幾年出現的奧姆真理教的施放毒氣事件也是如此，這一事件轟動全世界。但那些主要犯罪人都是大學的高材生，都畢業於日本名校。他們的犯罪其中最主要的一個原因是因為日本社會個人得不到發揮，自我意識受到限制，精神很壓抑。日本人在口語中常常說：「斯托萊斯塔里納易」，這句話的意思是：我感到很疲勞，精神不足。日本人在食物營養的搭配上很講究，所謂的精神不足，不是體力不夠，而是精神上的疲累，他們要時刻提防別人害自己。

日本，近幾年來，在中學裡每年有自殺的學生，因為他們受不了同學的欺負。而當中國留學生的孩子去上學時他們就集體地欺負他。一位中國家長的孩子小提琴拉得很好。日本同學將他推倒在地，用腳踩他的手；還將他從樓上推下來。但是日本人有個最大的弱點，就是他們欺軟怕硬。日本公司內部有明顯的弱肉強食現象。那些性情比較軟弱的人，因為受不了同事們的欺負而經常轉換單位。這些人平時很壓抑，他們的心理變得很古怪，所以日本人發生的犯罪實例也是稀奇古怪的。他們並不像美國犯罪者那樣發生很明顯的暴力行為，拿起槍來掃射一番。

一位在日留學生朋友家裡曾經發生了這樣一件真實的事情：這位朋友住在簡陋的木板房，她晾在屋外的內衣一直丟失，她感到很奇怪。在她家前面住著一位日本獨身者，偶爾也打開窗看她晾內衣；由於沒有證據，也不能說什麼。但是，終於發生了一件使她終生難以忘懷的恐怖事件。

盛夏的一天，由於天氣炎熱，她將兩扇大窗打開，日本的窗很大也很低。她和丈夫睡在榻榻米上，睡到午夜，她感到蓋在身上的毛巾毯被人掀開了一下，第六感告訴她，好像不是丈夫在掀毛巾毯，當她再睡眼朦朧

地睜開眼睛時，嚇得一聲驚叫，她看到一個陌生的面孔正看著她——是那人在掀毛巾毯。就在這一瞬間，那人慌忙地從前門逃出去了。原來，他是從窗外爬進來的，進房間後，先將逃走的門打開。她的丈夫也驚醒了，他們趕緊打了電話報警，不一會，警視廳來了許多員警，由於什麼也沒抓住，只好作罷。大家都說這名犯罪者膽子實在很大，但他沒有偷東西。他要幹什麼呢？朋友說在她睜開眼睛的一瞬間，在黑暗中感覺這個人很面熟，好像是住在她家前面的那位獨身者。

第二天，她上班時，正好碰到那位獨身者。那位獨身者看到她時馬上低下了頭，匆匆走過。但由於沒有證據，員警不能抓人。這位年輕人也是由於嗜物癖而引起的性犯罪。他明明看見我這位朋友的身邊有丈夫，但控制不了自己，如果再發展下去，就會和那名殺害女孩的犯罪者一樣，走上犯罪道路。

在日本的一些商店裡專門有出售高中生或小女孩用過的內衣、胸罩，這是為了滿足這些怪癖者的嗜好，這位獨身年輕人也是這類人。朋友說衣服肯定是他偷走的，但是他偷得不過癮，竟然跳窗而入。但他並不笨，入室之前先將逃走的門打開。

日本商人為了滿足這些心理陰暗、古怪的人專門成立了各種發洩俱樂部，提供服務的內容各式各樣，有各種性虐待，簡直令人難以想像：有將小姐捆起來鞭打的，也有讓小姐將自己捆起來鞭打的。曾經有一位中國記者冒充一位客人想身臨其境進去瞭解，當他被一位小姐滿臉撒尿，他簡直受不了，逃了出來。他說這是一生中最難忘的現場採訪，世界上竟有這樣的娛樂。

他從這家店裡出來後說，自己的生理和心理受到了極大的傷害。這個俱樂部生意很好，但進去的客人並不都是下流的人。有的很有學問，而且是文藝界的名流人士，他們不但虐待服務小姐，而且讓服務小姐虐待他們，這也是一種發洩，使他們感到一種被人虐待的快樂。

由此可見，日本男人的兩面性反差很大。極端的兩面性：一面是文

明的、忍耐的；另一面卻是極力掩蓋著的陰暗、古怪的性格。

　　日本還有一種讓外國人百思不得其解的社會現象，就是娶大娘子。中國雖然有所謂「女大三，抱金磚」的說法，但也幾乎就到此為止，而且也不多。而日本家庭女大於男的現象十分普遍，特別是名人。日本前首相田中角榮的太太比他大8歲，把當時中國人嚇了一跳，其實在日本並不稀奇。知道電影演員宮澤理惠的中國人很多，日荷混血兒，18歲的時候那可真叫漂亮，而就是這位漂亮的小丫頭，居然被未婚夫（一位相撲橫綱，當時18歲，和她一樣大）拋棄，情敵是一位28歲的老阿姨！

　　28歲的阿姨河野景子是TBS的節目主持人，漂亮也說得過去。而享名日美兩國的棒球運動員鈴木一朗卻娶了這一個電台主持人，比自己大8歲，而且長的也不特別漂亮。怎麼解釋這些現象呢？社會壓力太大，娶大娘子又當媽又當姐又當老婆，男人輕鬆。在外面那麼累，回來還有一個跟你纏不清的嗲妹妹，你受得了嗎？

　　所以說，由於社會分工的畸形，日本男人在社會學的意義上來說，不能算真正的「男人」，他們沒有照顧女人、孩子的能力，而只能被人照顧，他們屬於心理發育未成熟的一群。

　　麥克阿瑟在日本當了6年「太上皇」之後，臨行之前，給了日本人一句總體評價：日本人是一群只有12歲心智的兒童。

　　這句話深深地傷害了一直崇拜他的日本人，但麥克阿瑟的話卻在一個側面反映了日本人特別是日本男人的特殊性格：因為12歲的小男孩的性格具有兩面性——一方面不得不服從權威和長輩，形成了壓抑幽閉的性格。另一方面，又自以為是，喜歡透過挑戰權威來顯示個性，形成了狂放不羈的性格。

　　總體來說，由於告別了絕對權威時代，日本男人處於另一個「青春徬徨期」，這種「青春期的煩惱」，形成了一種政治幼稚病和社會症候群，再加上日本固有的感傷文化的傳統，「普遍找不著方向」，這就是現代日本男人真實的心態寫照。

6. 日本女人：男性社會的潤滑劑

▲ 飄零的日本「藝伎」文化
日本藝伎最早出現於日本元祿年間(1688年－1704年)，至今已有300多年的歷史。當時由於妓館人員不夠，不得不從民間招收一些男子到妓館內男扮女裝，歌舞助興；或是招收一些社會上的女子，充當配樂中的擊鼓女郎。以後逐漸過渡到清一色的女藝伎。現雖已逐漸衰落，但仍作為日本京都的一種藝術象徵而存在

日本婦女一生中經歷了女童、少女、中年和老年四個階段，在這四個人生階段中，她們的社會地位是截然有異的。

女童時代的日本女性已經意識到她們的地位不如自己的弟弟或者哥哥。日本人也和許多中國人一樣，認為男孩是負責傳宗接代的，所以，日本家庭的財產繼承一般是只給長男，獨生女孩的人家也會像中國家庭一樣招一名上門女婿，然後改姓女方家的姓氏，繼承女方的財產。

在日本的幼稚園，男童和女童同時上校車時，女童要讓著男童。在家裡，男童欺負女童時，家長不是去主持正義，而是勸慰女童要忍受。「女孩子受點委屈是正常的。」這就是家長的態度。家長出席重要的社交場合，也是男孩子優先，女孩子一般被認為不配出席尊貴的場合。

進入少女時代後，日本女性便開始她們一生中最自由的時代，她們往往可以為所欲為，甚至撒嬌使潑，凌駕於男人之上。日本少女被稱為歐嬌桑（日本「小姐」的意思）。歐嬌桑的地位的保證就是其青春和姿色，長得漂亮的歐嬌

桑尤其得寵，她們在公司中可以
與老闆眉來眼去甚至頤指氣使，
一旦成為老闆的情婦，還能介入
公司的高層決策，其地位比同齡
的男性同事要特殊得多。與此同
時，歐嬌桑們在家庭中的地位也
開始上升，被父母看作是掌上明
珠，爸爸是百般嬌寵，媽媽也忙
著為她們添置高級時裝，帶著她
們出入各種社交場合。

　　儘管日本少女的前途並不
在於要在社會上建功立業，父母還是花大錢把她
們送進女子大學，甚至出國留學，讓她們的身價
升值。

　　青春時代的日本少女是她們一生中最輝煌最
自信的時期。日本鐵路公司專門發行了一種叫
「青春十八」的降價自由乘坐車票，專門給少女
們使用，以顯示對她們的青睞。在日本的大學
裡，男學生經常抱怨說，嚴肅的教授總是給面容

姣好的女生更好的分數，對
她們格外關照。

　　可是，日本女性的少女
時代畢竟是會過去的。在日
本人的心目中，25歲以上的
女性就變成了「歐巴桑」，即
半老徐娘了。到了這時，前
些時還像公主一樣尊貴的

「歐嬌桑」如今成了路邊草。她們不可能再升調到更好的公司，已經在公司裡任職的女性，也從過去經常拋頭露面的公關小姐的寶座跌落下來，被分派到客戶看不到的地方。原來的老闆很快有了新歡，對她們視若敝屣，男同事也不再討好她們，而是迅速去巴結新人。

日本的女性到了二十八、九歲，如果還沒找到婆家，就會被嘲笑成嫁不出去的「次級品」、「淘汰貨」。如果找到了婆家卻還堅持上班，別人又會嘲笑她們的丈夫一定是不會賺錢，養不活老婆。

在家庭中，歐巴桑們開始安心接受男人的安排，心甘情願服從男人的指揮。已婚的日本女人不僅要服侍好丈夫，照顧好子女，還要孝敬公公婆婆。

身為家庭主婦的日本女性，此時還要面對外邊歐嬌桑們的挑戰，她們要時刻留神少女們對自己男人的誘惑，千方百計阻擊外來的進攻。一旦在丈夫的口袋裡找出歐嬌桑（小姐）們的情書或者口紅之類，就要想辦法留住自己的男人。做了媽媽的主婦還要學習一大堆教育知識：如英語、茶道、花道……等等，陪著孩子上補習班上課。

歐巴桑們在日本男人的眼裡，簡直就不是女人，她們已經人老珠黃，一文不值，只有聽從使喚的份，就是一個丫鬟、一個保母和一個生育機器。日本的家庭主婦從此進入了一生中最漫長、最苦悶、最痛苦的時期。

直到進入老年時代，多年媳婦熬成了婆，日本女性的地位才開始轉變。此時，她們的丈夫退休了，回到了家庭，開始服從她們的安排。此時的日本婦女不必每天一大早起來為丈夫準備早飯，也不必每天夜裡一兩點，還要等待在夜店、居酒屋調情鬼混、喝得不省人事的丈夫歸來，她們也不需要再害怕歐嬌桑們來勾引自己的男人，丈夫開始全部屬於自己。

向來就沒有理過家的丈夫一旦退休回家，就像個白癡，分不清柴米油鹽的去處，只能跟在老婆後邊繞，他們叫老婆「歐卡桑」（日語媽媽的意思）。可是丈夫們此時想討好太太已經太晚了，多年來蒙受了欺壓苦難的

太太們，此時新仇舊恨一齊湧
上心頭，她們討厭這些沒用的
老頭，叫他們「粗大鍋米」（意
思是大垃圾、舊貨）。太太們嫌他
們在家礙手礙腳，什麼忙也幫
不上。有些歐卡桑討厭家裡的
老頭，一怒之下住到了兒女
家，兒女當然歡迎會照料家務

▲ 日本藝伎真實生活寫真

的媽媽，對於只會吃不能做的老爸也是冷眼相向，於是老太太們身價倍
增，地位自然在老頭之上。

　　日本的老年婦女是家庭的一家之主，是當權派，而老年男人則成為
了家裡的累贅，沒有什麼實權。由於日本女人比男人更長壽，死了老公的
日本太太更是獲得了解放，她們腰揣多國護照，開始雲遊世界，過著神仙
般的日子，令男人們為之側目。

　　談到日本女性，就不能不說到她們的性道德。傳統的日本社會並不
是一個性開放的社會，但即使是封建時代的日本，其性開放程度也比中國
要高得多。對此，目光敏銳的戴季陶在《日本論》中有專門的分析：

　　「許多中國人，以為日本女人的貞操觀念淡薄得很，以為日本社會中
的男女關係，差不多是亂交一樣，這個觀察完全錯誤。大約這是中國留學
生的環境，和他們的行為，很足以令他們生出這樣的錯覺來。日本人的貞
操觀念和中國人有很大不同的地方，然而絕不像中國留學生所說的。第
一，日本人對於處女的貞操觀念，絕不如中國那樣的殘酷。第二，日本孀
婦的貞操，也是主張的，然而社會的習慣，絕不如中國那樣的殘酷，至於
有逼死女兒去請旌表的荒謬事件。第三，日本人對於妓女，同情的心理多
於輕蔑的心理。娶妓女做正妻的事，也是很普遍的。尤其是維新志士的夫
人，幾乎無人不是來自青樓，這也證明日本社會對於妓女，並不比中國社
會的殘酷。第四，日本婦人的貞操，在我所曉得的，的確是非常嚴重，而

且一般婦人的貞操觀念，非常深刻，並不是中國留學生所想像的荒淫的社會。一般來說，我覺得日本的社會風紀，比之中國的蘇州、上海，只有良好絕不有腐敗。而他們的貞操觀念，不是建築在古代禮教之上的，而是建築在現代人情之上的，也較中國自由妥當得多。」

的確，日本人即使在傳統社會裡，對性也一直抱著自然開放的態度，不像中國的禮教那樣嚴酷和不近人情。嫖妓、野合、私奔這些在中國非常禁忌的事情，在日本則並不受人譴責。但日本的普通家庭裡，貞操觀念和性道德還是一直得到了維護。

日本的社會學家認為，日本的性開放始於 20 世紀 60 年代，從此一發不可收拾。在妓女文化非常普遍的日本，近年來出現了一種泛社會的「援交」現象，其參與對象包括女童、女學生和職業婦女，標誌著日本社會的性開放程度已經達到了一種讓人難以接受的程度。

所謂「援助交際」簡稱「援交」，就是少女出賣身體，陪中年人在俱樂部、旅館等場所玩樂以換取經濟資助的行為。

在東京的鬧市街上，人們總能看到一些奇裝異服的年輕女孩子三五成群地聚在一起，看年齡也都不過十幾歲，正值花樣年華。她們一邊說笑著，一邊又不時地掃視過往的行人，尤其是那些看起來衣冠楚楚的男人，間或還拋去一、兩個媚眼。她們好像賣春的妓女，但又看不出有多少風塵味，每個人都顯得很開朗。她們其實就是從事所謂「援交」的日本初中或高中女生。

「援交」是日本人對女中學生從事性交易的委婉說法。而那些女中學生從事「援交」的原因也並不是因為貧窮，更多地是在尋求刺激。她們陪著那些四、五十歲的男性喝酒，唱卡拉 OK，甚至淫樂……她們大多覺得在自己高興的同時，還能得到相當可觀的「酬勞」是很划算的事。「援交」可以說是日本社會金錢至上、道德淪喪的一種寫照。

從 1990 年代開始，援交開始在日本都市裡大規模出現。 1997 年 6 月9 日，東京報界更是爆出了一則新聞：一位大學校長被發現曾與 280 名年

齡在14到17歲的女生有過這種關係。國際社會對此震驚不已，但日本人對此卻不以為然。日本頹廢的社會風氣和教育制度的失敗由此可見一斑。

美國國務院的一份人權報告中指出，日本所謂「援交」等少女賣春行為屢禁不止，使許多年齡十幾歲的女性的人權受到了嚴重侵害。這份報告中說，日本自1999年頒佈了禁止未滿18歲的未成年賣春和取締未成年色情作品的「未成年賣春禁止法」後，雖然當局對該類行為進行了大規模的打擊，但是男性針對十幾歲女性的買春行為，以及用金錢換取和對方約會的事情從未間斷。「援交」已經成為日本當代社會的痼疾，但日本社會特有的土壤卻是有助於「援交」生存的。

▲ 援交只是一種各取所需的交易？

對於存在於日本社會年輕一代中的「性」自由，女子中「性」的商品化，日本社會對此似乎抱持一種不置可否的態度。據報導，暗中從事「援交」在女子高中生中的比例高得令人吃驚，高二女學生中有32.3％有援交行為，高三女學生更高達44.7％。像朝日電視台等頗有影響力的媒體，還將此製作成娛樂節目公開播放，甚至廣告播放「援交女」的聯繫電話、價格、玉照等。事實上，「援交」並不僅僅存在於女高中生中，這種「援交」還存在於女大學生、女護士、女教師、家庭主婦等等人之中。如此廣泛的「援交」恐怕就是日本女性對

▲ 日本女性的性文化崇拜。日本
性文化歷史悠久，對男性生殖器
官的崇拜更是女性的追求

日本社會的普遍援助了。

在日本生活過的人都會有
這樣一種感覺：日本男人和日本女人對性
都有著一種特殊的偏愛。

在日本的許多書店和超市的書架上，
都可以輕易找到以年輕貌美的女性為主角
的裸體寫真集。即使在日本成年人也喜歡
的漫畫書中，也少不了以穿著暴露、性感
的少女為主角的愛情故事。漫畫書本來的
讀者都是青少年，但在日本可以看到許多
的成年男子即使在乘坐地鐵、新幹線時也
翻閱漫畫。有人將這一現象解釋為日本人
工作壓力大，閒暇時翻看不用費神的漫畫書是一種休閒和調劑，那內容一

定要吸引人，如此才會有眾多的讀者。而「圖畫」的感官刺激不能不說是一種最大的吸引。

日本的女性似乎給人這樣的感覺：溫順但不漂亮。其實有著1億多人口的日本也不乏像中野良子、山口百惠這樣經典的美女。特別是在年輕一代中，美少女不乏其人，但的確也不是能夠隨處可見的。在日本的職業女性中，年輕貌美者更是寥若晨星。那麼年輕貌美的少女都到哪裡去了呢？

答案是「援交」使得有著漂亮臉蛋和窈窕身段的年輕女性，漸漸遠離了學業和職業，她們可以透過「援交」而獲得女人想要的東西，大可不必像醜而「笨」的女子那般的辛苦工作。

在日本的城市裡都有被中國人稱為「紅燈區」的地方，比如東京都的新宿、六本木等，從街區走過，總有人往你手中塞一些小冊子。翻開一看，均是些年輕漂亮的「美眉」的裸照，上面居然有姓名、年齡、身分、聯繫電話，甚至說明是否可以在都（東京都）內上門服務或陪伴外出。

有一點更是「服務周到」，竟然告知「顧客」該女子已經過「體檢」，可

▲ 充滿色情意味的漫畫

275

以放心「享用」。無獨有偶，在日本週末午夜12時後的節目中有一檔名為「女子學園」的色情節目，大體內容是介紹美少女的種種「私生活」，節目的尾聲還推出「每週一星」，這「每週一星」的美少女一般都是初涉此道的女學生，她必須要在電視攝影鏡頭前接受「脫光」的考驗。

主持該節目的主持人，算是此道中的大姐大了。就是這樣一位大姐大，竟然在日本社會有著相當高的社會地位，她應邀為著名的豐田汽車做廣告，成為豐田汽車公司「美女與車」的形象代言人。從「色情宣傳小冊」到「色情電視節目」，不難發現在職場和大街上見不到的美女都去了何處。

令人費解的這些社會現象卻合理地存在於日本社會之中。如果剖析一下日本社會歷史和現狀的深層，這種「援助」又很適合日本社會的國情。

日本社會一向是公認的以「男性為中心」的社會，女人是男人的附屬品——為男人而生存——潛伏於日本女性頭腦中的意識。她們認為為自己創造了幸福生活的男人獻出一切是她們應該做的。註30

在東京的鬧市街頭，如澀谷、原宿、新宿或是池袋，總能看到一些奇怪的人群，尤其是晚上或節假日。她們三五成群，臉故意曬成棕色或黑色，頭髮染成茶色或黃色，身穿睡衣樣的吊帶裙，腳蹬京劇靴般的厚底鞋，旁若無人地說笑著從你身邊擦過。她們的年齡也不過就是十幾歲，正值花樣年華，但清純似乎跟她們沾不上邊。要不是你清醒地知道自己是在東京的大街上，或許會誤以為到了女兒國。

其實，她們就是日本的初中或高中女生。大多時候她們穿的是藏青色的校服，腳上穿的是固定樣式的黑皮鞋。

這些年來，日本女學生校服裙的下襬愈做愈短，簡直就是超短裙。女學生服飾的另一大特點是，都穿一種白色長長的幾乎及膝的線襪。這種線襪幾乎成了女中學生的代名詞。白襪配藍裙，應該顯得很清純。可惜女學生們有時的行為卻是糟蹋了這份清純。

一次，日本一家電視台的娛樂節目異想天開地比誰的腳最臭，主持人拿著測試器在觀眾席上亂躥亂試，結果冠軍被一位女中學生奪走。當主持人把測試筆插進女學生的長襪裡時，顯示器上數字狂跳，主持人欣喜若狂地問女學生襪子多久未洗。女學生答曰一個星期或十天，惹來觀眾席裡一陣狂笑。當然，這是一個極端的例子，但卻顯示了現代日本少女膚淺空虛的精神世界。

▲ 日本貴族社會的享樂與放蕩。透過《源氏物語》這本書中許多纏綿的情節和引人入勝的風流韻事，可以看到當時日本貴族社會的享樂與放蕩，也可以看到女子終究是男子的玩物，甚至她們還意識不到自己是玩物

衣服髒了可以洗，心靈污染了卻不易清除。日本社會的這種女性墮落化的趨勢反映了日本社會的病態。近年來日本社會的頹廢和教育制度的失敗，令性犯罪愈來愈低齡化。風靡全日本的電話俱樂部就是一個典型例子。

說是俱樂部，其實就是利用電話提供色情服務。電話線兩端連著的就是女中學生和那些想尋求心靈慰藉和刺激的男性。女學生賺了錢，卻忘記自己成了那些無聊男性發洩的工具。有時兩人透過電話成了「朋友」，她「走」下電話線，開始與他做真實接觸。

女學生陪幾乎可以當她爸爸的男性喝酒，唱卡拉 OK，最後成為他們口中的「乳鴿」……當然，她也因此得到相當可觀的「酬勞」。

日本人喜歡用「援交」這種委婉的說法「美化」老色鬼和女中學生之間的行為，辯解說兩人之間完全是一種交易。女中學生並不是因為窮，而是在尋求刺激，是商業社會金錢至上道德淪喪的結果。社會風氣的敗壞使性病蔓延到少女，令許多有良知者痛心疾首。

日本濃厚的情色文化背景決定了日本漫畫不可能永遠潔身自好。於是，成人漫畫迅速成為日本漫畫的主流。這個時候，人們才注意到，除了

▲日本浮世繪中也有不少性內容，它和我國古代的春宮畫有深刻淵源和很多的相似之處。「浮世繪」的特點是誇張，尤其是誇張性器，甚至非常粗野，從中也表現出日本民族的性格特點

延續了擅長講述浪漫愛情故事這一吸引青少年的特長外，日本漫畫幾乎像是從色情染缸裡撈出的一樣，處處透露著性的訊息。

一些國家對於這股從日本漫畫中流出的「黃禍」絲毫沒有心理準備，更不可能提出應對措施，所以，眼看著自己的孩子成為日本成人漫畫的俘虜，很多家長頭疼不已。你只要隨手拿起一本日本漫畫，就很容易看到許多曖昧字眼，像一本名為《愛是什麼——天使難眠之夜》的日本漫畫，裡面充斥著各種性愛畫面，一本名為《唯美夢想》的漫畫更是藏有裸露男體和性幻想的文字。日本漫畫是世界上最成熟的漫畫，它在日本這樣將性等同於白開水的國度如魚得水，但並不是

哪個國家都適合其生根發芽的。

日本漫畫是日本人難以自抑的性幻想的產物，但日本人絕不僅限於幻想，他們更喜歡動真格的。在西方國家，成人電視頻道並不是什麼新鮮東西，可是日本的成人頻道播出的內容之五花八門絕對可以勇奪世界冠軍。很多國家都對色情光碟頭疼，日本色情片的產量之高，內容之奇，同樣是其他國家所不可比擬的。如果說其他歐美國家的色情片還講求一點「美感」的話，那麼日本色情光碟內容只能用「變態」和「噁心」來形容了。

▲ 日本人的性愛。大部分日本人上床就睡覺。這多半是他們白天在等級森嚴的公司裡唯命是從，做人太累了，回家倒頭便睡。這麼說一點也不誇張，日本是世界上做愛次數最少的國家，一個星期最多一次

前不久，英國一家電視台推出「裸體新聞」，女主持人邊播音邊脫衣服，

直到脫得一絲不掛。很多媒體對此大肆報導。其實在日本，「裸體新聞」根本不足為奇。歐美的「裸體新聞」要嘛只有女主持人，要嘛只有男主持人，而日本的這類新聞則是男女主持人裸身上陣，肉體橫陳。沒有見過這陣勢的人，根本搞不清楚他們是在主持節目，還是色情表演。

在這樣的風氣帶動下，為了滿足觀眾的變態心理，日本主流娛樂界也只能隨波逐流，一脫為快了。所以，影視明星不出上幾本露點的寫真集，似乎就不配享用「紅得發紫」這個詞。

日本人玩自己的身體，時間久了，演員、觀眾自然就膩了，這個時候，跑到其他國家，折騰其他國家的女性又成了日本色情業的拿手好戲。有些日本人常常跑到其他國家偷拍女性裙底風光，再把偷拍的照片在日本色情網站公開展示，讓被拍攝者糊里糊塗地成為「色情明星」。偷拍對象有女性上班族、女學生。拍攝角度相當猥褻、不雅。更有甚者，許多外國

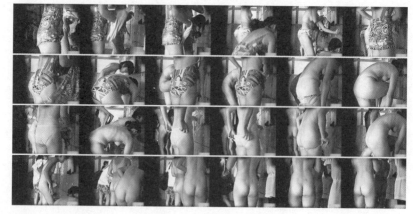

▲ 日本的偷拍「藝術」

女孩幻想淘金被黑幫拐騙到日本，身陷色情行業，失去自由，受盡凌辱。

　　在黃色文化中泡大的日本人其道德水準也就可想而知，日本媒體不時揭發高層政客的性醜聞也就是再自然不過的事了。如果說日本政客吃手下女同事的豆腐、或者包養幾個情人、危害尚在可控之內的話，那麼下層人士把性指向兒童的做法絕對是日本社會一顆難以割除的毒瘤。註31

　　日本教育界部門披露，中小學教師強暴學生或與學生發生不正常關係的趨勢令人擔憂。日本曾發生這樣一起案件：一名年僅 12 歲的女學生上家紀子跳車喪生，經警方調查，發現了她與比她大二、三十歲的初中社會科老師之間有不倫之戀，最後這名老師被判誤殺罪。這起事件轟動日本教育界之餘，更令人關注日本教師傷風敗俗的風氣。此外，教師在電車上非禮高中學生、男老師在女廁、浴室放置針孔攝影機遭揭發被捕的新聞更是時常見諸報端。可想而知，日本教師的不端行為隨處可見，難怪代表東京兒童權益的發言人坪井表示：「古時老師被人譽為不可侵犯的專業形象至今已蕩然無存了。」

　　一名日本防止學校性騷擾廣播網的前健康教師瓶井秋子表示：「很多兒童受到性騷擾時不明白是怎麼一回事，但數年之後，她們會突然想起老師的獸行而感到不安和恐懼。」東京八道大學的社會學家橫尾國宏表

示：「日本流行的色情電話熱線和色情電腦擇偶服務，連為人師表者也愛參與這玩意兒呢！」

　　如果剖析一下日本社會歷史和現狀的深層原因，這種黃色文化十分適合日本社會的國情。日本社會一向是公認的以「男性為中心」的社會，女人是男人的附屬品——為男人而生存，是潛伏於日本女性頭腦中的意識。她們認為為自己創造了幸福生活的男人獻出一切是她們應該做的。或許正是基於同樣的原因，日本男人對女人的愛好，以及由此衍生出變態的性行為便是理所當然的了。

　　日本社會認為：日本沒有資源，只有人，只有靠人的打拚才能活下去，所以他們的理想社會是：男人是工作機器，女人是賢妻良母，是支持工作機器良好地運轉及其培養新一代的工作機器和與之配套的賢妻良母。著名作家梁曉聲把日本女人比作日本社會的乳膠，這是非常精闢的比喻。在一個以男性為核心的機器社會裡，女性就是這架機器的潤滑劑，協助這架機器高速運轉。

　　在軍國主義統治日本時期，日本女性主要充當慰安婦和生育機器。在當代日本，女性則是男性的撫慰品，發揮緩解機器疲勞的作用。

7. 日本人，依然具有活力

今天的日本人，不僅擁有一支世界上最精幹的軍事力量，還有一支整齊劃一、團隊意識強、深具憂患意識的國民隊伍。

日本人一直深藏自己的武裝力量，但即使是日本媒體，也承認自己的軍事機器精幹而又高效。日本的自衛隊只有區區 24 萬人，卻擁有世界上七項第一表現在：

1. **海上掃雷**。日本海上自衛隊掃雷部隊擁有掃雷艇、掃雷艦、掃雷母艦、掃雷管制艇等承擔掃雷任務的掃雷艦艇 30 餘艘，居世界之冠。事實上，美國海軍在亞太地區海域的掃雷作業還需依賴海上自衛隊。近年來，掃雷部隊逐步引入了遠距離掃雷器等最新裝備，掃雷能力不斷提高。

2. **反潛作戰**。反潛是海上自衛隊的看家本領。如今，海上自衛隊擁有的P-3C反潛機數量僅次於美國，遠遠超過其他國家。海上自衛隊約50艘護衛艦幾乎都是反潛「高手」。目前擔任 4 個護衛艦群旗艦的「榛名」號和「白根」號等艦艇搭載有 3 架反潛直升機，是世界上罕見的重視反潛作戰的艦種。

3. **常規潛艇**。日本海上自衛隊目前共擁有 16 艘常規潛艇，數量雖然算不上很多，但性能十分出眾。日本媒體在評價日本海上自衛隊最先進的「親潮」級潛艇時稱：除了沒有攜帶核子武器和在續航時間方面不及核子潛艇外，其戰鬥能力與核子潛艇相比，絕不遜色。

4. **F-2戰鬥機**。F-2是以F-16為藍本，由日、美兩國共同研製的「混血戰鬥機」。日本媒體稱，其技術層次大大高過F-16，尤其是在機身建造上，採用了最先進的複合材料一體成形建造技術，連美國的飛機都比不

上。F-2還是世界上最先裝備主動式相控陣雷達的戰鬥機。每架飛機造價高達120億日圓，是世界上最昂貴的戰鬥機。

　　5. **高技術導彈**。日本工業技術具有世界一流水準，因此可以製造出許多高技術的先進武器裝備。88式地對艦導彈就是其中之一。據日本媒體披露，該型導彈在研發期間在美國進行過試射試驗。試射的導彈全部命中100公里以外的目標，令在場的美方軍事人員愕然失色。

　　6. **訓練水準**。日本航空自衛隊最讓各國空軍驚訝的是，其居「世界第一」的空軍保飛率。日本F-15戰鬥機的保飛率竟能達到90％，比生產和裝備F-15的美國空軍還高。日本自衛隊每年到美國進行的防空導彈實彈射擊訓練，即使使用老式的「霍克」導彈，其命中率也常常超出其他各國。

▲ 2005年10月30日，日本自衛隊在茨城縣百里基地舉行的航空閱兵式上進行飛行表演

　　7. **教育程度**。日本媒體評價稱：日本自衛隊最實在的「世界第一」是其高素質的官兵。自衛隊24萬名官兵的受教育程度都在高中以上。在日本，由於自衛隊待遇優厚，為數眾多的大學本科畢業生都來參加二等兵的招考，選拔比例達到5：1。想競爭候補軍官的職位，必須擁有大學本科以上學歷才有應試資格，而且選拔比例更超過50：1，被稱為「超難應聘的職位」。

　　日本自衛隊戰鬥力驚人，這還不是最讓人震驚的。瞭解日本的人，最恐懼的還是像機器人一樣不知疲倦、拚命工作而且不惜疲勞死的日本國民。

　　學者房寧從日本考察歸來後，寫下了他的內心震撼感受：

▲ 銀座夜景

　　初到異國他鄉，常會遇上美國人說的「文化震撼」（Cultureshock）。的確，不同文化的碰撞，常會讓人領悟到什麼。

　　去年夏天，第一次踏上東鄰日本的土地，就時常感受到這種所謂的「文化震撼」，其中有三次給我印象尤深。

　　早就聽說東京的夜景美麗壯觀，到日本後不久的一天晚上，我上了住友三角街的頂層，這裡是東京觀賞夜景的最佳地點。與紐約、洛杉磯、新加坡等地金光閃亮耀眼的夜晚不同，東京的夜景宛如星河瀉地，銀燦燦一望無際。看著無數燈光通明的辦公大樓，一般公司職員都工作到很晚。

　　有一天傍晚下班時，我和弟弟走岔了，我就到他公司找他。本以為已下班一個小時了，公司裡一定空蕩蕩的，可是推開辦公室的門卻嚇了我一跳，大半員工還在忙碌著。弟弟說，日本人就這樣，其實他們也沒什麼，只是工作做得意猶未盡，還想再找點什麼事做做。

　　那天乘輕軌火車（日本人這樣稱電車）返回東京遠郊的住所時，已是深夜了，而車廂裡竟擠得滿滿的。望著這群滿臉倦意、默然站立的日本「上班族」，我內心震撼了——我們的近鄰竟然是這樣地工作著！

　　日本的國民生產總值居世界第二，雖然國家富裕，但日本人生活還是十分儉樸的，「吃得少、做得多」。我留意觀察，日本人在餐廳裡吃飯一般多採取「定食」的方式。即便在高級餐廳用餐一般也是這種形式。一份「定食」種類並不少，高級的「定食」往往有十幾種菜，但每種數量卻少得可憐，有的菜竟只是一顆青梅或一塊只有雞蛋般大小沒油、沒鹽的生豆腐。為了搞清日本人的食量，我特地選擇了在中國開設連鎖店的日本快餐店「吉野家」進行觀察和比較。

　　一連幾天中午我都在市區的同一家「吉野家」吃中飯，店裡沒有桌子，只有「吧台」式的長桌，一到中午，店裡便人滿為患，長桌邊坐得滿滿的。人們進門後頭也不抬，嘴裡咕嚕一聲，夥計聽見後一會兒就把一份「定食」端了上來——比茶杯大一點的一小碗米飯，剛剛鋪滿盤底的一小碟涮牛肉片，一小碗味噌湯，外加一小撮醬菜，這就是日本一個中年男子的午餐，真有些不可思議。問起一些在日多年的中國留學生，他們回答：這用咱們中國話說叫「常帶三分飢與寒」，這是日本文化的一種特色。從日本回來後，眼前常常浮現出細細地吃完一小份飯菜後默默離去的日本人的身影。一個富裕起來的民族，竟然還能保持如此的儉樸，這種儉樸難道不比日本經濟的富裕和強大更有力量嗎？！

　　盂蘭盆節假期的最後一天，我與弟弟駕車去日本著名的旅遊勝地伊豆半島遊覽。由於是長假的最後一天，返城的車流形成了空前的高潮，從伊豆半島西部通往東京方向100多公里長的公路上幾乎全線塞車。日本的道路十分狹窄，我們走的「國道」居然只有上下共兩條車道，幾乎所有的車都是回東京的。這樣的塞車是我從來沒有見過的，放眼望去看不到頭的車流在一步一挪地緩慢行駛。我們從下午四、五點鐘一直走到深夜12點左右。然而就在這全線堵車的100多公里的路上，居然沒有出現一名維持

秩序的交通警察，也沒有看到一輛車從空蕩蕩的下行車道向前超行，甚至沒有人按喇叭催促前面的車輛。日本人就那樣耐心地坐在車裡，一步一停地向前挪動。100多公里長的公路大塞車，日本人竟然秩序不亂；七、八個小時的等待，日本人竟然不急，靠著耐心，他們自己竟把這綿延100多公里堵塞的車龍化解了！

日本國民不僅是世界上著名的「工蜂」，還是節約資源、囤積資源的高手。

日本人是一個崇尚環保和節約資源的民族。日本是一個資源嚴重匱乏的工業大國，但日本人比中國人要「精明」得多，他們善於利用他國的資源為自己服務。比如日本從中國大量進口優質煤炭，然後再把這些原煤裝進集裝箱內沉入海底儲存起來，以備將來急需時再用。日本禁止砍伐樹木生產衛生筷，但日本國內卻大量使用這種木筷，原來都是從中國進口的。他們再把用過的筷子加工生產成紙漿出口中國換取外匯。日本人的「精明」不得不令人佩服。日本人摳門也是世界上出了名的，堪稱世界冠軍，一位中國留日學生記錄了日本人的摳門做法：

日本是平均消費紙張最多的國家。在這個有1億2千萬人口的國家中，2002年每天發行的報紙高達7080萬份，僅《讀賣新聞》一家報紙的發行量就達1440萬份，而且每份基本上都有40版左右；由此可見日本紙張的消費量之大。按一般思維，在紙張消費量如此大的國家，人們應該不會考慮紙張的節約問題。實際上並非如此。我曾在日本的一家新聞媒體進修過，對日本人節約用紙留下了深刻印象。在那裡，負責對進修人員進行指導的高野先生每次發給大家的講稿提綱總是用已經過時的新聞稿的背面列印的，從不用未使用過的紙。有一次，我不解地問高野先生，日本不缺紙，價格也便宜，為什麼還要用已經使用過的紙？高野先生說，他們從小接受的教育就是不能鋪張浪費，因此，儘管日本不缺紙，價格也不貴，但只要背面還能用，就不會動用一張新紙。

我還注意到，日本許多企業，甚至政府機構發給新聞單位的新聞稿

和相關資料，基本上都是雙面複印的。這樣做會讓工作人員麻煩點，但可以減少50％的用紙量。長此下去，省下來的錢還是相當可觀的。

日本人的節約還體現在吃飯上。在日本，不少企業員工是自帶午飯去上班的，因為日本絕大多數企業沒有職工餐廳，員工需要自己解決午飯問題。據說，不設餐廳一來可以減少眾口難調的麻煩，二來可以防止浪費。少數大公司即使有餐廳，也都是市場化經營的，價格比一般的餐廳、飯館便宜不了多少。

在我進修過的那家日本新聞機構，有1／4左右的員工是帶飯盒上班的。日本人的飯盒不僅菜式豐富，做得也相當精緻、漂亮。一到中午吃飯時，看著每個人的飯盒都有自己的特色，就好像他們的夫人們在進行一場無形的烹調大賽。談到帶飯盒上班的好處，記者的朋友鈴木先生說，首先是比在外面的餐館用餐便宜，其次是合乎自己的口味，而且不會浪費。在日本，一般情況下，剩下的飯菜都要在下一頓加熱後繼續食用。

除上班族外，日本的中小學生外出郊遊，或者離校舉行其他活動需要在外面吃午飯時，也都由媽媽準備一份漂亮、可口的飯盒。因此，在一些旅遊觀光地，經常會看到許多日本人坐在那裡吃飯盒。當然，他們不會將垃圾扔在地上，而是將所有垃圾收拾好扔到垃圾桶裡，或者帶回家，絕不會污染環境。

在東京，豪華、漂亮的辦公大樓隨處可見，各種高大雄偉的建築物如雨後春筍般拔地而起。可是，日本政府的各部門依然擠在上世紀5、60年代建造的舊樓裡。除了外務省、經濟產業省和財務省幾個重要部門外，其他的省、府大多是幾個部門擠在一棟樓裡，名曰「共同廳舍」。

我在去這些部門採訪時，看到走廊裡擺滿了各種文件櫃，有的地方還放著影印機。一般情況下，一間20坪的屋子裡有幾十個工作人員。桌子一張挨一張，椅子幾乎背靠背，如果兩人同時坐在那裡，通行都有困難。每個人的桌子也不大，除了堆積的文件資料和一台筆記型電腦外，幾乎沒有空餘的地方。在這些擁擠的辦公室裡還要闢出一個角落，作為接待

來訪人員的會客室。我每次去採訪課長級人物，都是在這種場合進行的。這與到日本一些大公司採訪時所遇到的情況大不相同。剛開始時，我以為是個別部門缺少辦公室才那麼擁擠。後來，等我幾乎跑遍了日本所有的政府部門，才發現辦公室都如此，並非個別現象。

這件事又使我聯想到，為什麼日本各地最好的建築物一般都是學校，而不是政府的辦公大樓。

日本人公私分明，就連打電話也不例外。在日本，一般情況下公司員工是不能用辦公室電話打私人電話的。這在行動電話十分發達的今天倒也沒什麼，但在20世紀7、80年代確實讓人感到不便。為了盡可能給員工提供方便，許多大公司都在樓道安裝了公用電話，以方便員工有事時使用。如果公用電話發生故障，員工又有急事必須使用電話，那麼個人使用公司電話必須按照公用電話的價格付費。

日本公司對電話管理非常嚴格，規定不得用公司電話談私事。當然，員工也十分自覺，儘量不在上班時間打私人電話。在辦公室裡做其他個人的事更是不可思議的。如果你問日本公司的員工有沒有人在辦公室裡使用公司電話、電腦等辦公設備做自己的事。他根本不理解為什麼會有人提出這樣的問題，因為這是絕對不允許的。如果發現這種事情，一般都會被解雇。日本的公司給員工配置的筆記型電腦等辦公用品更是不能帶回家使用，一是公私要分清，二是防止洩露企業秘密，對公司造成意外損失。甚至連信封、紙、筆等辦公用品也不得隨便帶到公司外私用。

在日本，大部分辦公大樓的洗手間裡都有擦手紙。這些擦手紙雖然可以隨便使用，但並沒有人隨意浪費，很多人在洗完手後儘量將手上的水甩掉，然後才用擦手紙擦，因為這樣做比較省紙。一般情況下，一張紙就可以將手上的水擦乾了。在日本公園及街頭小巷的公共廁所內也備有衛生紙，可以隨便使用。但如廁者不僅注重廁所內的公共衛生，還很注意節約，不隨便浪費衛生紙，更沒有人將廁所裡的衛生紙拿回家用。

日本人做事刻板，但也十分精細，其工作的細緻程度，就像機器人

一樣一絲不苟，這一點也讓人驚嘆。一位中國遊客從日本歸來後，記下了如下的細節：

大阪城中心

最近因公去了一趟日本，時間不長，八、九天吧，回國後心中總在回味著一些生活細節帶來的感動，很難忘。這些細節的源頭，時髦詞叫「以人為本」，我更願意說「人性化」。

購物

1. 進店：從進大門就有人向你鞠躬問候。不論到哪個櫃檯，只要與售貨員目光相對，一定會聽到溫和的問候聲。

2. 收錢、找錢。售貨員收錢、找錢時拿個小盤，顧客把錢放在裡面。找錢時也是放在小盤裡（因為經常有硬幣），當著你的面一五一十點清楚，然後紙幣在下，硬幣在上雙手交到你手裡。絕不是扔在櫃檯一片，讓客人自己一個一個地去撿。記得曾在報上看過一個德國人給商店提供意見：售貨員把找的錢扔在櫃檯上像打發要飯的，當時感覺他小題大作，現在想到這也是尊重他人的細節吧。

3. 售貨員遞東西時都是用雙手送過來，聲音很溫柔地問候，給人一種很親和尊重的感覺。

4. 我在電器店買東西時，聽說不遠處有一家更大的商店，很想去，問售貨小姐如何走。小姐並沒有同行是冤家的概念，非常熱心地從報紙上裁下那家店的廣告，上邊有詳細位址和電話。

5. 為顧客著想。日本很講究包裝，漂亮的東西在裡面看不到。廠家就將食品做一個剖面仿真樣品擺在外面。比如有包綠色包裝的點心，旁邊

一定有一盒同樣的、打開並將食物從中間切開的樣品（仿真的），可以清楚地看到綠色的外皮，飽滿的豆沙餡，就像無聲廣告。

殘障福利

1. 所有的公共場所都有殘疾人專用通道和電梯。在沖繩琉球古王國的遺址不准建任何設施，但建有殘疾人專用的電梯。一個社會的文明程度，取決於對弱勢族群的關心和照顧，這絕不是作秀能做得出來的。

2. 全日空飛機上播放的安全設施講解錄影，螢幕的右下角有一位手語翻譯同時講解。這趟飛機也許沒有一個聾啞人士，我想更多的是表示尊重和平等，喚起人們對他們的關注，而這種關注是建立在尊嚴之上的。

3. 我注意到大飯店、大商店、機場、車站門邊都有殘疾車免費供殘疾朋友使用，遇到殘疾人來，服務員都會主動上前幫忙、服務。

其他

1. 在日本沖繩旅遊時由日本女孩當導遊，她清點人數時手心朝上，類似國內「請」的姿勢，一上一下地清點，這個尊敬人的細節很讓人感動。我們被人用食指點著腦門數了很多年，沒人覺得不妥。數羊、數牛、數雞、數兔亦如此粗糙的舉動沒覺得不好或不尊重。過於苛求，大家會不會讓人覺得多此一舉，可是當你被禮貌、文明的氛圍籠罩時，一定想「我更喜歡以人為本被人尊重，而且會把這種快樂帶給別人」。

2. 日本的電話鈴和擴音器的音量都調到適中。比如飯店的morning call 電話，鈴聲音量中等，在寂靜的早上既能把你叫醒，又不會嚇你一跳，非常人性化，我想一定有人研究過。在國內飯店的叫早鈴聲是突然和巨大的，彷彿一個粗壯男子在你熟睡時吼叫「該起床了」。坐船、坐火車或遊覽公園時的廣播小姐聲音都很輕柔，很像鄰家小妹笑盈盈提醒你「該下車了」，你的煩惱、旅途勞累會在這溫馨的語氣中得到緩解。

3. 從大阪去九州坐船，四人一間，因空間小為兩個上下舖。日本人為客人考慮很周到，每間房子裡都配備洗手台和鏡子、小小的沙發，最重要的是每張床都有床頭燈，分兩種光源：弱光、強光。每個床邊有一圈較

厚的布簾可以拉上，大家很方便地換衣服、整理東西。我睡覺早，有人要寫日記、有人每晚必整理照片，有人睡覺怕亮，一個布簾解決所有問題，體現了個性服務的細微之處。

4．每個公園或旅遊景點都有飲水機。街邊有自動販賣機，遍佈城鄉，24 小時都可以買到飲料。但如果買煙就必須用駕駛執照在識別器上掃一下才能購買，以防止未成年人買煙。

5．我們住的飯店旁邊是火車站，我特地進去看看，一點也沒有我想像中髒亂的感覺。因為自動驗票，免去人工，工作人員就站在各自崗位不斷地鞠躬，向乘客問好，並幫助有困難的旅客。因為乘火車都有行李，凡是有樓梯的地方都有自動扶梯，免去勞頓。出站的過街天橋上下全是自動扶梯，還有平面扶梯通往各個中轉汽車站，頭上都有透明的雨棚遮陽、遮雨。

6．日本高速收費站的工作人員全是老人。導遊介紹說在一次全民健康調查發現，從事高速站收費的女性不孕和流產率很高，經過追蹤調查研究發現「罪魁禍首」是汽車排放廢氣中的鉛作怪，當汽車暫停時污染最嚴重。但這工作總是要有人來做，從那以後收費站就改由男性退休老人來做了。

7．在日本吃飯都是分餐制，既乾淨又衛生。晚上宴請時每桌菜就四、五道，每個盤子裡都有公筷母匙，很方便，也不浪費。

8．日本很重視綠化，無論是家庭還是街邊餐館都自覺綠化。門口雖然地方不大，但都種有花草，有的迷你盆栽，比手掌大不了多少。沒有把衣物或雜物放在門口的，各家注意了，整個環境就整齊、乾淨，綠意濃濃，極為賞心悅目。

9．日本的旅遊很規範成熟。導遊非常盡職，介紹日本概況、歷史等，知識水準很高，從不講黃色笑話來取悅旅客，一路服務也非常好。旅遊地點商品全明碼標價，品質好並有特色。導遊小姐帶我們到買東西的地方，告訴集合地點就在一旁等候，不跟前跟後，也不會跑到房間收小費。

最後一天導遊介紹一些旅遊公司推薦的產品，吃的、用的都有，價格十分合理。導遊說得好，「我們公司準備了些有特色的禮物，品質絕對沒問題，價格比市場便宜，大家可以參考。為什麼沒在第一天拿出來？怕大家說推銷東西給旅遊蒙上陰影。經過大家逛商店對行情有了暸解，可以比較一下公司推薦的產品。買不買都沒關係。」事情透明了，大家反而覺得很合算，都買了很多東西。遊客買了東西只給導遊記點數，年底有獎勵，而不是現場就點錢拿回扣。

環保

1. 我在商店買東西時，店家提供一個中型紙袋裝東西。買第二件、第三件東西時，售貨員比劃著問「能不能把東西放在一起？」為的是節省一個紙袋，雖然不在一個櫃檯，但都有節約意識。

2. 很多洗手間的水箱都安有擴音器，把流水的聲音放大，如果漏水馬上能聽到，哪怕是滴水聲。

3. 晚上洗澡時，一打開熱水龍頭就有熱水，一點不浪費。不像國內打開熱水管要放好長時間冷水，才會有熱水流出，看著水嘩嘩地白白流走真心疼沒辦法。不知道有沒有好辦法改變這種狀態，我國可是個水資源缺乏的國家。

4. 餐廳沒有免洗筷子供應，都是能重複使用的。

5. 有些公共場合設飲水機，杯子是免費的。紙杯是摞在一起的錐形紙杯，很小，質地較硬，比普通圓形紙杯少用一半材料。

去的地方不多，時間又短得只能稱得上走馬看花。日本是以「禮儀之邦」著稱的國家，講究禮節是日本人的習俗。中國有句老話「禮多人不怪」，我們現在不是禮多，而是太少了。有些事情做起來不難，但效果一定好，比如「找錢、遞東西的方式」、建立一些個性化服務設施等。

凡是去日本留過學的，大都很講禮貌，即使年齡大很多，離得很遠就施鞠躬禮，並說「您好」。很喜歡這種相互尊重、濃濃的人情味的感覺。

　　日本人能不能實現戰後的第二次崛起，要看日本的兒童的素質。一位中國教師在《夏令營中的較量》一文中，從一個片段揭示了中日兩國兒童的競爭力對比：

　　日本舉辦夏令營的機構是福岡的一所學校，一個日本孩子到中國，父母要拿約人民幣7000元，到中國來不遊覽，不住高級飯店，背著10多公斤的背包，在草原上走三天。八月份的草原白天很熱，晚上很冷，有時風雨交加，孩子們在草原上搭帳篷過夜。這麼困難的條件下，中國孩子也是很努力的，但明顯表現出差距來。

　　中國一個孩子病了，馬上送回去。中方隊長回來說：「真丟人！野炊的時候，我發現長得白白胖胖的，抄著手不幹活的都是中國孩子。」

　　在第一次中日少年探險夏令營時，也有類似現象。我採訪一個北京13歲的孩子，問他：「怎麼回事？」孩子說：「真不好意思，我們沒有日本孩子能幹，沒有人家能吃苦。」我問他：「為什麼？」他說：「遺傳吧」。我想，我們搞了這麼多年的研究都沒有這麼精闢的語言：遺傳！怎麼會是這樣呢？

　　孩子說：「為了我能上一個好學校，我父母讓我住在姥姥家。我長到這麼大，連火柴都很少劃，不是我們不想幹，是我們不會幹人家從來沒有幹過的事，怎麼能會呢？」

　　孩子的話邏輯性多強啊！草原上的較量，哪是孩子的較量，是兩國的大人在較量，是兩國的教育在較量。

　　組織夏令營時，中方的主辦單位很興奮：這活動好哇，有國際觀，有現代意識，一報到，中日兩國的孩子同時走向大草原，多壯觀啊。沒想到日本人說，不要請記者，我們是從事教育的，不是做宣傳的。

　　我們這幾十年來，許多工作哪是在辦教育，根本是在做廣告，追求新聞效果！

　　一天午飯後，77個日本孩子來到北京。到天安門廣場後，日方給每個孩子發20元人民幣，要求他們自己買一頓晚餐，下午四點半集合。中

方主辦單位很擔心，迷路了怎麼辦？萬一回不來怎麼辦？日本人說，迷路了也是一種鍛鍊。中國教師帶七、八十個孩子到一處陌生地方，你敢不敢說孩子迷路也是一種鍛鍊？中國教師帶孩子出去，總是集合隊伍點人數，教師坐在車門口，睡覺在房門口，進了商店守在店門口。我們不放心，哪個國家的人都愛孩子，但兩種愛心，兩種命運，這是孩子個人的命運，也是我們民族的命運。

如果說細節能決定成敗，透過日本人的這些細枝末節，人們豈能忽視這架巨型機器的能量？

第七章　冤家路窄

——中日關係的前景分析

■沒有中國的堅決抵抗，日本很可能已經實現了「八紘一宇」的帝國夢想；沒有日本的鐵蹄蹂躪，中國人很難如此凝聚在一起。據説，毛澤東曾點評過：應該感謝日本軍閥。日本軍閥過去占領大半個中國，因此中國人民接受了教育。如果沒有日本的侵略，中國人民既不能覺悟，也不會團結起來。世界上還沒有像中日這樣難以理清的恩怨鄰國關係。日本是世界文明舞台上的新手，其固有的缺陷使其不足以領袖群倫。中國的文明雖然受傷嚴重，卻有浩瀚連綿之氣概。在秀才遇到兵的時代，中國人的文弱積習幾乎招來亡國滅種之禍。但中國人一旦醒悟過來，誰又能低估其血脈裡流淌的漢唐雄風呢？中日競爭，日本取決於文的力量，中國取決於武的力量。是日本人打醒了中國人，是中國人挽救了日本人。

1. 千年易逝，日本冤孽難消

在國際法中，有一句著名的諺語：「正義，不但應當實現，而且應當以看得見的形式實現。」

反過來說，如果正義沒有以人們看得見的形式實現，那麼，正義就很難說得到了實現。

眾所周知，當前的中日關係遇到了很大的困難。這些困難和障礙包括歷史觀的問題、教科書的問題、參拜靖國神社的問題、

▲ 為中日文化交流做出巨大貢獻的鑒真和尚

釣魚島問題、台灣問題、日美軍事同盟問題、中日東海資源爭端問題等等。這些問題雖然多而雜亂，但核心還是一個正義是否得到實現的問題。簡單地說，就是中國人和日本人對中日關係的歷史，特別是近代以來的東亞史的看法迥然不同。因為看法大相逕庭，所以，往往對話的時候，就是雞同鴨講，總是無法達成共識。

在漫長歷史裡，日本一直以中國為師，中國也總是對日本施惠，遣唐使等歷代日本使者受到中國官府的厚待，中國民間則有鑒真和尚七渡東洋，為日本人帶去了先進的文化和科技；近代以前的中日關係是中國文明影響的朝貢國家體系的典範，儘管日本曾經試圖對這個文明中心的中國大陸有過主宰野心，但中心與邊緣的格局卻也是雙方承認的。

可以說，幾千年來，中國人沒有做過什麼對不起日本人的事情。即使是 1945 年後，兇殘的日本侵略者離開中國大陸後，還有數千名日本孤

兒留在了中國。中國的老百姓並沒有計較其父輩的孽行,「來!你也過來吃一口,」這就是中國老百姓對日本孩子表現出來的慈悲和寬厚。

日本傳統文化是講求「以恩報恩」的,但為什麼對自己的恩人——中國人如此薄情寡義,乃至慘無人道?這是中國人心中永久的痛。

中國人並不要求日本人報答恩情,只要求日本人不要再傷害中國人的感情,這樣的最低層次的要求,卻為什麼得不到滿足?這是中國人無論如何也難以解開的心結。

在中日甲午戰爭中,日本攫取了台灣,還掠取了3億3千萬兩白銀,相當於日本當時4年的財政收入。接著又奪取了中國的東北作為殖民地,把中國作為侵略戰爭經費的提款機。在侵華戰爭中,殺戮中國人達到3500萬人,對中國造成經濟損失5000億美元。日本人對中國的傷害,罄竹難書,是世界文明史上最黑暗的一頁。

日本人在中國掠奪了多少財富,這筆帳的數目非常驚人,是一個天文數字。新近出版的《黃金武士》一書披露了日本洗劫中國的一個片段:日本在二次世界大戰期間有一個「金百合」計畫,就是將日本人從中國等亞洲國家搶奪來的財寶藏於地下,這筆財富以1944年的匯率計算,可以達到194萬億美元。

日本是唯一對中國進行洗劫的侵略國家。「八國聯軍」打劫的主要是皇家財富,而日本就不一樣,從皇宮到民間,甚至對各種存在於中國社會的黑社會組織,均一律進行洗劫,將中國數千年的財富累積,掃劫一空,而這些卻從來沒有得到清算和統計。

日本自1895年至1945年的50年間,對外發動了14場大規模的侵略戰爭,有40年國家處於戰爭狀態。如果說是明治維新帶來了日本的崛起,不如說是侵略戰爭餵肥了日本。

▲ 中日甲午戰爭時擔任日本外相的陸奧宗光

　　1945年成立的遠東軍事法庭，雖然處決了7名甲級戰犯，但作為戰爭發起者的日本天皇卻安然無恙，日本皇室和財閥從侵略中攫取的難以數計的財富毫髮無損。原來商定的5000億美元的戰爭賠款分文未付，而日本從侵略戰爭中奪取的琉球群島，也一直沒有歸還其宗主國。

　　毫無疑問，日本人是近代歷史上的幸運兒，是世界道德法庭上的逃犯。

　　與此形成鮮明對照的是，一部近代史，就是一部中國人的屈辱史，是一部道道地地的血淚史。即使是鐵石心腸的人，也無法不為中國人的苦難和失落扼腕長嘆。

　　一邊是歷史舞台上的狂歡者，一邊是歷史舞台上的悲泣者，這二者的心態有著天淵之別，又怎麼能夠把酒言歡呢？

　　作為侵略者和劊子手的日本，卻在財富的盛宴上恣意撒歡。作為受害者被欺凌和被侮辱的中國，卻在世界正義法庭上鬱鬱寡歡。讓中國人接受這樣的「正義」結果，無論如何難以讓人置信！

　　中日關係健全發展的前提，就是人類的基本正義能否得以實現的問題。中國人對加害者賦予了人類世界中最大的寬容，不但免除了日本的戰爭賠款，而且對日本人寄予了最殷切的期待和最大的禮遇，但是，殘酷的現實卻一再讓中國人失望。

　　堅持正義的原則，讓正義在人類世界以看得見的形式得以實現，這是占世界人口四分之一的中國人責無旁貸的使命，也是中國應當對世界和平所盡的義務。

　　實現正義的過程是艱辛、曲折的，但我們不能因為畏難而放棄。2005年9月3日，中國國家主席胡錦濤在紀念中國人民抗日戰爭暨世界反法西斯戰爭勝利60周年大會上的講話中，代表中國政府和中國人民對這一原則進行了最真切的闡述：中國政府一貫重視中日關係，始終堅持中日友好方針，並為中日友好作出了不懈努力。新中國成立後，中國政府和人民為改善中日關係、發展兩國人民的傳統友誼做了大量工作，和日本有見

識的政治家和各界人士一起，推動實現了中日邦交正常化。多年來，中日關係不斷發展，兩國經貿合作不斷擴大，人員交往日益密切，反映了兩國人民謀求和平友好和共同發展的願望。這是兩國幾代領導人及有識之士共同耕耘的結果，需要我們倍加珍惜、精心維護。但是，必須指出的是，長期以來，日本國內總有一些勢力矢口否認日本發動侵略戰爭的性質和罪行，竭力美化軍國主義戰爭，並為已經被歷史釘在恥辱柱上的甲級戰犯揚幡招魂。這些做法，不僅違背了日本政府在歷史問題上的承諾，而且背離了中日關係的政治基礎，嚴重傷害了中國和亞洲有關國家人民的感情。前事不忘後事之師。我們強調牢記歷史並不是要延續仇恨，而是要以史為鑑、面向未來。只有不忘過去、記取教訓，才能避免歷史悲劇重演。我們希望日本政府和領導人本著對歷史、對人民、對未來高度負責的態度，從維護中日友好、維護亞洲地區穩定和發展的大局出發，以嚴肅慎重的態度處理好歷史問題，把對那場侵略戰爭表示的道歉和反省落實到行動上。

日本政府和日本人民只有銘記歷史的教訓，深刻地反省歷史，以嚴肅慎重的態度處理好歷史問題，把對那場侵略戰爭表示的道歉和反省落實到行動上，中日關係才能得到發展，亞洲和世界的和平才有基本的保障。

實際上，評判中日關係的前景，也取決於這一點。日本政府和日本人民只有用世界人民看得見的形式吸取歷史教訓，採取切實的行動彌補歷史錯誤，才能取信於世界人民。

但是，日本政府向來沒有真誠地為自己的歷史道過歉，甚至連一次書面道歉都不肯去做。近20年來，不斷地有日本高官站出來否認日本的罪行，甚至說南京大屠殺是虛構的這樣的昏話。日本政府在歷史問題上的態度，就預示了他們對未來的態度。這一點只要稍微具有常識的人都能明白。至於日本人，也並非不明白這一點，否則怎麼會有那麼多高官寧可丟官棄爵也要出來講謊話呢？因為在日本，不承擔歷史責任的人更容易得到喝采。日本前首相細川護熙曾經在首相任上，對日本軍國主義的錯誤做過口頭道歉，結果很快就被轟下了台。在這樣的輿論氛圍下，誰願意冒險

呢？

　　有人說，為什麼德國人對自己的納粹罪行反省得那麼深刻，而日本卻無動於衷呢？

　　實際上，德國納粹和日本軍國主義都屬於法西斯政權，但德意志民族有深厚的文化底蘊和哲學思辨能力，而日本卻沒有。日本文明向世界貢獻了節能汽車和圓珠筆、速食麵還有卡拉OK，卻從來沒有出過一位世界級的思想家。

　　還有一個重要原因是，德國的猶太人和其鄰居法國人和波蘭人以

▲ 日本僧侶參加軍事訓練

及俄羅斯人，對於納粹的罪惡採取了窮追猛打的態度，直到20世紀80年代，以色列的猶太人還在全球追殺潛逃在外的納粹黨徒。而遭受日本侵害的亞洲人民特別是中國人，則採取既往不咎、以德報怨的態度，寬厚地原諒了日本法西斯，對於曾經在中國土地上殘殺老百姓的日本客商，一些中國人為了爭投資、招商，甚至採取諂媚逢迎的態度，在在反映了中國人對罪惡的漠然。

　　美國政府曾經通過立法，凡是對美國利益有重大損害的外國人，不許進入美國。以色列人更是對每個納粹黨徒的家族進行登記造冊，凡是與納粹掛過鉤的公司企業，就號召國民拒絕購買其產品。

　　這些除惡務盡的做法，實質上發揮了淨化人類社會的作用，有利於實現正義的價值。

　　《聖經》說：不要把明珠投到豬面前。對於骨子裡冥頑不化的軍國主義份子，對其採取溫情的態度，在很大程度上不僅無法感化他，反而更激發起其繼續作惡的動機。

　　林語堂說：中國人與日本人之間的差異性足以使二者成為對手，而其相似性則足以增加彼此的憎惡。

　　在東亞地區，從來沒有誕生過兩個旗鼓相當的巨型國家。雖然在清朝末年時，沒落的清政府曾經與明治政府有過短暫的平等外交史，但很快就被甲午戰爭的烽煙沖散了。只有從 20 世紀 90 年代開始，這種中日兩強並立的格局才得以成形。

　　一個是世界上最大的已開發中國家，並且有機會進入世界超級力量行列。

　　一個是世界上排名第二的經濟巨頭，正準備在世界政治和經濟舞台上大展威風的財富盟主。

　　這種力量對峙的局面讓一向穩坐亞洲第一把交椅的日本很不舒服。隨之，中日的關係開始由熱變冷。

　　中國學者林賢治道出了日本人很不舒服的內因：

　　20 多年來，中國的對日友好政策並沒有什麼實質性變化。從更深遠的視野來看，自古以來中國就沒有傷害過日本，非但沒有傷害過日本，還向日本輸出了先進的文明，沐浴了日本的成長。

　　反觀日本，從 14 世紀就開始騷擾和圖謀中國，不斷地侵略和傷害中國，給中國造成了巨大的災難。今天的日本右翼勢力，不但不真誠地反省歷史，反而歪曲歷史，美化侵略，敵視中國，這顯然不是符合道義的。從利益上看，今天的中國已經成為日本最有利可圖的投資和銷售市場，敵視和刺激中國的政策，最終勢必影響到兩國的經貿往來，損害日本的經濟復甦。統計資料證明，這個勢頭已開始顯現。

　　放眼東亞和世界格局，對日本最有利的戰略是在美國與中國之間保持平衡，在與美國結盟的同時，採取對華合作路線。這樣日本就可以成為平衡兩個大國的關鍵砝碼，日本的戰略迴旋空間和發揮作用的餘地會因此而得到明顯的拓展。

　　如果日本能夠放棄敵視中國的政策，那麼中日兩國人民的友好和東

亞經濟的一體化整合，就是必然的結果。遺憾的是，目光短淺、心胸狹隘的日本政客看不到這個重大利多因素，反而緊抱美國大腿不斷向中國踹腳，東亞地區不但無法實現經濟整合，反而變成了一個矛盾重重的敏感地帶。這對於該地區的所有國家來說，都是不利的。註32

▲ 靖國神社

從理智的角度來說，日本人平靜地接受中國的崛起對其有利。但糟糕的心態卻蒙蔽了不少日本人的理性。

蔣百里曾經諷刺過雞腸鼠肚的日本領導人：譬如吃飯，人家請他坐首席，他不願，偏要一個人獨占一張桌子，定要叫人家走開。

日本人吃獨食的心理，中國人普遍表示不理解，卻是日本人的一種頑固心態。

羅素曾說過：嫉妒是人類最頑固也最難克服的一種愚蠢情感。

對於一個暴發戶來說，最難接受的就是冒出新的比之更富的人。日本人總是千方百計要長期壟斷亞洲的首席位置，卻渾然不顧自己已經觸犯了眾怒。這是日本民族悲劇性格的表現。

2. 相互讀不懂的鄰居

　　韓國著名比較文化學者李元馥指出：中日之間是世界文化史上淵源最深而又差別最大的兩個國家。

　　所以，在日常生活中，中日兩國人的對話顯得相當困難。很多時候，同一個問題，觀點和看法往往似是而非，日本人曖昧而神秘的態度，與中國人的坦率與赤誠，形成了鮮明的差別。

　　特別是在歷史觀上，兩國人民差別甚大。日本人不理解中國人為什麼非要抓著歷史問題不放，莫非是以此為要脅，要求日本提供更多的援助。中國人則認為不正確面對歷史，就無法面向未來。歷史問題不說清楚，未來就無從談起。

　　中日之間對話的困難，歸根結底，還是一個歷史文化傳統的問題，兩種差別很大的文化背景，使得人們很容易互相誤解。

　　所以，在解析中日關係的難題時，首先還是要從中日兩國的文化基因著手，只有把文化背景的區別弄清楚了，暢通的對話才有可能。

　　中日關係有許多難以解決的問題：歷史認知問題，侵華日軍毒氣事件、日本政要參拜靖國神社、領土爭端問題、台灣問題、東海問題等等。中日關係是一個高度敏感、極端容易情緒化的話題。但如果仔細從文化和歷史的角度來解析，問題就會明朗得多。註33

　　這裡的「文化」是廣義的，與「日本文化節」的「文化」含義有所不同，是文化人類學意義上的。是把非經濟、非政治、非軍事的因素，統稱為「文化」因素。這裡重點探討一下中國人和日本人的思維方式、行為方式以及價值觀等在中日關係中產生的重要影響。

　　以戰爭的歷史責任問題為例。

　　歷史問題是中日關係一個解不開的死結。許多問題都從這裡而來。我們說，日本人對戰爭不反省、不道歉。確切地說，不是日本人沒有道歉，1972年的中日聯合聲明中，就有「日本痛感日本國過去由於戰爭給中國人民造成的重大損害的責任，表示深刻的反省」這樣的話。日本的一些政治家，如田中角榮、村山富市等，都在不同場合、以不同方式，對戰爭給中國帶來的損害表示過抱歉，但他們的道歉中國人不滿意，主要是對下面兩方面的事實不滿：

　　第一，日本人對戰爭道歉的力度不足，誠意不夠。日本政治家多數情況下是在國會議員的質詢時乃至逼迫下說出來的。從田中角榮開始用「麻煩」到後來不得不使用「損害」一詞。小泉首相也反覆道過歉，是在他不顧中國和韓國極力反對參拜靖國神社後不得不做出的平息憤怒之舉，可以說表態都是吞吞吐吐、不夠徹底的。中國人無法理解，對於那場對中國人帶來那麼大災難的戰爭，日本為什

▲　南京陷落之後最早出現在美國報刊中的一張關於大屠殺的照片

305

麼不能真誠地向被害者謝罪？中國政府連戰爭賠償都明確放棄了，難道還換不來一句痛快真誠的話？所以確切地說，中日之間的歷史認知問題，不是日本道不道歉的問題，而是日本以怎樣的方式道歉、道歉是否真誠的問題。

第二，日本國內不斷發生否認歷史真相的事件。戰後 50 多年來，不斷有大臣和國會議員等政府和執政黨要人為日本的侵略歷史翻案，參拜供奉戰犯的靖國神社，修改歷史教科書，試圖並淡化或刪除涉及日本侵略歷史的內容，右翼學者舉行否認南京大屠殺、美化侵略戰爭的集會等。日本高官關於戰爭問題屢屢「失言」，屢受中國和亞洲其他國家的批評，受批評後就收回，過一段時間又有人「失言」——這似乎成了日本外交的一個特點。假如圍繞一個問題屢屢失言，那就不是「失言」而是「真言」，是內心的真實想法。

這兩方面的事實合起來使中國人得出結論：日本並沒有對侵略中國的事實真正反省。在中國人看來，承認侵略事實並真正道歉是兩國交往中日本應遵守的道德底線，中國人對日本的所有不滿可以說都是源自這種對日本沒有遵守這條道德底線的判斷。

日本為什麼不能像中國人所希望的那樣深刻反省歷史問題呢？這有多方面的原因。二次世界大戰結束後，美國出於意識形態對立的需要保留了天皇制度而沒有對軍國主義思想及其罪行進行認真的清算恐怕是最直接的原因。二次世界大戰結束後，美軍占領當局在後期放棄了對日本侵略罪行的懲治，致使日本一些原來的戰爭勢力重返政壇，有的甚至當了閣僚和首相。現在不少日本政客，就是他們的第二代或是第三代「世襲議員」。這些人對日本當年的侵略戰爭充滿了錯誤認知。戰敗後處於美國占領下的日本，雖然制定了「和平憲法」，但在當年東西方冷戰的形勢下，日本又受制於《美日安全條約》，日本與曾經被它侵略過的中國再次處於「敵對關係」之中。因此，日本從沒對其從 19 世紀末「甲午戰爭」到二次世界大戰結束，這段時間裡的侵略行動進行過徹底清算。

除此之外，從文化和歷史的角度看，還存在下述三個方面的因素：

　　第一，日本人本身就缺乏歷史感。日本歷史學家溝口雄三指出，中國是一個有深沉歷史責任的民族，世界上像中國這樣有如此強烈的歷史責任感的民族並不多。中國有詳細的歷史紀錄，「以史為鑑」；中國把歷史看成責任，歷史記錄一個人，並不因為一個人的死而結束，好的要名垂青史，壞的要遺臭萬年，中國人常說「以史為鑑」，有把歷史和現實結合起來認知當前事情的傾向。對中國人來說，歷史雖為過去發生之事，但對今天有借鑑意義。中國人的家譜都追溯到遙遠過去的祖先。中國過去皇帝治理國家主要是借鑑歷史經驗。例如發生了什麼重大事情，歷史學家就查閱歷史，說什麼朝代發生過類似的事情，當時是怎麼處理的，結果怎樣等等。在中國人看來，的確是不懂得歷史就無法理解今天也無從談將來。中國人說到歷史，是白紙黑字記錄的事實，有一種非常確實、非常莊重的感覺。並不是所有的民族都像中國這樣，而在一般日本人的感覺中，歷史更多的是一種過去發生的事情，只是一種與現在沒有聯繫的、不確實的遙遠存在，是可以討論的，當然也是可以推翻的。日本歷史中通常還包括神話、故事和傳說這一事實就是日本人對歷史的遙遠感和不確實感的一個證明。日本人缺乏歷史感，特別是與中國人相比，他們有一種更為重視現在的傾向。從歷史上看，日本這個民族像是一個靈敏的雷達，敏銳地追蹤急遽變化的世界，但是沒有厚重感。

　　第二，日本人缺乏責任感。對歷史的感覺是雨對個人行為的責任看法相關聯的。中國人常說：「歷史會做出公正的評論。」這句話的含義是，一個人行為的意義不僅限於當時的情景而有超越時間、超越情境的意義。個人是站在歷史的延長線上並一直延續到將來，這種認知得出的邏輯結果是較強調個人對自己行為的責任。這種看法有時候達到極端的地步：做了壞事並不能因為死亡而有所減輕，後人們也不會因為當時的情境就原諒他。在我們的語境中的「死有餘辜」、「遺臭萬年」之類的說法就是這種看法的表現。甚至有死後被鞭屍的極端例子。這種價值取向會使中國人

背上沉重的歷史包袱，但同時也應承認這種行為的背後是一種較強烈的歷史責任感。

而日本人對個人行為的判斷更多地取決於當時的情境而較少與「歷史」相聯繫。日本人喜歡說：「當時是那樣教育的，所以就那樣做了。」這句話的含義是：個人是沒有責任的，負責任的不是個人而是當時的情境。日本語中有一個詞叫「禊ぎ」（misogi），原意是：身上有罪或者有污穢時，或者在進行重要的神事之前，在河裡洗滌罪惡或污穢。現在也這樣解釋：一個人貪污、違反選舉法或者受賄，只要進行「禊ぎ」，就能得到原諒。其含義類似中國的成語「放下屠刀，立地成佛」。許多日本人對戰爭所犯的罪行也是抱有一種儘快忘掉、儘快讓水沖走的想法。這種對歷史的感覺自然不會使日本人有過重的歷史包袱，但也使人因此而缺少歷史感，而缺乏歷史感也是缺少責任感的一種表現。

日常生活中，日本人總是把「對不起」或「給您添麻煩了」掛在嘴上。日本人抱怨中國人不會道歉。中國飛機火車誤點，不說道歉的話，中國的官員也不會說道歉。但是，日本人喜歡說「對不起」並不說明他們有責任感。中國人不輕易道歉是因為中國人趨於認為道歉與責任密切關聯，在沒有判明或者沒有完全判明誰應承擔責任的情況下不輕易道歉。而當中國人發出「對不起」這個訊息時，個人感覺到的責任感要比日本人發出「對不起」、「麻煩您了」時要強烈得多。日本人一般容易向人道歉，但道歉的時候優先考慮的與其說是行為者責任的區分，不如說是該行為造成的眼下人際關係「事態」的嚴重性，是一種「事態優先」型的考慮方式，即不管責任在誰，已造成了眼下「客人對服務不滿」這一嚴重「事態」。為了防止「事態」進一步惡化，先道歉再說，把責任的區分放在次要地位。

對於日本人來說，說道歉這一行為是個人感情的表達，道歉的意圖與其說是為了承擔責任，不如說是使與對方的關係不受傷害。日本人喜歡

道歉，但又是「個人不承擔責任，責任是集體承擔」的一種文化。這兩者看似矛盾實際是相互關聯的。有重大事情，找不到真正的承擔責任者，如果有明顯是誰的責任，責任者通常採用自殺的方式自我了斷，其他人也就不再追究。

▲ 日本佛教僧侶袒胸露背接受冷水「洗禮」

在這種行為模式下，有時候會發生這樣的情況：道歉與責任相分離，自己即便不是責任者也要道歉，這就是道無謂的歉；另一方面，即便責任在自己，如果沒有造成眼下人際關係的嚴重「事態」，也不真正道歉。在「東京遠東國際軍事法庭」的審判中，被告們一致否定自己的戰爭責任。在天皇獨攬大權的情況下決策者

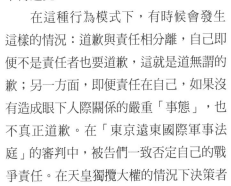

由下到上推卸責任，沒有人敢於主動承擔責任，可以說整個日本成了一個龐大的不負責任的體系。可以說戰後很長一段時間裡日本人就是處於一種不鼓勵個人獨立面對困難、不鼓勵獨立承擔責任的體制之中。

這一點和日本人的特殊國民性有關。人們常常把日本與德國比較，認為德國人認罪好。日本社會不是個人主義的，個體不是獨立的，個人是融合在集團中的。有了成績是大家的，有責任也是大家的。沒有「原罪」感，沒有懺悔的傳統。有的學者認為西方是罪感覺文化，日本是恥辱感覺文化。罪感覺來自內心深處，恥感來自情境，來自周圍人的評價。日本人的「自我」意識較弱，容易「跟風」，容易被某種外在的力量推著走，當出現問題的時候個人由於缺乏對自我靈魂的拷問而趨於逃避責任。這是日

本人身上的毛病。

我們在批評日本人對歷史認知問題的時候，一定要批評到點子上，抓住他們身上的要害，批到痛處。譬如，我們常說，戰爭只是一小撮軍國主義份子發動的，民眾沒有責任。這就不能說批到了點子上。對戰爭的發動不僅僅是右翼勢力的事情，而是在日本歷史文化中有深厚的基礎。那個時候日本的絕大多數民眾也是支持戰爭的，許多人是自覺自願為戰爭服務、為軍國主義獻身，可以說舉國上下都陷入一種狂熱的戰爭漩渦。對於40多年前的對外侵略征戰，日本民眾怎麼說沒有責任呢？

我們指出日本人其國民性中的弱點，將其缺乏歷史感、缺乏對過去行為的反省的責任心揭露出來，指出這是一種極度自私的劣根性。這就對日本人很有啟示性。透過這些分析我們要讓日本人知道，沒有歷史感的民族是難以讓人信賴的。沒有責任感、只講求自私的民族是沒有前途的，我們應當更加強調日本人應對自己的行為負責，對自己行為負責任。

潛藏在日本人內心深處的「民族自我」是一個沒有經過理性審視和批判的自我，那些不願意反省軍國主義歷史的人，實際上是在逃避對「民族自我」做理性的審視。反省需要有歷史感和明確的是非標準，需要清晰的自我意識和強烈的責任感。反省是對自我的再評價，是檢討自己行為。否定錯誤不等於否定自我，真正的反省與否定自我是不一樣的。只有肯定自我才有真正的反省，才有對戰爭的謝罪，而缺乏反省的謝罪是缺乏誠意的，因而也沒有意義。反省歷史是痛苦的，需要勇氣和自信，所以沒有真正的反省也是一種缺乏自信的表現。

第三，從中國方面看，在處理戰爭賠償問題上有中國人自己的失誤。中國在謝罪與賠償問題上採取了將二者分開的做法，即只要謝罪不要賠償。中國人與人交往上的重「名」輕「得」、重「義」輕「利」。按照中國人的想法，我放棄戰爭賠款，寬恕了你，你向我真誠道歉、「痛改前非」就可以了。從良心上說，在今後的交往中你肯定會記住我的寬宏大量，並給予還報。這可以說是傳統中國「重義輕利」的交往模式的反映，

也是中國人常用的處理人際關係時重視「人情」做法。這與中國解決人際關係的傳統方法是有關聯的。你侵略了我，我對你「以德報怨」，做到「仁至義盡」，不要你賠償，只要真誠的道歉就行了，顯示了我泱泱大國的風度。這是把一件可以量化、透過法律操作來決斷的事情推到了人情的領域，對問題的解決帶來了困難。道歉這種方式是很難操作的，怎樣道歉？在什麼場合道歉？以什麼方式道歉？怎樣才算真誠？不真誠道歉又怎麼樣？等等，這些都很難有個尺度。中國死了那麼多的人，損失那麼大，不要求賠償而只要求道歉，那麼，我們會有很高的道義上的期待，對於對方的道德要求很高。一方面，日本的道歉不能令中國滿意，使我們感情上難以接受；另一方面，日本則對中國不滿：自己已經道歉了，為何中國還要時時提及歷史問題。而且這也使民間向日本政府索賠很難勝訴。齊齊哈爾日本遺棄毒劑傷人事件是歷史遺留問題。之前也有過類似的事件，並且取得了對中國受害者有利的結果，但最終判定追究的不是戰爭責任，而是日本政府的「不作為」。因為日本認為中國放棄了戰爭賠款也就放棄了對戰爭責任的追究，這也體現了日本儘量繞開戰爭這個問題。如果能換一種方式，不放棄戰爭賠款，具體到賠款的數目、時間、期限都可以談判商量；以賠款完結作為一種歷史問題的了結，操作起來就會容易得多。

戰後的日本對戰爭只是表示遺憾，沒有經濟賠償，沒有對責任的明確承擔，放棄經濟上索賠帶來的不承擔道義責任的後果可能是中國人當初沒有料想到的。所以當加害者沒有真誠道歉而不斷衝破道德底線的時候，自然引起中國人強烈地憤怒和批評。日本存在著以「反打歷史牌」為藉口的力量，他們很容易把人們的注意力從問題的本質上引開而轉到批評者的態度上來，這使中國的批評不僅沒有作用反而引起反感，從而使受害者失去了在道義上的優勢。我們習慣於把一個法律問題道義化了，又習慣於讓道義上的優勢變成激情的肆意發洩。最後，什麼也得不到，既得不到國際社會的同情，也得不到那些對中國犯下罪行者的尊重。

舉一個美籍日裔向美國政府索賠的例子。第二次世界大戰中，美國

曾將居住在美國西海岸地帶的日裔送進集中營。戰後有人提出美國政府的這種行為違憲，日裔美國人展開了讓美國政府謝罪並賠償損失的運動。美國國會成立了調查委員會，進行了數年的調查工作提出報告，最後美國立法，向日裔謝罪，並向每位活著的被收容者賠償兩萬美元（總額為 10 多億美元）。在調查期間，曾有一種意見認為，如果美國政府真的違憲，只要謝罪就可以了，經濟上不必賠償，因為日裔美國人的生活水準高於美國的平均水準。許多日本人也接受這種看法。但推進運動的日裔美國人認為，一個人違反了交通規則，把人家的車撞了，並不是光說聲「對不起」就算完了，不僅要道歉，還要給予賠償、罰款，使其不再犯第二次。

中國人重視情義和道德，以仁慈之心寬宥了日本人，可是，大和民族是個趨利動機十分強烈的民族，他們對於中國人特別強調的道義和責任卻並不熱衷。只要不賠款、不損害經濟利益，就什麼都好說。中國人放棄了賠款，贏得了道義，卻失去了實利。日本人輸掉了面子，卻贏得了實實在在的好處。至於中國決策者考量到世界的整體利益和人類的和平事業，這些顯示了一位大國領袖負責任的君子之風，卻很難被小人所理解。這些陰差陽錯，都有很深的歷史文化背景的差異。

以君子之道，對付小人之道，其勝負會如何？想必中國人不難體會。

近代以來，中國人屢屢上日本人的當，吃日本人的虧，究其根本，都與中國人對日本人的文化背景和民族性認知不夠有關。

3. 中國人來自水星，日本人來自火星

　　日本人有許多面孔。日本人在非正式的場合是非常隨便的，上班的時候西裝革履，不苟言笑，彬彬有禮。但下班後常常離開辦公桌到了酒桌，喝得酩酊大醉，醜態百出，判若兩人。酒酣耳熱之後，議論的話題不是東家長就是西家短，更令人瞠目結舌的是三句話不離女人，也不管是否有女同事在場。公司新來的那位還沒結婚的女秘書是不是處女，哪個「斯納庫」（酒吧）的小姐漂亮迷人，哪個酒館的老闆娘韻味十足之類的話經常充斥耳際。望著那一張張醉眼惺忪的臉，如果不是親眼所見，很難把他們與平時嚴肅認真、一絲不苟的形象聯繫起來。日本人也將這種行為方式帶到海外，常常做出違反當地法律和習俗的事情。

　　同樣是儒家文化影響深遠的國家，中國的王朝更替像走馬燈一般，日本卻始終只有一個天皇家族高高在上。中國的起義者很早就喊出了「皇帝輪流做，明年到我家」的號召，日本人酷愛武藝和權謀，卻從來沒有人想過取「天皇」而代之。

　　中國人重視仁義，強調以德報怨。日本人重視忠義，強調以血還血。中國人尊重生命，愛惜生命，厭惡死亡。日本人尊重享受，重視感受，卻崇尚死亡。明朝的旅行家羅曰聚在《咸寶錄》中即有「日本人喜盜、輕生、好殺，天性然也」的記錄。路易士‧弗洛伊斯在《日歐比較文化》一書中也記錄了歐洲傳教士對日本人輕生喜殺傳統的觀感：「歐洲人認為，殺人是可怕的事情，殺牛宰母雞或殺狗並不是可怕的事情。日本人一看見宰殺動物便大吃一驚，但對殺人卻認為司空見慣」；「在日本，不論誰都可以在家裡殺人。」像這樣地喜歡殺人，甚至以殺人為樂趣的武士

道精神，中國人無論如何難以理解。

中日兩國的文化均受佛教禪宗的影響極深。在中國，學佛談禪是非常瀟灑自然、充滿生活樂趣的事情。而在日本，修禪卻是苦行的代名詞。日本人採取斷指、撞牆、活埋、火燒的形式去領悟禪道，其領悟到的禪機是中國人怎麼也理解不了的。

中國佛教崇尚慈悲為懷，普度眾生，僧侶必須遵守法戒。而日本佛學卻宣講愈是作惡多端的人愈可得到拯救，近代僧人娶妻生子，大食葷腥，並且尊崇神道教中的惡神，對惡人禮敬膜拜。這又是兩國人難以相互理解的。

與西洋文化相比，中日之間的文化形式相近，頗多共同語言。但細密地分析起來，中日兩國的文化卻有極大的差異。尤其是日本近代以來，推行「脫亞入歐」的文化戰略，以亞洲的西洋人自居，對於滋養了自己幾千年的中華文化頗多厭棄嫌惡，更使兩國的意識形態大異其趣。

由於文化背景的差別，日本人往往會做出一些讓中國人不能理解的事情來。為了與日本人溝通，我們就必須下功夫對中日文化的異同進行比較分析。

對此，著名學者李澤厚在〈中日文化心理比較試說略稿〉一文中，從哲學的高度進行了比較分析，讀來讓人感喟不已（以下簡稱「略稿」）。

「略稿」指出：中日儒學在各自文化中的實際位置頗不相同。

以孔子為代表和「旗號」的儒學，自秦、漢以來，是中國文化的主幹，特別在「大傳統」中。這似乎無須論證。

不僅大傳統，在「小傳統」或民間文化中，雖然表面上似乎佛、道兩教更占優勢，老百姓並不拜孔夫子，而是拜觀音、關帝或媽祖，但不僅崇奉儒學的士大夫一般並不排斥民間宗教；而且關鍵更在於，就在民間宗教和禮俗中，儒學好些基本思想也已不聲不響地交融滲透於其中了。六朝時「沙門敬不敬王者」的著名爭論以禮敬帝王為結果，《佛說孝子經》中「親慈子孝」更發展演化為「佛以孝為至道之宗」「世出世法，皆以孝順為

宗」(《靈峰宗論》)。迄今民間宗教的許多內容也實屬儒家學說，如孝順父母、友愛兄弟、「敬老懷幼」、「正己化人」(《太上感應篇》)等等。證嚴法師便曾讚賞病人死在有親屬在旁的家中，而不必死在醫生、護士等陌生人手裡，表現了以親子為核心的儒學人際關懷，而並非看破塵緣、六親不認。就拿在小傳統眾多領域中均流行不輟的陰陽五行觀念，亦可溯源於以董仲舒為代表的天人感應的理論系統，更不用說宋、明以來流行在民間世俗中的各種族規、家訓、鄉約、里範以及《三字經》、《千字文》、《增廣賢文》等等儒學本身的「教

▲ 日本男子裸體節，又叫「會陽節」。參加者都是男性，他們只繫日本傳統的兜襠布，幾近全裸。這一活動開始於江戶時代末期。在眾多幾乎全裸的人中，有一名男子是全裸，人們相信，誰能摸到他，就會獲得幸福。小小的兜襠布打開後居然有 10 公尺長，按照傳統方法先在腰部橫繞幾圈，然後在兩股間豎繞一道。繫兜襠布得有別人幫忙，豎著的這一道要特別用力，繫的時候同伴把布背在背上像用力拉車一樣狠狠地使勁，才能把兜襠布拉緊。多數被繫的人都疼得嗷嗷叫。據說，兜襠布沾了水還會緊縮，讓穿的人簡直如同上刑一般。穿戴完畢，男人們喊著口號成幫結夥地出發了。在儀式中，想孤身一人搶到寶木是不可能的，一般都得結成團隊共同行動。於是，同單位或者左鄰右舍的男人各自結成一隊，打著小旗浩浩蕩蕩地出發了

化」作品了。所有這些，顯現出儒學不僅是某些思想家們或精英階層的書籍理論、思辨體系、道德文章，而且它已成為規範整個社會活動和人們行為的準則和指南。並且「百姓日用而不知」，由文化而心理，不僅極大地支配和影響了人們的思想、理解和認知，而且也作用於人們的情感、想像和信仰，構成了內在心理的某種情理結構。正是它，支撐著我所謂以「實用理性」、「樂感文化」為特徵的中國人的「一個世界」的人生觀和宇宙觀。

　　日本情況似頗為不同。儒學並非日本文化的主幹或核心，其主幹或核心是其本土的大和魂或大和精神。「和魂漢材」正如「和魂洋材」一樣，儒學只是被吸取作為某種適用的工具，其作用、地位和特徵與中國相

比較，有極大的差異。什麼是「大和魂」或「大和精神」？簡言之，它是某種原始神道信仰的變換發展和不斷延伸。也許由於與四周容易隔絕的地理環境（多山的島國），文明進程較為緩慢，各原始部族對眾多神靈和人格神的強大信仰在這裡被長久保持下來。《古事記》中描述二神交媾，養育日本，神道觀念長久滲透在日本文化和日本人的心理中。天皇崇拜是神道主要內容之一。正是在這種本土背景的基礎上，為了現實利益的需要，日本極有選擇地吸取了中國傳來的儒學。

從歷史進程來看，聖德太子的《十七條憲法》（西元604年）和大化革新，主要是搬入了當時在世界上頗為先進的唐代的政治——社會制度，亦即儒家禮制體系和與之相關的儒家的政治、倫理、道德觀念。有如中材正直所說：「中國的道德主義，所謂孔孟之教，儒者之道，即使在我國，從應仁之朝至今，雖盛衰興廢，因時不一，上從朝廷百官，下至間巷百姓，幾乎是自覺遵守執行，使秩序得到維持。」在這裡，儒學主要作用在於「維持」社會「秩序」的外在「執行」性（如士、農、工、商的等級）。這種政治—社會領域內對儒學體制的某些汲取，對日本文化心理深層並無任何重大影響。儒學「天道」的非人格神的特徵絲毫沒有動搖日本人對原有神道的信仰，「天無二日，民無二王」的中國儒學觀念倒可以增強人們對天皇神的崇拜。

中日文化接觸之際，正值中國本土佛教大行、禪宗興盛之時，恰恰不是儒學，而是佛教傳入日本，被日本上下階層人士廣泛接受，影響了其文化和心理。在日本，佛教在當時、以後及今日，遠比儒學占優勢，在大小傳統中均如此。「佛教得兼儒教，儒教不得兼佛教」，「三綱五常之道足以維持天地……但明曉此心，莫若禪。心乃身之主，萬事之根也」。儒學最先就是透過禪僧輸入而傳播的。日本朱子學的開創者如藤原惺窩（1561－1619）、林羅山一（1583－1657），都是由佛轉儒。而佛或禪之所以有如此影響和力量，又是因為它們與神道有重要契合點，即某種不可言說對對象（「神」）的非理性的認同和追求。日本透過佛教和禪宗來接

近和接受家明理學的歷史過程，在決定日本儒學的特色上具有重要意義。

　　綜觀，在儒學全盛的德川—江戶的漫長時期（1603 — 1867），儘管各家各派的思想學說大有不同，或重居敬修道，或重格物致知，或講天地活物，或講禮樂刑政，但重要的是，它們在不同形態上具有非常鮮明的共同特色，這就是神秘主義與經驗論（亦即非理性與重實用）的攜手同行。這種特色既充分表現了，又反過來增強了日本本土固有的基本精神和文化心理，而與中國儒學相區別。

　　所謂「神秘主義」就是直接或間接地，堅持日本本土的神道傳統來接受中國儒學，以不同方式將中國儒學與本土神道交會、結合在一起，所謂「神儒一體」是也。在這裡，神道是根本，是基礎，是源泉；儒學則是枝葉，是輔翼，是表象。

　　日本儒學之所以能迅速地接受和開拓儒學中經驗論的實用方面，正在於它沒有中國儒學的理性主義原則的束縛。中國雖然也講求「經」與「權」即原則性與靈活性（亦即變異性）的結合，但由於中國儒學已建立起來的理性主義的「人文天道觀」的理論框架，包括上述陰陽五行說和天理人欲論，和這種天道觀規範下的社會政治的世俗框架（「大經大法」的禮法制度），已被認為是普遍必然的客觀規則，支配著人們的行為、觀念、思維方式、情感態度，從而極大地限制和約束著經驗論的自由開展。

　　基本上既並未接受中國儒學的理性化的天道觀或天理觀，而神道本身又無系統的世俗教義和禮法體制，因此，重視實用效能的儒學經驗論方面與充滿神秘主義的原神道信仰便不但無須劃清界線，而且還可以自覺地交融混合，攜手同行。它以「神之御心乃以誠為主，發為清淨正直之道」的神道精神與「學儒者順其道而不泥其法，擇其禮之宜於本邦者行之，不宜者而置之一行，然則神儒並行而不相修，不亦善乎」的實用經驗論相結合，更為自由地發展為一種多元而開放的「有用即真理」的立場：可以採新棄舊，也可以新舊並存；可以堅持到底，也可以一百八十度的轉彎；……只要忠於君。神，只要符合現實利益，便無可無不可，不必有思

想情感上的爭論和障礙。

由於強調儒學與神道在根本上的合一（「神儒一體」），反對理性思辨，推崇神秘崇拜，因之，由儒學各派轉而產生反儒反佛、要求回歸本上的賀茂真淵、本居宣長等人宣導的「國學」，也就相當自然了。所以，總體來看，儒學在日本並不構成其文化心理的主幹或核心，其地位和作用與在中國並不相同。

中、日文化和中、日儒學的不同，明顯地在「忠」、「孝」問題上表現出來。中國儒學建立在氏族社會的血緣根基之上。

日本和中國一樣，也是從原始氏族部落進入文明社會。但在中國，由於文明成熟在新石器時期，而且該時期延續極久，原始氏族的血緣紐帶形成了極為強大的構造傳統，它支配、影響著整個社會。

在日本，這種血緣關係作為社會構造的紐帶，似乎沒有這麼強大。例如，在日本，從古至今，經常可以看到由無血緣關係的養子來繼承家業，保持門戶。在中國，非血緣的繼承多屬例外性質，普遍遵循的規則是由或親或疏（並且必須是由親到疏）的同姓血緣家屬來繼承，認為這樣來維繫、存留、延續財產、權力、事業、姓氏，才能「保家門於不墜」。

中國以血緣為紐帶，構成了龐大而擴展的放射性的社會關係網絡。這一傳統與日本主要並不以血緣而是以行業、集團、地緣「村組」來維繫和延續名義上的家族和社會關係，頗不相同。中國更重以血緣為基礎的實質的「家」，日本更重以主從為基礎的名分的「家」：一重親族間廣泛而自然的縱橫聯繫，一重集團內人為而嚴格的等級秩序。

正因為非常重視血緣，在中國，「孝」是「忠」的基礎。在中國，「孝」是關鍵和根本，為政府所提倡（「舉孝廉」制度），為社會所崇尚。但中國儒學這一重要根基在日本則並不堅固。在日本，「忠」比「孝」更關鍵，更為根本。古代日本武士們拚性命，捨頭顱，效忠於主人，「把生命看作臣事主君的手段」，「忠」本身就是生活目標和道德職責，具有最根本的價值和意義，被視為人生歸宿之所在，而與孝親可以無關。

甚至今天還可以看到一個普通職員為公司或企業的利益獻身自殺，而不顧及自己的父母妻兒的現象。這在日本文化心理感覺是相當自然的事情，在中國便很難理解或做到。

即便言「孝」，中國和日本也有某種差異。中國儒學的「孝」突出標明的是父子關係：所謂「父慈子孝」，所謂「養不教，父之過」等等。父子關係是家庭、家族以至社會的主軸，「有父子而後有君臣」《周易·序卦》，「父子有親而後君臣有正」《禮記·昏義》，「邇之事父，遠之事君」《論語·陽貨》。君臣關係的「忠」是從父子關係的「孝」相比擬、類推而產生的。母子關係則一般處於附屬地位。

相對說來，在日本的家庭關係中，母子之間的自然情感聯繫有更為明顯的展露。本來，作為生物族類，母親都寵愛子女，子女對母親在幼小時也有強烈的自然依戀和依賴的感情。這種母子之愛有來自生理的本能根源。比起母子關係來，父子之間的自然情感紐帶要薄弱得多。父子之間在古代基本上是一種主宰、支配、管轄，即社會性功能極強的關係。中國傳統家庭一貫反對「嬌慣」子女（多是母子關係，所謂「慈母有敗子」），強調「家教」（其實是「父教」，即前述的「養不教，父之過」），遵循和反映的正是這種狀況和「理則」。

當然，並不是說，父子之間沒有愛的自然情感。這裡只想說明，中國儒學把這種自然的愛（也包括母子的愛）塑造轉換成一種非常社會化的理性（rational）情感，即把自然情感納入特定社會所要求的「合理性」（reasonable）的規範法則之中，追求它們的愛。

在日本傳統中，相對說來，妻子有更多的獨立性和更大的財產支配權。與中國重男輕女相比，日本有重女輕男的一面，也更嬌慣幼小兒童，更重視其心性的自然成長。日本學者認為：「構成日本社會的原理基本上可以說是一種母性原理。」

日本人比中國人不僅對理性、思辨、推理等等更加缺少興趣和能力，而且重要的是，其情感受理性的規範、滲透、交融，或者說其理性化

特別是合理化的情況、程度，即其清理結構的狀態，與中國有相當大的差異。它保留著更多的自然情欲、本能動力的原始狀態和非理性的因素。

一些日本文化的研究者指出，日本精神或者日本文化中常常可以看到矛盾的兩個方面：一方面是堅持傳統，固執保守，相信命運；另一方面又講求功利，適應現實，好奇進取。一方面是彬彬有禮，循規蹈矩，順從膽小，隨波逐流，文雅愛美，極端的自我克制和壓抑，這是他律強制，即外在的理性約束；另一方面又是野蠻無禮，兇殘冷酷，好鬥嗜殺，極端的自我放縱和發洩，這是情欲衝動和內在非理性的展露。這種突出的雙重性格，在今天的日本人的日常生活中，也仍可看到。

但為什麼會這樣？這正是由於日本傳統文化積澱所造成的內心情理結構的表現。註34

李澤厚認為：日本的五倫不同的是用國家主義來提倡忠孝一致，忠比孝更處其正，這種區別的根據在於兩國的國情不同。

什麼不同的「國情」呢？多山島國艱苦的稻作、漁獵均有賴於由歷史形成的特定集團成員之間的協同合作，「忠」於該集團。行業、地域及其首領就比家庭的「孝」更是生存、生活的必要條件。這大概是其物質方面的傳統「國情」。

與此相連，其意識形態和文化心理上的神道信仰也是重要「國情」。

在中國，不但返「禮」歸「仁」，以「孝親」為本的「仁」高於「忠」，而且同樣突出的是「仁」中有「知」。「仁」乃「全德」（朱子），但「仁者可欺也，不可罔也」（《論語》，「仁」不只是一顆愛心而已，「仁」中仍大有理性在。孔子常「仁」、「智」並提，孟子則「仁」、「義」並舉，而且把與「智」密切相關的「是非之心」列為「人性善」的「四端」之一。荀子有「從道不從君，從義不從父」的明確說法。《孝經》要求「父有爭子」，「故當不義，子不可不爭於父」等等。可見，即便是「仁」、「孝」的情感，也仍然有「是非」的「智」、「義」或「道」的理性原則貫注其中。它注重的仍然是情感與理性的交融和統一。至於由「孝」提升

的「忠」，則更有其理性的條件和限制，重視「君臣義合」，「君使臣以禮，臣事君以忠」（《論語》），「君之視臣如手足，則臣視君如腹心；君之視臣如犬馬，則臣視君如國人；君之視臣如土芥，則臣視君如寇仇」（《孟子》）。所以才有湯武革命「順乎天而應乎人」（《周易》）的觀念。沿此線索，漢代公羊學講「禪讓」、「明三統」等等，更是以循環天道觀的理論形態來表述儒學外王論，它雖是某種信仰，卻依然是理性主義的。

中國民間也向來反對所謂「愚忠愚孝」，總注意要「講出一個道理」來。

日本則完全不同。日本的「忠」作為神道觀的主要內容之一，是一種神秘性甚強、要求徹底獻身的非理性的情感態度和行為準則，它高於世間人事的是非標準和理性瞭解。「忠誠的意義在中國和日本也不相同⋯⋯孔子所說的『臣事君以忠』，在中國被解釋成臣子必須以一種不違反自己良心的真誠去奉待君主；而日本則把此話解釋為『家臣必須為自己的君主奉獻出全部生命』。」天皇被認作（實際上是信仰為）「肉身神聖」。因此，本來自中國的「君即使不君，臣亦不可不臣」（孔安國《古文孝經序》這句話，在日本便詮釋成絕對的、無條件的天經地義。所以日本大儒山崎闇齊、淺見綱齊等都要著文駁斥孟子的「革命」論，斥責湯、武為「殺王的大罪人」。這都是因為「忠」在日本根本上與神明相連，它指向的是超越是非善惡的最高存在，不可能是理性研討、瞭解的對象，絕對服從便成了唯一準則。

從古代武士道為藩主戰鬥，但問輸贏、不論是非，只講「恩義」、唯「忠」是尚，到二次大戰全體軍民為天皇誓死血戰，不惜「一億玉碎」，而天皇一聲令下，也可立刻投降，絕對執行。這種在日本是無可置疑的態度，在中國可能被看作是不問是非曲直的非理性「愚忠」。而中國人所讚賞的不出仕的隱士則可能為日本人視為不忠。

總之，中國的「忠」來自對人的誠摯（「為人謀而不忠乎」），從而是有條件的、相當理性的；日本的「忠」來自對神的服從，從而是無條件

的、相當非理性的。

生死觀是人生觀的核心部分。中國人重視生命的過程，日本人嚮往死亡，藐視他人生命。從文化背景上說，「略稿」認為兩國人的看法差異很大：

「死生亦大矣，豈不痛哉！」各種文化、宗教、哲學恐怕都會在生死問題上展現其本來面目，而值得仔細推敲。我想以「重生安昆」與「惜生崇死」來描述中日在生死觀上的差異。

與西方文化追求永恆相對應，中、日文化都極其感慨世事多變，「人生無常」。人生無常感突出地貫注於中、日的文學、藝術中，中國許多詩文和日本多種和歌集，都展現出這一特色。

在中國，由於「實用理性」的基因，儒學賦予「生」積極、肯定的溫暖色調。就是說，儒學認為，「生」、「生命」本身是好的，是有意義的，從而對生命現象懷抱一種熱烈歌頌的情感態度，將它看作是人生的價值、宇宙的本體。無論是原典儒學的「四時行焉，百物生焉」（《論語》），「天地之大德曰生」，「生生之謂易」（《周易》），還是宋明理學如周敦頤不除庭前草以見「天意」，程顥「四時佳興與人同」的詠嘆等等，都是對宇宙、自然、萬物、人類，包括一己的生命和生命現象，採取了一種積極、肯定、歡慶、貴重的態度。中國儒學把它落實在個體生命的具體層面上，強調努力奮鬥，自強不息，「日日新，又日新」。即使不能進取，也仍然重視包括肉體生命在內的生存。

莊子的「重生思想」幾乎是中國文化思想的自覺主題。它來源久遠，迄至今日，在大小傳統中，在醫藥、武藝、方術中都可看到它的蹤跡。包括深受西方虛無主義影響的魯迅，也以「絕望之為虛妄，正與希望相同」作為《野草》題詞，表明即使在無望的困境中仍然要生存、奮鬥，這與兩千年前孔老夫子的「知其不可而為之」，幾乎如出一轍。這種「重生」的態度是理性的，是經由深刻思索和理解之後而採取的。它已完全不是自然戀生之情，所以儒學也主張「殺身成仁」、「捨生取義」，即必要時可以

捨棄生命來完成生命的價值。

由於實用理性對上帝神靈和死後世界都採取了理性態度，一方面重視生命、生存、生活和人生價值，另一方面對死亡本身也同樣採取了理性分析的態度。

日本則不然。也許由於多山島國異常艱苦的生活環境，死亡的降臨常有突發性、襲擊性和不可預計、不可理解、不可抗拒性（如多地震、颱風）的特點，這使得人生無常的觀念比中國似乎帶著更為沉重的悲淒感傷而無可奈何。特別是日本社會結構的主幹並非關懷國事民疾的士大夫，而是「一劍倚天寒」、竭盡義務忠於主子的勇猛武士（儒學常處於附屬地位），再加上神道基礎，於是不是儒學而是佛教和禪宗，更多支配了人們對生死的觀念和情感。一方面視生命如虛幻，一切皆空無，蔑視死亡的來臨；同時也正因為此，便竭力把握和十分珍惜生存的時刻，「惜生崇死」成了極為突出和強烈的特色音調。它不是充分理性地，而是更為感性地去把握生死，對待生死，瞭解生死。這種「崇死」，乃積極地主動地向神皈依，故呈現為對死亡的尊敬（尊死）、崇拜（崇死）和病態的美化和愛戀（如三島由紀夫的作品和行為等）。它們以各種形態呈現著「死本能」的強大，而與中國「重生安死」的理性態度，拉開了很大的距離。

大概原始神道的「大和魂」中就有不畏死的神秘精神，神道本也包含神人生死相互依存、轉化、合一，以及「他界」與此界、祖先與活人直接相連等等觀念。神既無所不在，籠罩一切而極可敬畏，與之相對應的，則是人生短促，死亡易來，個體無能，意義何在？佛教禪宗和淨土宗的輸入傳播，分外加重了生死無常。業報悲苦、厭離穢世、往生淨土的感願，加深了視世界、生命、己身為虛幻為空無的領悟。特別是禪不思辨，不議論，只直截行動，於生死無所住心，死得勇猛隨意，「若能空一念，一切皆無惱，一切皆無怖」，更易與武士道的勇猛精神相結合。它們結合在這個「心空萬物，心亦空無」以達到「擊碎生死關頭」的「境界」上。

山本常朝（1659－1719）說：「所謂武士道，就是對死的覺悟……

每朝每夕，念念悟死，則成常住死身，於武道乃得自由。」從而禪的「心法」成了武士道「刀法」的核心：劍出而心不追，忘卻一切擊法，只管出劍，殺人而勿置於心。

因為武士道本來就要求武士「無論何時，均應深刻思慮死」，準備死，死即此「平常心」。由空、寂修煉得來的這個「平常心」，由「敬」的長久持握累積而可以化為無意識狀態，成為日本禪學以及儒學所追求的最高境界。它當然與原神道信仰的非理性有關。它們如何具體配置組合，其中的關係如何，仍是值得深入探討的問題。

不僅禪僧和武士道視人間空幻，死亡平常，而且包括上層的整個社會，似乎也如此。例如，就在極力描繪情欲活動的《源氏物語》和極力鋪陳武力事功的《平家物語》等著名古典說部中，便可以感到，幾乎日本生活無處不籠罩在一層人生如幻、世事無常的悲愴淒婉的氛圍之中，那麼持續和強烈。比起中國的《三國演義》那一首慨嘆人生的開場詩來，相距已不可以道里計。而從古至今，即使是聲名顯赫、功業蓋世的許多日本大人物，這種來去匆匆、人生虛幻的感覺、感受、感情和觀念，也仍然強烈地伏臥在其真實的心底。古代如豐臣秀吉詩：「吾以朝霞降人世，來去匆匆瞬即逝；大阪巍巍氣勢盛，亦如夢中虛幻姿。」如朱子學大儒貝原益軒的辭世和歌：「往昔歲月如同昨夜，八十餘年像夢一場。」被譽為日本啟蒙之父的福澤諭吉也有「人間萬事不外兒戲」，「喜怒哀樂如夢境，一去了無痕跡」的感唱。這在中國便較少見。正因為人生空幻，人死即成佛，道德亦隨之泯滅，因此人之是非善惡便不必再論。這與中國因重視人間，講求「三不朽」和「千秋功罪」，又是頗不相同的。中國人很難真正做到「一了百了」，日本人則大概可以。在日本，切腹謝罪即告人生完成，不再究評；在中國，則常說「死有餘辜」或「死有餘恨」，總將「死」放在「生」的歷史系列中去考察、詮釋。

與中國非常重視歷史經驗和因果，甚至以之為本體存在不同，在日本的文化心理中，歷史所回顧的過去和所展示的未來，似乎並無何真實意

義。真實的意義在於把握住現在，把握住當下的瞬刻。生命應該像櫻花那樣縱情而充分地美麗開放，然後迅速地凋謝和死亡：「如果問什麼是寶島的大和魂？那就是旭日中飄香的山櫻花。」（本居宣長）在這裡，「生」的意義不在久遠持續，而即在這光榮美麗的瞬間。這與中國儒學講求「歲寒然後知松之後凋」，從而一直以讚賞松、竹、梅、菊為重要趣味相比，也是有所不同的。

由此而來，日本的文化心理在情感的指向和表述上，較之中國，也迥然有異。它的情感及範圍不像中國喜歡分散和落實在人世倫常、現實事務、歷史感傷、政治事件，以及個人的懷才不遇、世路坎坷種種非常具體、有限的多元事物中，而是一方面集中指向對無限、絕對、權威的神秘歌頌和崇拜，另一方面更多指向對原始情欲、獸性衝動的留戀歡娛。也如前所指出，日本透過儒學建立起整套嚴格的外在禮儀規範和行為秩序，個體被長期捆綁在這外在的秩序規範之中，循規蹈矩，畢恭畢敬，但其內心卻並未馴服或馴化，於是其內心的自我似乎就只存在和出現在這生物性的生存上。歡樂和感嘆之中。他們對「自然」更多瞭解為生命自身的流露展現，非常感性地把握和對待自然，而不像中國更多重視「自然」的條理法則，更為理性地來剖析和了悟自然。日本儒學比中國儒學更多地肯定人欲，認為「天理即人欲」。大反儒學的本居宣長更以「事物的幽情」替代道德的善惡，肯定《源氏物語》中各種反道德的情欲描述，認為此乃內心真情之所在，充分表達了這種日本精神，從而產生極大影響，遠遠超過儒家學者。總之，由於沒有中國追求內在完善的宋明理學的理性要求，沒有講求「樂而不淫」的中國儒家詩教的約束，沒有中國士大夫社會階層的政治責任的沉重承擔，在日本的日常生活和文藝作品中，放浪情欲的男女之愛多於倫常觀念的親子之情，個人抒情多於政治關注，與中國總和社會、政治、世事緊密相聯不同，這裡更多是純粹私人的、內心自我的、自然情欲的。酒店流連、酗酒胡鬧、自然主義、「肉身文學」、「私小說」、「私人日記」等等，成了日本文化的表層特徵。不必問道德價值、理性意

義，真實描繪出生活和感覺即美，即使是痛苦、悲慘、醜惡、無聊也無妨，即使是主觀的瞬刻或客觀的片段也無妨。其實，這不就正是對生命的萬分珍惜、放縱和愛戀嗎？因此，在這裡，感情和感覺更為開放、自由和浪蕩，也更為多情和極端敏感。各種虐人、自虐、病態、多愁善感甚至野蠻衝動都以其堅韌地追求細緻、純粹、精巧和圓滿，而成為美的形態。

一方面是超越的信仰，另一方面是原始的情欲；一方面深深感傷人生，另一方面縱情享受世界；神秘與感性，虔誠與放蕩，在這裡混雜交錯。甚至現代日本的知識份子在觀賞日出等自然景物時，也一方面是感官的充分開放和享受，另一方面仍然懷著神秘的敬畏和崇拜（這在中國知識份子便少有）。

總之，與中國儒學以「天理」——理性化的道德原則——兼管內外，從家庭、社會、政治管到思想、情感、心理不同，日本儒學對此內心世界的理性化沒有著力，因為它不必著力或無能為力，因為本土神道早已強調了內心的「潔淨」。但這種「潔淨」，不是如中國儒學那樣具體地去講求各種自然情欲的理性化，要求所謂「道心」主宰「人心」；恰好相反，它是直接去追求某種除去一切思念、欲望，從而與神同在的感覺，它是既感性又神秘的。註35

總之，中日兩國人猶如一個枝頭結出兩枚截然不同的果子。中國人陰柔，日本人陽剛；中國人崇善，日本人崇美；中國人求真，日本人求實；中國人開放，日本人內向；中國人崇文，日本人尚武；中國人自由散漫，日本人整齊克制；中國人樂觀，日本人悲觀；中國人樂在今生，日本人冀望來世；中國人平和豁達，日本人峻急嚴謹……

林語堂說：中國人是老油條，日本人是機器人，難以尿到一個壺裡去。

對中國人來說，日本人的認真嚴謹的精神是最需要借鑑的。

對日本人來說，中國人的和平豁達的態度也是日本人開拓心胸的一劑良方。

4. 沒有前途，只有前行

　　要預測中日關係的未來，是一種思
想冒險。一位學者曾經戲言：要預知這
兩個國家的未來關係如何，其準確度不
會比占卜高。

　　本書從文化傳統和歷史傳統的角度
對兩國人民的民族性格進行了比較分
析，應該說，性格決定命運。兩國人民
的未來也將最終決定於其民族心理的演
變。

　　毫無疑問，兩國的國家目標都是要
走向現代化，但在過去的現代化道路
上，兩國選擇的路徑卻大相逕庭。

　　「中體西用」與「和魂洋才」分別是
中、日兩國在 19 至 20 世紀面臨西方挑戰
而各自採取的基本對策和戰略。兩者相
似，而一敗一成，何以如此？哲學家李
澤厚從民族性的視角進行的分析發人深
省：

▲　福澤諭吉
福澤諭吉（1834－1901）是日本明治維
新時期最有影響和代表性的啟蒙思想
家，他所處的時代背景與中國清末「千
年未有之大變局」相似，封閉的農業小
國日本與封閉的農業大國中國一起被推
到東西方文明相碰撞，而東方處於尷尬
的被動境地的時刻。與中國的嚴復、康
有為等人一樣，福澤成為向日本民族灌
輸近代西方思想的先驅者。1866 年，福
澤的《西洋事情》和 1872－1876 年間的
《勸學篇》成為風靡一時的暢銷書。1875
年，他的《文明論之概略》系統地反映了
1870 年代日本思想界在「文明開化」口
號下的整個學術思想氣候和世界觀

　　「西用」與「洋才」大體相當，主要
指輸入和培育西方的科技、工藝等知識和人才。因此關鍵在於「中體」與
「和魂」有異。「中體」者，中國數千年專制政體下的社會倫常結構及其

理性化的意識形態（傳統儒學）。與非理性的神道信仰的「和魂」不同，
「中體」因其有一整套理性形態的綱常名教的觀念和信仰，而與現代西方
的自由、民權、科技、商業等等觀念、思想，以及現實制度扞格難通。
「中體」首先視現代科技為「奇技淫巧」，予以排斥；後又視民主、人權
為異端邪說，力加征討。這種排斥和征討都有理論形態的世界觀和價值系
統作為理性依據。宋明理學「理一分殊」的原則將社會和個體的生活秩
序、行為活動、思想觀念、情感表達作了非常嚴密的規範安排。「士農工
商」的社會秩序、「義利之辨」的儒學觀念長期深入人心，特別是在士大
夫知識階層之中。傳統的「中體」系統使人們不僅在感性上，而且在理性
上，不僅在社會層面，而且在心理層面，頑強地抗拒現代化。「正人心，
端風俗」總被當作對抗西方的政治戰略和治療社會的根本處方而為理學家
如倭仁、徐桐所提出，而得到當時大多數士大夫知識份子的支持、擁護。
之所以得到支持和擁護，又正是由於它不僅是一種感情的反彈，而是某種
理性的心理，從而不易改變或放棄。但其結果如何，中國近代史和思想史
都已講過，這裡不必重複。總之，從文化心理看，「中體」——以維護
「綱常名教」、專制政體為核心的儒學理性教義——實際上是極大地阻礙
了「西用」和中國現代化的進程。

　　日本的「和魂」則不然。「和魂」並非儒學，更非宋明理學。它是
非理性主義的本土神道，是那種「惜生崇死」、一往無前的武士道精神。
如前節所說明，日本以這種本土精神接受、吸取了儒學，並由於沒有中國
儒學「大經大法」的嚴格約束，可以更自由地發展其經驗論和實用性，去
適應和接受從科技到工商等各種現代西方觀念、制度和思想。與此同時，
也更為重要的是，日本儒學所建立和所宣導的社會秩序和「忠君」觀念，
在新條件下，再一次與其本土神道緊密結合，被「因勢利導」，迅速發展
成為以天皇崇拜為軸心的軍國主義，使日本走上不斷發動戰爭侵略外國，
來實現其現代化的道路。

　　日本的現代化採取了軍國主義道路，有其政治、經濟各方面的原因

和契機，但文化心理方面的這種淵源不容忽視。可
以用被譽為「日本伏爾泰」的福澤諭吉為例。福澤
諭吉可說是引領日本走向現代化的思想主將，是積
極接受和大力宣傳西方理性主義的啟蒙者。他論證
「智」（智慧）與「德」（道德）的區別，強調前者才
能實現現代文明，反對各種陳舊傳統，特別是反對
儒家學說，要求「脫亞入歐」。他說：「縱令達摩
大師面壁 90 年，也不能發明蒸汽機和電報，即使
現在的古典學者們讀破中國的萬卷經書，掌握了無
形的恩威的治民妙法，也不能立刻通曉現代世界通
行的經國濟民之道。」至於孔孟，更是「不識時

務，意想以他們的學問來左右當時的政治，不僅被人嘲笑，而且對後世也
無益處」。如此等等。這是經常被人稱道的啟蒙思想，對當時日本的確產
生了震聾聵耳的重要作用。但這只是一個方面，其實更值得注意的是另一
方面。我以為這另一方面更為重要。這就是甚至福澤諭吉本人，也並未真
心相信和堅持他所宣講的西方現代的基本觀念，包括並未堅持和相信他在
〈勸學篇〉一開頭所提出著名的「天不生人上之人，也不生人下之人」（人
皆平等）的西方人權基本原則。這些西方自由、民主的啟蒙思想，作為抽
象理論或一般原則，對他來說，仍然只具有經驗實用價值（啟蒙），而應
服從於實際應用之中。因此福澤更重視的是西方這些原則或理論如何作用
於日本。他主張價值相對論，並認為「並不是物的可貴，而是它的作用可
貴」。由此，對他來說，「君主也好，民主也好，不應拘泥名義如何，而
應求其實際。有史以來，世界各國的政府體制雖然有君主專制、君主立
憲、貴族專制、民主制等不同的體制，但是不能單從體制來判斷哪種好，
哪種不好。」「能夠說專制暴政之類必定與君主政治相伴，民權自由之屬
一定是與共和政治並行嗎……政治雖然也有君主、共和之別，但都可能實
行專制的暴政。」這與中國現代啟蒙者無論是康有為、嚴復、胡適、陳獨

秀等等從理性上或重估或否定傳統以接受西方觀念和學說，並真心相信而努力實踐之，無論進化論也好，民約論也好，自由主義也好，都不是僅從經驗實用的角度，而是更從理性思辨的角度，來接受和重新建立自己的人生信仰，指導實踐活動，或改良或革命，是頗不相同的。

正是根源於日本傳統精神，福澤認同並讚賞：「我國的皇統是和國體相依為命綿延至今的……如果運用得宜、在某種情況下都可以收到很大的成效。」「（在日本）人與人之間……抱著『食其祿者死其事』的態度，甚至把自己的生命也獻給了主家，不能自主……以『恩義』二字圓滿而牢固地把上下之間結合起來……這種風氣不僅存在於士族與國君之間，而且普遍浸透到日本全國人民中間。商人、農民以至於『穢多』和賤民之間……其規矩之嚴，猶如君臣一般。這種風氣，或稱為君臣之義……總之，日本自古以來，支配著人與人的關係，而達到今天的文明，歸根結底，都是由於這種風俗習慣的力量。」因之，福澤主張：「日本人當前的唯一任務就是保衛國體」，「要盡忠就要盡大忠……為皇統的綿延增光」；而「唯有吸取西洋文明，才能鞏固我國國體，為我皇增光」；從而「有史以來的所謂君臣主義、祖宗傳統、上下名分、貴賤差別在今天難道不是已變成國家大義、國家傳統、內外名分差別，並加重了多少倍了嗎？」可見，與古代吸取儒學一樣，近代日本人所吸取的西方自由、民權等理性思想，並未真正深入其內心世界，構成其思想信念、行為準則、情感信託或獻身對象，這些理性觀念只是作為適應現實的經驗論的實用手段。它不但不削弱，反而可以再次包裝和加強其非理性的神道——武士道精神。

而這，也就正是所謂「和魂洋才」。西方現代政治理論，透過經驗論的選擇，被認為「國權」優於「民權」，國家主義高於自由主義，從而對內力主「君民調和」，對外支持侵略戰爭，這就是這位自稱「特別厭惡專制暴政」的日本最為清醒、最為理性的啟蒙思想家所選擇，以天皇崇拜為意識核心的軍國主義來走向現代文明的道路，而軍國主義實施的正是

「專制的暴政」。福澤的例子恰好說明，在日本，現代西方自由、民主理論只是作為經驗論的「洋才」而已，推動並支持其現代化進程的仍是神道精神的「和魂」。不僅福澤一人，當年一代俊傑，包括西化造詣甚高的名流學者，如「日本哲學之父」西周，提倡《論語》加算盤、「義利一本」的「日本近代企業之父」澀澤榮一，以及加藤弘之、德富蘇峰……等等，均莫不如是。無怪乎後世的評論家們認為：包括福澤在內的明六社所宣傳的歐洲文明思想，「在歐洲是作為對抗絕對主義的武器而產生的，在日本則成為加強絕對主義權力的武器」。相當瞭解西方以提倡理性、智慧而著名的啟蒙者尚且如此，就更不必說其他人物、傾向和派別了。也有如當時新渡戶稻造所說：不拘是好是壞，推動我們的，是純而又純的武士道。翻開現代日本的建設者佐久間象山、西鄉隆盛、大久保利通、木戶孝允的傳記，還有伊藤博文、大隈重信、板桓退助等還活著的人物的回憶錄一看，那麼，大概就會知道他們的思想以及行動都是在武士道的刺激下進行的。

其實，上述福澤宣講的「君臣之義」，「把自己生命也獻給主家，不能自主」等等，不也正是從文化思想和意識形態上，以啟蒙形態包裹而張揚著其本土的非理性的神道——武士道精神，支配著有效率的現代工具理性（從科技到組織）的應用，在現代日本歷史上，一直到二次大戰中仍「大放光芒」的嗎？

如前所述，與中國接受西方觀念以建立理性信仰而行動不同，自日本儒學古學派山鹿素行，特別是國學派本居宣長等人貶斥儒、佛，大倡神道以來，無思想可言、無道理可講的獨斷的神道——天皇信仰，在近代一脈相承，愈演愈盛。儘管也有各種主義的輸入、各種思想的論爭、各種派

別的組織，但始終未能改變這種局面，動搖原有的神道精神。

軍國主義現代化的道路正因為有神道——武士道的精神基礎，便無需理性啟蒙的真正支持。這一直發展到法西斯主義大肆鼓吹「八紘一宇」、「萬世一系」，將神道中「皇統、神統合一」的精神惡性膨脹，窮兵黷武，終於將日本引向了毀滅自身的窮途末路。

然而，日本的神道、和魂對其現代化的經濟進程，特別是二次大戰後的迅速發展又仍然發揮著重要推動作用。日本學人曾提出「虛擬的血緣社會」來描述，頗為恰當。日本昔日的「家族」、今日的「公司」、「集團」，均非以真正的血緣或親情相組成和聯結。它吸收了各種養子、僕從、雇者，但一經吸入，便不是平等雙方的契約關係，而是彼此依附、共存共榮，成了似乎有親密血緣的家族從屬關係。「家」給予各成員各種非契約的「親情」福利照顧，個體則放棄獨立的身分和利益，而成為這個「家」的等級系統中的環節，盡心為「家」的事業、利益勤勉工作，極度節儉，奮鬥終生，獻出自己。這裡的關鍵在於：這種無條件的奮鬥和獻身本身被認為具有最高的價值，它就是「忠」，是「恩義」，是「誠」，而為人們有意識或無意識地普遍履行。這不正是日本神道——和魂的宗教性傳統精神的繼續伸延嗎？它頗有點像韋伯所講的新教倫理，在促成日本迅速資本主義現代化中產生了重要作用。

如研究者所指出，「政治經濟學的那種更為日本式的觀點與中國式的觀點之區別在於，日本式的觀點更強調達到目標中的單向動力和群體所有成員為達目標努力的忘我服從，而不是強調獲得相對穩定和諧的理想」；「世俗性事務中發現宗教性的意義，置其他一切於不顧地專心工作……獲得良心的滿足」。正由於並非真正的血緣關係，維繫集團、公司、「家族」的，就並非溫柔的自然親情或縱橫交錯的人際網絡，而是前節已講到的集團對外封閉、對內等級森嚴的秩序制度和嚴峻的恩報之情（忠）。這也就是集團負責任，個人只服從；集團是目標，個人乃工具。這種以「忠」為特徵的集團內縱系等級關係和對外在規範、儀文形式的嚴

格渴求，極易接受並改造為近代工具理性所需要的組織化、機器化的有效率現代官僚體制。日本這種由戰場上忠義武士的古代傳統轉換為商場上忠義職員的現代傳統，早本這世紀初便由酷愛日本文化而改姓名的英國人、著名日本作家小泉八雲道出了：「忠義的宗教是千年來因著戰爭而發展出來的，並不就此丟棄了。正當地利用著，簡直就是價值無量的國族選擇。」

　　總之，從古代的朱子學、陽明學、古學、國學到現代「啟蒙」者、軍國主義者，和戰後的企業主，儘管各有不同、大有差異，卻以不同形態，共同地體現了這條「和魂漢才」、「和魂洋才」，亦即神秘主義與經驗論（或非理性與重實用）攜手同行的道路特徵。它使日本在古代吸收中國儒學，使社會文明化；在今日吸收西方文明，使經濟現代化。它取得了舉世矚目的驚人成就。

　　但是，風物長宜放眼量。所謂成敗應該置放在更為長遠的歷史視野中去考量和思索。如上所述，成功的路並非沒有問題、沒有隱患、沒有今後的重大危機；而不成功的路卻可以吸取經驗，作出新的探索。軍國主義性的現代化道路雖使日本在本世紀很快躍為世界強國，但它給中國和東南亞帶來了極為深重的災難，至今心理傷痕猶在。日本自己在二次大戰中所付出的代價也相當沉重。日本戰後的經濟飛速發展也不是不潛存著巨大問題，對個體長久壓抑和非理性傳統的長久存留，對未來發展可能造成重大障礙。一個各方面真正現代化的社會在日本仍有待實現。特別是由於非理性和神秘主義在日本文化心理中至今仍在活躍跳動著，如何注意減輕其「乖戾殺伐之氣」，即狂暴發洩的方面，發展其溫柔善感、堅韌、雅致、對美盡力追求等優長，重視「大和魂」中「女性的意境」等等，似乎值得研究、考慮。

　　中國因現代化的時日耽誤，受盡了千災百難；但百年爭論，終近尾聲，今日畢竟贏得了一個和平而健康的起步：它對內重視均衡，避免貧富懸殊過大；對外注意求同存異，睦鄰四方。這個重視價值理性的現代化進

程不是以軍事、武力，不是以政治、外交，而是直接以經濟成長、共同富裕來提高生活，促進民生，來影響世界，共存共榮。它重視人文、倫理，從而價值研究、理性探討始終突出，社會正義、世界前景、傳統意義與現代挑戰等命題被反覆地爭論、思索著。它沒有讓非理性，也竭力避免工具理性主宰一切。這樣一條實用理性的現代化道路，對今日和明天的世界，特別中國是擁有如此龐大人口、如此廣袤面積、如此長久歷史的國家，它的發展道路和可能意向對全世界舉足輕重。註36

哲學家打了個比方：佛洛伊德的治病方法是用意識將無意識喚醒，將無意識意識化。文化心理結構論亦然。

佛洛伊德是對個體，文化心理結構論則對文化群體：將積澱在群體心理中的文化現象及特徵描述出而意識化，發現其優長和弱點，以提供視角來「治病救人」。非理性主義的神秘「和魂」有其優長，但也有其嚴重缺失，不清晰地意識到缺失，可以再度促動非理性主義的高漲，再度引起侵略和戰爭，危害極大。當然，愈來愈強勁的普泛商業化和個體自我在日趨覺醒，將使神道傳統無可挽回地逐漸衰落，但也因之潛伏著危險的反撲和嚴重的緊張。理性主義的儒家「中學」也有其優長和缺失，其目前問題是由於原具有強大準宗教功能的理性信仰和意識形態的衰亡，傳統文化心理和情理結構處在嚴重失序中，造成了嚴重的道德危機、信仰危機、以及如何對待自然情欲、本能衝力等等問題。因此，如何有效地詮釋傳統，區分宗教性道德與社會性道德，在現代化進程中繼承又改變原有積澱，更新情理結構，也成了重要課題。

文化心理和情理結構遠非一成不變。特別是隨著現代化進程帶給人們日常生活的巨大改變，人們的衣食住行、社會組織、家庭狀態、人際關係、風俗習慣，從而其情感、思想、心緒、觀念……都在不斷改易變化。雖源遠流長、積澱已久的文化心理、情理結構當然也在動盪、遷移、改變之中。從世界情況看，現在一方面是物質文明如電器化、資訊化迅速擴展，但另一方面經濟、政治的不同利益在精神文化不同的面罩下，民族和

宗教之間的紛爭以至屠殺也正在蔓延。因此，上面所講的探求文化心理和情理結構以「治病救人」，就並不一定是迂見或笑談。拿中、日來說，兩國都不同於西方，都缺乏根深蒂固的個人主義和自由主義傳統，都認為不應只以實現個體潛能、護衛個人權益，而更應以實現群體合作、人際和諧和關切來作為社會前進、人類發展的根本目標。這也是中、日文化和儒學的共同的基本要義。註37

未來的20年，是中國和平發展的戰略機遇期。實現國家的發展是中國的當務之急。要爭取國家的發展，就必須維護國家的發展權，對於中國領導人和中國人民來說，任何外來民族膽敢挑戰中國的發展權，就等於挑戰中華民族的核心利益，這是絕對不可能妥協的原則問題。

在這個戰略機遇期中，初步實現現代化和完成中國的統一是最主要的兩項任務。誰阻礙了這兩項戰略任務的實現，誰就是歷史的罪人。

令人擔憂的是，不少的日本人正在觸摸中國的這兩條政治高壓線，散佈「中國威脅論」和加強對華武力威懾，可以視為挑戰中國的發展權。染指台灣問題和非法蠶食中國的領海和島嶼，則是阻礙中國國家統一的危險步驟。

在21世紀，亞太地區的國際環境已經發生了根本性的變化，19世紀在這裡時興的強者為王的殖民主義已經行不通了。現代戰爭的概念和手段已經更新，亞洲各國特別是中國與印度已經不是昔日的吳下阿蒙，不管是誰，也不管誰的後台老闆有多硬，包括中國在內的亞洲各國絕不會再次給予軍國主義坐大的機會。如果低估了亞洲各國人民的思考能力，日本人的代價也將是慘重的。

反觀日本，今後的20年將是一個並不太美妙的前程。首先就是日本的人口問題。根據統計顯示，從2005年起，日本進入了人口的大幅度負增長期，到2030年，日本人口將由目前的接近1億3千萬下降到1億1千萬左右。近年來，日本人口的年齡結構主要有兩個特點，即老齡化和少子化。日本已經是世界上平均壽命最長的國家。到2001年，日本男性的平

均壽命已經達到 78.07 歲，女性更達到了 84.93 歲，均在世界上名列前茅。平均壽命的延長意味著死亡率的降低。人口死亡率降低必然會進一步促使人口老齡化。目前，日本與世界上多數國家一樣，將 65 歲以上人口在總人口中所占比率即老齡人口係數超過 7％作為進入老齡化社會的標準。日本是從 1970 年開始進入老齡化社會的。該年度，日本 65 歲以上人口已達到了 739 萬人，老齡人口係數為 7.1％。1998 年更達 16.4％。日本的人口老齡化速度也在世界上名列前茅。

出生率的下降是促使人口老齡化的另一個重要因素。在日本戰後第一次生育高峰時的 1947 年，日本的人口出生率曾達 3.43％，但 1990 年後降至 1.0％以下。出生率的下降不僅促進了老齡化的進展，還直接導致了另一個人口現象——「少子化」的出現。所謂「少子化」，指的是由於出生率下降造成的兒童數量減少的現象。用來表示「少子化」的另一個常用指標是總合出生率，它指的是一個婦女一生所生育的孩子數量。這一指標近年來也明顯下降，1996 年為 1.43，1998 年又下降到 1.38，這說明日本的年輕夫婦已經不願意多生孩子甚至根本不生孩子。照此趨勢發展下去，到 2010 年日本人口總數將開始轉為負成長，到 2050 年將只有 9000 萬人。

人口老齡化和少子化是日本社會危機的一個表象。少子化是現代化的一個必然現象，但老齡化是可以緩解的，這主要依靠移民來解決。而日本社會固執地堅持其「純潔性」，生怕外來民族「玷污」其血統，政府也採取嚴格的限制移民措施，由此使得日本社會必將在自閉中萎縮。

相較於其他大國的文明，日本文明的亮相是很遲的（美國文明也很年輕，但源於歐洲），但它一登場即劇烈地震撼了全世界。但由於其特殊的地理條件和「島國根性」，特別是近代以來走上了非和平發展的歧路，日本文明仍然是潛力有限的文明。

通俗地說，日本文明的德性是不成熟或者說是非正義的，這就必然影響其未來的前景。

日本雖然已經取得了令人驚訝的經濟奇蹟，卻也帶了一個壞樣子，由於其文明的道德缺陷，日本文明在可預見的將來不大可能發揮類似於西歐、中國、美國、俄羅斯、印度文明那樣的重大影響。以其經濟表現逐漸乏力、人口數量顯著下降的趨勢，就更可以看得出來了。

▲ 日本右翼分子一面鼓吹所謂「中國威脅論」，一面試圖向日本國民灌輸上個世紀日本軍國主義創下的無比罪惡的「輝煌」，可見其用心歹毒

日本經濟學家森島通夫指出：日本唯一的救治方案是回到亞洲，與鄰為善。

但沒有確切的資訊表明日本人準備這樣做。

《菊花與劍》的作者露絲・本尼迪克特在這本書的最後這樣忠告日本人：現在的日本人意識到軍國主義是一個輸掉的政策。他們將關注著軍國主義在世界上其他國家是否也正面臨失敗。如果沒有失敗，日本會燃起自己的好戰熱情並向世人展示他們會做得多漂亮。如果軍國主義在其他地方失敗了，日本則向世人展示他們吸取教訓能夠修正得多漂亮。是整個世界的變化決定著日本人是否會得出一個結論：振興帝國皇朝絕對不是通向榮譽之路。

可以說，世界的變化主宰著日本的變化。這個世界正在發生的一個最重大的變化就是占人類人口近四分之一的中國的崛起，這是人類自 16 世紀以來人口規模最大的一個文明體的崛起。屆時，中國文明將成為人類近代以來第一個以非掠奪、非霸權形式實現現代化的文明，必將深刻地改變當今不合理的文明秩序，使強者為王的霸道邏輯趨於衰落。所以，日本人將要選擇的道路，最終將決定於中國人的演變。

一本書與一個民族的命運

　　說每本書都能影響一個民族的命運，那是大話。但是，有些書的確能夠影響一個民族的命運。

　　在我的老家，就曾經誕生過這樣一個人，他寫的一本書曾經改變了兩個民族的命運：

　　1840 年，閉關鎖國的清王朝在第一次鴉片戰爭中，被西方列強的洋槍洋砲打了個灰頭土臉。這場戰爭的慘敗引起了許多仁人志士的反省，他們認為這是中國人對世界局勢的無知才造成了慘敗的惡果。我的那位同鄉魏源先生便是其中的代表人物。

　　在鴉片戰爭中，魏源是主戰派，親自參與了這場抗戰。在戰爭期間，他曾到寧波親自審問英國戰俘，並根據戰俘所述，寫出《英吉利小記》一書。魏源將這本書廣泛散發，希望國人可以透過它來瞭解英國。鴉片戰爭的失敗，使魏源悲憤至極，也使他意識到「欲制外夷者，必先悉夷情」。更重要的是，外國的先進技術也打開了他的眼界，他決心拿起筆桿子作戰。

　　1841 年 6 月，已被革職的林則徐在鎮江與魏源見面，兩人「萬感蒼茫」，徹夜長談。林則徐將自己組織人手翻譯的《四洲志》、《澳門月報》和《粵東奏稿》等資料交給魏源，讓他編纂一本啟蒙讀本，以喚醒國人，放開眼界，瞭解世情，挽救危亡。

　　1842 年，魏源完成了 50 卷本《海國圖志》的撰述。1843 年 1 月 3 日，《海國圖志》在揚州正式出版，成為第一部由中國人自己編寫的、介紹世界各國情況的鉅著。魏源在書中寫道，編撰《海國圖志》的目的是「為師

夷之長技以制夷而作」。

　　1847年，魏源又將《海國圖志》增補為100卷本。《海國圖志》先後徵引了歷代史志14種，中外古今各家著述70多種，還有各種奏摺十多件和魏源的一些親身經歷。《海國圖志》全書分六個部分，每一部分側重各有不同。如《世界地圖及各國分地圖》篇，向人們提供了近百幅全新的世界各國地圖；《世界各國史地》篇中，魏源透過徵引《地球圖說》、《外國史略》和《瀛環志略》等書中的資料，詳細地介紹了美國的民主政治，涉及到美國的聯邦制度、選舉制度、議會制度等。可以說，《海國圖志》涵蓋了當時西方國家的政治、經濟、軍事、歷史、地理、文化各方面的內容。

　　魏源對自己的這部作品寄託了極大的希望，他希望中國人會如飢似渴地閱讀它，研究它，透過研習這部書找到富國強兵的辦法。讓他意想不到的是，《海國圖志》問世後卻乏人問津。據費正清等統計，當時國內有紳士百萬餘人，有能力閱讀此書的多達300萬人，然而卻很少有中國人願意認真地讀一讀這本書，哪怕是翻一翻也不願意。相反，許多守舊士大夫的罵聲卻撲面而來，他們無法接受書中對西方蠻夷的「讚美」之詞，更有甚者，還有人主張將《海國圖志》付之一炬。在絕大多數的中國知識份子眼中，《海國圖志》無疑成了一本大逆不道的書籍。遭到無端非議的《海國圖志》最終在國內的印刷數僅有一千冊左右。

　　由於《海國圖志》在國內沒有銷路，書商為了避免賠本，於是，打起了到日本去擴大市場的主意。1851年，一艘中國商船駛入日本長崎港，日本海關官員在對這艘船例行檢查時，從船上翻出三部《海國圖志》。在日本人看來，這三本書簡直就是天照大神送給他們的禮物，因為此書令他們大開眼界，使他們第一次如此詳盡地瞭解了西洋各國。很快，這些書便被如獲至寶的日本官員和學者買去。此後的幾年裡，《海國圖志》仍不斷「偷渡」到日本。由於《海國圖志》極受歡迎，1854年，日本人乾脆在國內翻印了《海國圖志》，引起了更大規模的閱讀熱潮。此

後，《海國圖志》在日本被大量翻印，一共印刷了15版，價錢一路走高。到1859年，這部書的價格竟然比最初時飆升了3倍之多。（詳細資料參見魏啟敏：《中國巨著〈海國圖志〉幫日本走向維新》）

1854年2月，美國將軍佩里率艦隊抵達日本，逼迫日本德川幕府簽訂了《日美親善條約》。此後，西方列強蜂擁而至，日本被迫簽署了一連串喪權辱國的條約，一步步陷入半殖民地的深淵。

國難當頭，日本的有識之士在苦苦探尋著解救國家的良方。《海國圖志》的出現，為日本維新變革人士在黑暗中帶來了光明。當時著名的維新思想家佐久間象山在讀到《海國圖志》「以夷制夷」的主張後，不禁拍案感慨：「嗚呼！我和魏源真可謂海外同志矣！」在魏源思想的引導下，佐久間象山在思想上實現了從排斥西方人到發展與西方關係的重大變化，他主張從全球的形勢出發思考日本的方略。另一位維新志士橫井小楠，也是在讀了《海國圖志》後得到了啟發，與佐久間象山共同提出了日本「開國論」的思想。他們在吸收歸納《海國圖志》的精髓後指出，日本發展之路必是「東洋道德與西洋技術的結合」。

日本的維新派人士認為，《海國圖志》的核心內容是「制夷」，「制夷」的核心思想是「調夷之仇國以攻夷，師夷之長技以制夷」。唯有「師夷之長技」才能抵制其殖民擴張。要做到「師夷之長技以制夷」，就不僅要發展本國的工業，開展對等的對外貿易，更重要的是推行民主制度，推翻德川幕府的封建統治。1868年，日本新政府宣佈將江戶改稱東京，並定為日本首都。此後，以天皇為首，由改革派武士掌握的明治政府，開始著手實行明治維新，推進變革，日本逐漸擺脫了西方列強的肆意欺辱，並一躍成為亞洲第一強國。

1857年，魏源在《海國圖志》出版6年後，在鬱鬱寡歡中得了「瘋病」，終於死去。他沒有看到他熱愛的祖國的崛起，更不會想到他的著作正在啟迪著中國人的一個強大的對手。

1879年，中國學者王韜與日本人談及魏源時慨嘆：「師夷一說，實

倡先聲，惜昔日言之而不為，今日為之而猶徒襲皮毛也。」《海國圖志》在中國遭到冷遇決定了這個民族繼續選擇了黑暗。而《海國圖志》百卷本1851年出版當年便傳入日本，即廣遇知音。據統計，僅日本開國之初的1854至1856年間出版的選譯本就達21種。《海國圖志》不僅為幕末洋學注入了新的養分，而且激發了日本人實現歷史性崛起。

半個世紀後，梁啟超先生在回顧這段明治維新的歷史時，曾這樣評價說，日本維新派前輩「皆為此書（《海國圖志》）所刺激」，最終才完成了改革圖新的大業。

一本書竟如此奇妙地改變了兩個民族的命運。難道是出於偶然嗎？二次大戰後的日本首相吉田茂撰寫的《激盪的百年史》認為，日本人為什麼總能在驚濤駭浪中穩操航舵，原因之一便是日本人有「卓越的機智」，但「對於那些過分相信自己實力的人們，這種機智絕不會被賜予。」

日本人的「卓越的機智」當然是來自於其善於虛心學習的本領。對於這樣一個求知若渴的民族，我們除了欣羨，還能說什麼呢？

讀者諸君已經看到：《日本人憑什麼》這本書嚴厲斥責了日本民族的霸道邏輯和野蠻根性。但是，對於其銳意求進和奮力爭強的意識，也不乏誠摯地肯定。

對於中國人來說，這個危險的咄咄逼人的鄰居的最大價值就是：它像一面鏡子，其成敗得失都可資中國人鏡鑑。

「師夷長技以制夷。」對待日本人，魏源的這句話仍不能說是過時了。問題是，中國人，你真的做好了虛心學習對手的準備了嗎？

蘇格拉底曾說過：無論是生前還是死後，我都願意做雅典人的牛虻。對於本書，讀者諸君亦不妨當作一隻小小的牛虻來看，而不要當作「鴛鴦蝴蝶」來對待。

倘若在一個偉大民族的跋涉征途中，本書能發揮到一點「激醒」的作用，則本書的價值便能更充分地體現出來。

2006年3月於北京

註 釋

1. 參見潘光旦著：《日本德意志民族性之比較的研究》。

2. 參見升味准之輔著：《日本政治史》。

3. 參見黃仁宇著：《日本，Nippon，Japan》。

4. 參見李烔才著：《日本：神話與現實》，海南出版社1999年4月第1版。

5. 參見戴季陶著：《日本論》，海南出版社1994年9月第1版。

6. 參見深見東州著：《走進日本》，文化藝術出版社2004年6月第1版。

7. 參見（美）本尼迪克特著：《菊與刀》商務印書館1990年6月第1版。

8. 本章重點參考了蔣立峰、湯重南主編，《日本軍國主義論》，河北人民出版社2005年第1版。

9. 本章內容參考了《日本帝國主義論》，河北人民出版社2005年第1版。

10. 本章內容參考了《透視日本：興與衰的怪圈》，中國財政經濟出版社。

11. 本章論述重點參考了韓毓海先生的文章《重新開眼看日本》，原載《書城》2005年8月號。

12. 本章多處參考了韓毓海先生相關文章《重新開眼看日本》，原載《書城》2005年第8期，詳細內容請參見原文。

13. 參見美國查默斯·詹森的文章〈接受中國的崛起〉，原載《讀書》2005年第6期。

14. 參見《透視日本：興與衰的怪圈》，森島通夫著，中國財政經濟出版社第288頁。

15. 參見《透視日本：興與衰的怪圈》，森島通夫著，中國財政經濟出版社第137頁。

16. 參見《當代日本社會面面觀》。

17. 日文，虛象之意，每當見到陌生人和長輩或者關係不密切的人，則採取站立面前，這是一張對人尊敬、禮貌但冷淡、不流露任何內心感情的臉。

18. 日文，實象之意，每當見到熟悉的、能夠信任又能被理解的人，或者在私下裡四顧無人時的真實表情，此時表露的是真實的自我，將毫無顧忌地傾洩自己的真實內心。

19. 本章若干觀點引自《顛簸的日本》，薛君度、陸忠偉主編，時事出版社2001年第1版。

20. 原載2003年12月23日新華網。

21. 參見薛君度、陸忠偉主編《顛簸的日本》，時事出版社 2001 年 1 月第 1 版。
22. 本章參考了單之薔先生的文章〈中國的腹地〉，原載《中國國家地理》2005 年第 8 期。
23. 本章論述參考了阮煒先生的學術觀點，參見阮煒著《文明的表現》，北京大學出版社 2001 年 9 月第 1 版。
24. 參見阮煒著《文明的表現》，北京大學出版社 2001 年 9 月第 1 版。
25. 參見約翰‧南森著《無約束的日本》，華東師範大學出版社 2005 年 4 月第 1 版。
26. 參見約翰‧南森著《無約束的日本》，華東師範大學出版社 2005 年 4 月第 1 版，第 116 頁。
27. 本章參考了冰冷雨天撰寫的文章《冰眼看日本》系列，原載 www.sonicchat.com，請參見原文。
28. 本章重點參考了林惠子著《中國男人‧日本男人》，江蘇文藝出版社 2001 年版。
29. 原文參見林惠子著《中國男人‧日本男人》，江蘇文藝出版社 2001 年版。
30. 本章參考了《少女援交——日本社會的肌體潰瘍》一文，原載 2005 年 9 月 15 日雅虎文化網頁，請參見原文。
31. 參見〈日本社會的肌體潰瘍：少女援交的色情交易〉一文，原作者為四月天，發表於 2005 年 3 月 7 日，見 http://www.5imoney.com/dispbbs.asp?boardid=112&id=4954 網頁。
32. 參見中新網 2005 年 10 月 15 日發表的〈日本敵視中國的政策不符合道義和其自身利益〉。
33. 關於歷史文化對於中日關係的影響，日本歷史學家溝口雄三作過專題演講，原文載於 www.ccforum.org.cn，本書參考了其主要觀點，並進行了整編處理。
34. 原文請參見李澤厚著《世紀新夢》，安徽文藝出版社 1998 年版。
35. 參見李澤厚著《世紀新夢》。
36. 原文參見李澤厚著《世紀新夢》。
37. 參見李澤厚著《世紀新夢》。

主要參考書目

1. 《日本論》，戴季陶著，九州出版社 2005 年版。
2. 《日本對中國的文化侵略》，王向遠著，昆侖出版社 2005 年版。
3. 《核擊日本》，肯尼斯·加爾布雷斯原著，京華出版社 2004 年版。
4. 《漫話日本》，（韓國）李元馥著，中信出版社 2004 年版。
5. 《「千歲丸」上海行》，馮天瑜著，商務印書館 2001 年版。
6. 《六十年來中國與日本》，王芸生編著，北京三聯書店 2005 年版。
7. 《日本政治史》，（日本）升味准之輔著，商務印書館 1997 年版。
8. 《天皇玉音放送》，（日本）小森陽一著，北京三聯書店 2004 年版。
9. 《日本國志》，黃遵憲著，天津人民出版社 2005 年版。
10. 《日本學刊》第十四期，徐一平、竹內信夫主編，學苑出版社 2004 年版。
11. 《菊花與劍》，（美國）本尼迪克特著，華文出版社 2005 年版。
12. 《瘋狂的島國》，（美國）時代生活叢書編輯等著，中國社會科學出版社、海南出版社 2004 年版。
13. 《肆虐的太陽旗》，（美國）時代生活叢書編輯等著，中國社會科學出版社、海南出版社 2004 年版。
14. 《日本的崩潰》，（美國）時代生活叢書編輯等著，中國社會科學出版社、海南出版社 2004 年版。
15. 《文明的表現》，阮煒著，北京大學出版社 2001 年版。
16. 《日本研究論集》，南開大學日本研究中心（院）編，天津人民出版社。
17. 《龍旗飄揚的艦隊》，姜鳴著，北京三聯書店 2002 年版。
18. 《當代日本社會百面觀》，（日本）鎌田慧著，商務印書館 2000 年版。
19. 《你沒見過的歷史照片》，山東畫報出版社 2004 年版。
20. 《日本文化史》，葉渭渠著，廣西師範大學出版社 2003 年版。
21. 《家永三郎自傳》，家永三郎著，新星出版社 2005 年版。
22. 《武士日本》，陳洪波、黃朝榮編，江蘇文藝出版社 2000 年版。
23. 《周作人論日本》，周作人著，陝西師範大學出版社 2005 年版。
24. 《為萬世開太平》，盛洪著，北京大學出版社 1999 年版。
25. 《尋求中國人位育之道：潘光旦文選》，國際文化出版公司 1997 年版。
26. 《日本：神話與現實》，（新加坡）李炯才著，海南出版社 1999 年版。
27. 《日本軍國主義論》，蔣立峰、湯重南主編，河北人民出版社 2005 年版。

28.《顛簸的日本》，薛君度、陸忠偉主編，時事出版社 2001 年版。

29.《透視日本》，森島通夫著，中國財政經濟出版社 2000 年版。

30.《鐵與犁》，余傑著，長江文藝出版社 2004 年版。

31.《「曖昧」的鄰居》，余傑著，光明日報出版社 2004 年版。

32.《武士道》，（日本）新渡戶稻造著，企業管理出版社 2004 年版。

33.《新編日本王室史話》，王忠和編著，百花文藝出版社 2005 年版。

34.《國權與民權的變奏》，（日本）松本三之介著，東方出版社 2005 年版。

35.《重新崛起的日本》，李培林著，中信出版社 2004 年版。

36.《原道》陳明、朱漢民主編，北京大學出版社 2005 年版。

37.《己卯五說》，李澤厚著，北京三聯書店 2003 年版。

38.《世紀新夢》，李澤厚著，安徽文藝出版社 1998 年版。

39.《中國男人·日本男人》，林惠子著，江蘇文藝出版社 2001 年版。

40.《中國女人·日本女人》，林惠子著，文匯出版社 2000 年版。

41.《東京私人檔案：一位中國女性眼中的日本人》，林惠子著，上海文藝出版社 1994 年版。

42.《湖南人憑什麼》，周興旺著，新華出版社。

本書還參考了新華社、《人民日報》、《光明日報》、《工人日報》、《解放軍報》、《中國青年報》、《聯合早報》、《中國國家地理》、《書城》、《環球》、《三聯生活週刊》、《中國新聞週刊》、新華網、人民網、新浪網、搜狐網、網易、百度、GOOGLE、雅虎、東方網等報刊網路刊載的相關資料，原作者和網友未能一一註明，特致感謝！本書還參考借鑑了中國社會科學院、外交學院、中國國際關係學院、北京大學、清華大學、人民大學、南開大學、北京外國語大學、日本東京大學、慶應大學、早稻田大學、一橋大學、中央大學等大學和研究機構專家學者的觀點、意見和建議，謹致感謝！好友謝義初、趙菊春、王泳龍、王家彬、王建新、付光南、劉大勇等為本書提供了很好的建議和幫助，併致謝意！

中華經世方略

01	權商合璧 -- 呂不韋投機方略	秦漢唐	定價：230 元
02	武霸天下 -- 秦始皇創業方略	秦漢唐	定價：230 元
03	亂世奸雄 -- 曹操造勢方略	秦漢唐	定價：230 元
04	楚漢爭霸 -- 劉邦用人方略	秦漢唐	定價：230 元
05	貞觀盛世 -- 李世民創世方略	秦漢唐	定價：230 元
06	紅顏至尊 -- 伍則天統馭方略	秦漢唐	定價：230 元
07	鐵血建軍 -- 朱元璋成事方略	秦漢唐	定價：230 元
08	外柔內剛 -- 雍正隱忍方略	秦漢唐	定價：230 元
09	內聖外王 -- 曾國藩用世方略	秦漢唐	定價：230 元
10	紅頂商人 -- 胡雪巖經商方略	秦漢唐	定價：230 元

職場生活

01	公司就是我的家	王寶瑩	定價：240 元

文經書海

01	厚黑學新商經	史　晟	定價：169 元
02	卓越背後的發現	秦漢唐	定價：220 元
03	中國城市性格	牛曉彥	定價：240 元
04	猶太人新商經	鄭　鴻	定價：200 元
05	千年商道	廖曉東	定價：220 元
06	另類歷史 - 教科書隱藏的五千年	秦漢唐	定價：240 元
07	新世紀洪門	刁　平	定價：280 元
08	做個得人疼的女人	趙雅鈞	定價：190 元
09	做最好的女人	江　芸	定價：190 元
10	卡耐基夫人教你作魅力的女人	韓　冰	定價：220 元
11	投日十大巨奸大結局	化　夷	定價：240 元
12	民國十大地方王大結局	化　夷	定價：260 元
13	才華洋溢的昏君	夏春芬	定價：200 元
14	做人還是厚道點	鄭　鴻	定價：240 元
15	泡茶品三國	秦漢唐	定價：240 元
16	生命中一定要嘗試的 43 件事	鄭　鴻	定價：240 元
17	中國古代經典寓言故事	秦漢唐	定價：200 元
18	直銷寓言	鄭　鴻	定價：200 元

國家圖書館出版品預行編目資料

日本人憑什麼 / 周興旺 作一 版.

-- 臺北市 :廣達文化，2009.02

；公分. -- （文經閣）（文經書海 50）

ISBN 978-957-713-400-4(平裝)

1.民族性　2.日本

535.731　　　　　　　　97022572

日本人憑什麼

作　者：周興旺
出版者：廣達文化事業有限公司
文經閣—文經書海 50
Quanta Association Cultural Enterprises Co. Ltd

通訊：台北郵政信箱 51-83 號

電話：27283588　傳真：27264126
劃撥帳號：19805171
戶名：廣達文化事業有限公司
E-mail：siraviko@seed.net.tw
www.quantabooks.com.tw

製　版：卡樂製版有限公司
印　刷：大裕印刷排版公司
裝　訂：秉成裝訂有限公司
上　光：全代上光有限公司

代理行銷：創智文化有限公司
臺北縣中和市建一路 136 號 5 樓
電話：2228-9828　傳真：2228-7858

一版一刷：2009 年 2 月
定　價：280 元

書山有路勤為徑
學海無涯苦作舟

貧者因書而富
富者因書而貴

貧者因書而富
富者因書而貴